유목사의
사무엘서 묵상

유목사의 사무엘서 묵상

초판 1쇄 인쇄 2022년 2월 18일
초판 1쇄 발행 2022년 2월 28일

      지은이 유선명
      발행인 장대윤

      펴낸곳 도서출판 대서
      등   록 제22-2411호
      주   소 서울시 서초구 방배동 981-32 지층
      전   화 02-583-0612 / 팩스 02-583-0543
      메   일 daiseo1216@hanmail.net

      디자인 참디자인

ISBN 979-11-86595-76-3 (03230)

* 책값은 뒤표지에 있습니다.
* 잘못된 책은 교환하여 드립니다.

이 책은 신 저작권법에 의하여 한국 내에서 보호받는 저작물이므로
도서출판 대서와의 협의 없는 무단 전재와 무단 복제를 엄격히 금합니다.

유목사의
사무엘서 묵상

유선명 지음

도서
출판 **대서**

추천사

나상오 (백석대학교 기독교학부 교수)

　사무엘서는 구약 역사서의 근간이기에 사무엘서를 이해한다는 것은 구약 역사서의 기초를 이해하는 것이다. 하나님께서 다윗을 통해서 세워 가시는 하나님 나라 이야기는 삼국지 이상으로 재미있고 박진감이 넘친다. 그 안에 등장하는 다양한 인물들의 삶을 통해 우리는 역사하시는 하나님을 만나고, 그들의 상황을 오늘과 비견하면서 지금 나의 삶에 필요한 교훈과 적용점을 얻는다. 사무엘서를 통해서 이러한 은혜를 경험하기를 원하는 이들에게 유선명교수의 『사무엘서 묵상』을 추천한다. 성경의 어려운 내용들을 쉽고 간결한 문체로 풀어내는 탁월한 은사를 가진 유선명교수의 본 묵상집은 성도들을 위해 하나님 나라와 사무엘서 이해의 문턱을 크게 낮춰주었다. 모든 성도에게 추천한다.

황선우 (총신대학교 구약학교수)

　성경이 주는 유익을 극대화하려면 성경을 읽는 데 그치지 않고 읽은 말씀을 묵상하는 데까지 나아가야 한다. 위대한 시편의 첫 구절이 복 있는 사람은 다름 아닌 여호와의 말씀을 묵상하는 사람이라고 선언하는 것은 의미심장하다. 우리는 말씀을 읽으며 이 말씀이 나의 삶과 어떤 연관성이 있을까, 나의 묵상이 바른 묵상인지 확인하고 싶어 한다. 여기 사무엘서 묵상을 풍요롭게 해줄 동반자가 있어 소개한다. 『유목사의 사무엘서 묵상』은 사무엘서 한 단락 한 단락의 말씀을 어떻게 나의 삶에 연결시킬 것인가에 관한 친절하고 사려 깊은 안내자이다. 신뢰할 수 있는 구약학자의 본문 이해를 토대로 한 깊은 묵상은 우리를 말씀의 깊은 세계로 인도해준다. 말씀 앞에 선 단독자로서 스스로의 묵상에 더하여 본서를 곁에 두고 함께 읽어간다면 우리의 말씀묵상은 더욱 깊고 풍성하여지리라 확신한다. 본문에 대한 면밀한 관찰과 통찰, 삶에 대한 따뜻한 시선으로 써내려간 『유목사의 사무엘서 묵상』을 기쁨으로 추천한다.

머리말

사무엘서는 그 어느 소설책보다도 강력한 이야기책입니다. 아기가 없어 설움 받은 여인의 흐느낌으로 시작한 이 책은 기도의 응답으로 얻은 아이를 성전에 바치는 어머니를, 자신을 키워준 영적 아버지의 파멸을 선고하는 어린 예언자를, 목숨 걸고 지켜냈던 상관의 살기를 피해 20대를 도피로 소진한 남자를 우리에게 보여줍니다. 남편을 죽이려 함정을 판 아버지를 속이는 딸, 아버지의 현재와 자신의 미래인 왕위를 절친에게 내어주는 왕자, 평생의 애정과 신뢰를 저버린 왕의 폐위를 선언하고 아파하는 선지자, 주군을 위한 충성과 자신을 위한 야욕이 하나로 녹아든 정치군인, 자신의 왕위를 탐내다 처형된 아들을 애곡하며 오열하는 왕... 명멸하는 군상들을 지나 우리는 '거기에 계신' 하나님을 만납니다. 학자들이 내러티브 신학을 논하기 훨씬 전부터 사무엘서의 독자들은 이야기를 통한 신학을 경험해왔던 것입니다.

사무엘서를 묵상하면서, 특히 사무엘, 다윗, 사울의 생을 되짚어 보면서 하나님 나라에서 한 사람이 갖는 중요성을 절감했습니다. 하나님께서 기뻐하시는 그 한 사람의 길을 걷는 독자들께 이 책이 조금이나마 도움이 되기를 바랍니다.

저자의 묵상이 얕고 치우친 곳이 있다면 저자의 부족함을 딱하게 여기고 더 깊은 곳으로 나아가 '말씀 공동체'의 유산을 키워주십사는 부탁으로 변명을 대신하면서, 머리의 신학에서 가슴의 신학 무릎의 신학으로 나아가도록 일깨워주신 백석학원 설립자 장종현 박사님과 〈생명양식〉 본문의 사용을 허락해주신 백석정신아카데미, 코로나 상황과 비대면 수업으로 인해 사업에 큰 타격을 입은 중에서도 본서의 출간을 결심해주신 대서출판 장대윤 대표님께 깊은 감사를 드립니다.

목차

추천사 **4**   머리말 **6**

사무엘상 · 1 Samuel

사무엘상 1:1-8	12	사무엘상 8:1-9	42
사무엘상 1:9-18	14	사무엘상 8:10-22	44
사무엘상 1:19-28	16	사무엘상 9:1-10	46
사무엘상 2:1-11	18	사무엘상 9:11-24	48
사무엘상 2:12-21	20	사무엘상 9:25-10:9	50
사무엘상 2:22-36	22	사무엘상 10:10-16	52
사무엘상 3:1-14	24	사무엘상 10:17-27	54
사무엘상 3:15-21	26	사무엘상 11:1-15	56
사무엘상 4:1-11	28	사무엘상 12:1-12	58
사무엘상 4:12-22	30	사무엘상 12:13-25	60
사무엘상 5:1-12	32	사무엘상 13:1-12	62
사무엘상 6:1-12	34	사무엘상 13:13-23	64
사무엘상 6:13-21	36	사무엘상 14:1-15	66
사무엘상 7:1-11	38	사무엘상 14:16-30	68
사무엘상 7:12-17	40	사무엘상 14:31-40	70

사무엘상 14:41-52	72	사무엘상 22:1-10	112
사무엘상 15:1-11	74	사무엘상 22:11-23	114
사무엘상 15:12-25	76	사무엘상 23:1-14	116
사무엘상 15:26-35	78	사무엘상 23:15-29	118
사무엘상 16:1-13	80	사무엘상 24:1-15	120
사무엘상 16:14-23	82	사무엘상 24:16-22	122
사무엘상 17:1-16	84	사무엘상 25:1-13	124
사무엘상 17:17-40	86	사무엘상 25:14-22	126
사무엘상 17:41-58	88	사무엘상 25:23-31	128
사무엘상 18:1-9	90	사무엘상 25:32-44	130
사무엘상 18:10-19	92	사무엘상 26:1-12	132
사무엘상 18:20-30	94	사무엘상 26:13-25	134
사무엘상 19:1-8	96	사무엘상 27:1-28:2	136
사무엘상 19:9-24	98	사무엘상 28:3-14	138
사무엘상 20:1-11	100	사무엘상 28:15-25	140
사무엘상 20:12-23	102	사무엘상 29:1-11	142
사무엘상 20:24-34	104	사무엘상 30:1-8	144
사무엘상 20:35-42	106	사무엘상 30:9-20	146
사무엘상 21:1-9	108	사무엘상 30:21-30	148
사무엘상 21:10-15	110	사무엘상 31:1-13	150

사무엘하 • 2 Samuel

사무엘하 1:1-16	154	사무엘하 2:1-17	158
사무엘하 1:17-27	156	사무엘하 2:18-32	160

사무엘하 3:1-16	162		사무엘하 15:13-23	212
사무엘하 3:17-27	164		사무엘하 15:24-37	214
사무엘하 3:28-39	166		사무엘하 16:1-14	216
사무엘하 4:1-12	168		사무엘하 16:15-23	218
사무엘하 5:1-10	170		사무엘하 17:1-14	220
사무엘하 5:11-25	172		사무엘하 17:15-29	222
사무엘하 6:1-15	174		사무엘하 18:1-15	224
사무엘하 6:16-23	176		사무엘하 18:16-23	226
사무엘하 7:1-17	178		사무엘하 18:24-33	228
사무엘하 7:18-29	180		사무엘하 19:1-8	230
사무엘하 8:1-18	182		사무엘하 19:9-15	232
사무엘하 9:1-13	184		사무엘하 19:16-30	234
사무엘하 10:1-19	186		사무엘하 19:31-43	236
사무엘하 11:1-13	188		사무엘하 20:1-13	238
사무엘하 11:14-27	190		사무엘하 20:14-26	240
사무엘하 12:1-15	192		사무엘하 21:1-14	242
사무엘하 12:15-23	194		사무엘하 21:15-22	244
사무엘하 12:24-31	196		사무엘하 22:1-13	246
사무엘하 13:1-14	198		사무엘하 22:14-28	248
사무엘하 13:15-29	200		사무엘하 22:29-51	250
사무엘하 13:30-39	202		사무엘하 23:1-12	252
사무엘하 14:1-11	204		사무엘하 23:13-39	254
사무엘하 14:12-24	206		사무엘하 24:1-14	256
사무엘하 14:25-33	208		사무엘하 24:15-25	258
사무엘하 15:1-12	210			

사무엘상
1 Samuel

사무엘상 1:1-8
찬송가 473장

여호와께서 그에게 임신하지 못하게 하시니
_삼상 1:5

본문은 엘가나의 족보를 소개한 뒤 "엘가나에게 두 아내가 있었다"라는 건조한 문장으로 사무엘서의 막을 엽니다. 두 아내라는 짧은 문구가 분란을 예감하게 합니다. "브닌나에게는 자식이 있고 한나는 없었더라." 이어지는 이야기는 한국인 이상으로 족보를 따지는 이스라엘 사회에서 자식을 낳지 못한 여인의 처지가 어떤 것인지를 압축해 보여줍니다. 남편 엘가나의 마음은 한나에게 있지만(5, 8절), 대를 이을 자식은 브닌나의 것입니다. 그런데도 브닌나는 한나를 괴롭혔습니다. 자신이 가진 것을 누리는 것으로는 만족하지 못하고, 그것을 갖지 못한 자를 괴롭혀 스스로의 존재감을 확인하는 인간성의 어둠일까요. 사실 브닌나도 배고픔이 있었을 것입니다. 남편이 잘 대해줘도 마음속 참 사랑은 한나의 몫이었을 테니까요.

안타깝게도 엘가나 역시 한나의 곤경을 헤아리지 못합니다. "내가 열 아들보다 낫지 않으냐"라니요! 남편은 남편이고 자식은 자식입니다. 엘가나는 한나를 사랑했습니다. 그러나 사랑이 곧 이해는 아니며, 최선의 의도가 유능함을 뜻하지는 않습니다. 인간의 최선이 나를 돕지 못할 때 우리는 어디로 눈을 향해야 하겠습니까? "내가 산을 향하여 눈을 들리라 나의 도움이 어디서 올까"(시 121:1). 대답은 자명합니다. "나의 도움은 천지를 지으신 여호와에게서로다"(시 121:2). 한나가 바라볼 존재는 오직 천지를 지으신 여호와, 태를 열고 닫으시는 생명의 주 여호와 하나님입니다. 한나와 브닌나의 이야기는 우리의 이야기입니다. 우리도 살다보면 우리를 괴롭히는 우리 인생의 브닌나에게 주목하기 쉽습니다. 성소에 올라가 예배드리는 감격스런 그날 지옥 같은 경험을 선사하는 악한 존재는 누구에게나 있기 마련이고, 그를 무시하는 것은 참 어려운 일입니다.

그러나 오늘 본문은 한나의 불행의 근본 원인을 제공한 것은 하나님이라고 적시합니다. "여호와께서 그에게 임신하지 못하게 하시므로"(6절상). 한나를 괴롭히는 것은 브닌나이지만, 브닌나가 그럴 수 있도록 만든 것은 하나님이란 뜻입니다. 한나가 사안을 그렇게 인지했다는 것이 아니라 사무엘서 본문이 즉 하나님이 그렇게 말씀하십니다. 여기에는 우회로가 없습니다. 고통의 원인 제공자가 하나님이고, 그 고통을 제거할 책임과 능력도 하나님께 있습니다. 한나는 성전으로 향했습니다. 오늘 우리도 나의 불임을 비웃는 내 인생의 브닌나와 씨름하기보다, 내게 불임을 주신 하나님 앞에 나아가 기도로 씨름해야겠습니다.

적용하기
1. 한나의 불임처럼 나를 괴롭히는 문제를 어떻게 다루고 계십니까?
2. 나의 진심이 상대에게 도움이 안 될 때는 무엇을 살펴보아야 할까요?

오늘의 기도
하나님, 나의 아픔을 사람의 위로가 아닌 주님의 치료로 해결하기 원합니다.

사무엘상 1:9-18
찬송가 372장

당신의 여종을 악한 여자로 여기지 마옵소서
_삼상 1:16

내상을 입고 성전으로 향한 한나는 마음을 쏟아 오래도록 기도했습니다. 그러나 "상처에 모욕을 더한다"는 서양 격언마냥 한나에게 돌아온 것은 하나님의 위로가 아닌 제사장의 타박이었습니다. "아들도 못 낳는 것이!" 브닌나의 독설에 "아들 없으면 어때, 내가 있잖아"라는 엘가나의 김빠진 위로로도 부족했던지, 제사장 엘리는 기도하는 한나를 향해 "낮술 좀 작작 하소"라고 비난을 얹어주었습니다. 이것이 고난 받는 영혼의 모습입니다. 나를 사랑하고 이해해 줘야 마땅할 이들이 내 상처를 후벼 파고, 반창고나 붙여 주고, 조심하지 그랬느냐고 비난합니다.

피해자를 비난하고 약자를 나무라는 잔인한 행태는 오래된 인간의 악습이며, 피를 나눈 가족도 성도의 모임도 거기서 예외가 아닌 듯합니다. 본문이 묘사하는 엘리의 모습은 앞으로 일어날 더 어려운 상황들의 예감하게 해줍니다. 엘리가 앉아 있는 성소 문설주 곁 의자는 나중에 그가 넘어져 죽은 그 의자이며(삼상 4:13, 18), 한나의 기도를 술주정으로밖에 읽지 못하는 엘리의 눈은 자기 자식들의 죄를 방치해 온 집안의 파멸을 불러오는 영적 어두움의 전조로 읽힙니다.

급박한 세상에서 우리의 안목이 탁해지지 않고 항상 깨어 있기 위해서는 특별한 은총을 간구해야 할 것입니다. 한나의 행동은 단순하고 강력합니다. 그녀는 신음하고, 기도하고, 통곡하고, 서원합니다.

"주의 여종의 고통을 돌보시고 나를 기억하사… 아들을 주시면"(11절). 고통을 돌아보시는 하나님, 기도하는 주의 자녀를 기억하시는 하나님, 이것은 반복되는 패턴입니다. 여호와께서 이스라엘 자손들의 고통을 돌아보시고, 그들을 기억하시면… 나일강이 피로 변하고 홍해가 갈라집니다. 여호와께서 한나의 고통을 돌보시고 한나를 기억하시매… 아이가 태어나고 그 아이가 자라나 이스라엘 역사의 새 장을 쓰게 됩니다. 불신자의 눈에는 우연이겠지만 기도의 능력을 믿는 자에게는 필연입니다. 한나는 기도의 응답을 약속받고 근심을 거두었습니다(18절).

아이를 품에 안으려면 열 달은 기다려야 할 터인데 말입니다. 과연 "믿음은 바라는 것들의 실상이요 보이지 않는 것들의 증거"입니다(히11:1). 한나의 남편 엘-가나와 제사장 엘-리는 그 이름에 '엘'(하나님)을 품은 사람들이지만, 그들은 한나가 의지할 대상이 되지 못했습니다. 오직 참 하나님 엘 그분만이 한나를 이해하고 도우십니다. 우리도 하나님의 이름으로 일컬어지는 그 무엇이 아니라 하나님 그 분께 마음을 두어야 하겠습니다.

적용하기
1. 의지했던 이에게 오해와 타박을 받았을 때 어떻게 대응하셨습니까?
2. 사면초가의 상황에서 하나님의 도우심으로 헤쳐 나온 경험이 있으십니까?

오늘의 기도
주님, 나는 외롭습니다. 나를 이해하고 품어줄 이가 없습니다. 주께만 소망을 두오니 불쌍히 여기시고 나의 호소에 응답해 주소서.

사무엘상 1:19-28
찬송가 365장

엘가나가 그의 아내 한나와 동침하매 여호와께서 그를 생각하신지라
_삼상 1:19

여호와께 경배하고 집으로 돌아오는 한나의 마음에는 평화가 있었습니다. 간구한 내용이 실현되는 것을 응답이라 한다면 한나의 기도는 아직 응답받지 못한 상황입니다. 임신은 여전히 불확실한 미래의 일이고 그녀의 얼굴에 근심이 사라진 것은(18절) 단순히 희망의 투영이라 말할 수도 있을 것입니다. 그러나 믿음은 희망을 넘어서는 실체를 가졌습니다. 기도하는 사람은 그것을 압니다. 논리적으로 설명할 수 없고 입증할 방법도 없지만 여전히 가슴 깊은 곳에 "이건 틀림없어. 하나님께서 응답하셨다"는 단단한 확신이 자리한 그 느낌을 말입니다.

제가 목회할 때 여러 해 동안 아기를 갖고 싶어 기도하던 부부가 있었습니다. 봄가을 특별새벽기도회 때마다 기도 제목을 적어내고 안수기도를 받았는데, 간절한 그 모습을 몇 년째 맞으면서 제가 하나님 앞에 떼를 쓰고 있었습니다. 목사 체면을 봐서라도 아기를 주셔야 하지 않느냐면서 말입니다. 기도회 주간 마지막 날 안수기도를 하는데, 가슴이 뜨거워지면서 "올해는 주시겠구나" 하는 생각이 들었습니다. 오래지 않아 두 분이 아이를 가졌습니다. 얼마나 기뻐하며 아이를 키우는지 온 교회의 경사가 되었고, 저에게도 큰 격려가 되었습니다.

오늘 19절 말씀이 참 아름답고 신비롭습니다. "엘가나가 그의 아

내 한나와 동침하매 여호와께서 그를 생각하신지라." "엘가나와 그의 아내 한나가 동침하매." 생명의 신비입니다. "여호와께서 그를 생각하신지라." 창조의 섭리입니다. 과실을 얻으려면 땅을 갈고 씨앗을 뿌리고 밭을 가는 농부의 수고가 있어야 합니다. 그러나 만유의 주재이신 하나님께서 때를 따라 햇빛과 비를 주시지 않으면 거둘 수 없습니다. 어찌 농사뿐이겠습니까? 우리 손의 수고는 모두 자연의 질서와 신앙의 신비를 연결하는 성스러운 고리입니다.

은혜로 얻은 아들 사무엘은 한나의 뜻에 따라 성전의 일을 위해 하나님께 드려집니다. 한나의 결심을 신앙의 표준으로 규범화할 필요는 없습니다. 하나님께서는 한나만 아니라 우리 누구든 "주께서 주신 아들을 데리고 평생 행복하게 살겠다" 해도 서운해 하지 않으십니다. 하지만 한나가 세상에서 보기 힘든 믿음과 헌신으로 주께 드린 아들 사무엘은 역사에서 만나기 어려운 신앙의 거장으로 쓰임받았습니다. 하나님은 당신을 존귀히 여기는 자를 존귀하게 대해 주십니다(삼상 2:30).

적용하기
1. 기도의 능력과 노력의 효과를 어떻게 조화시키고 있습니까?
2. 나에게 소중한 대상을 하나님께 드릴 때 어떤 마음이 들었습니까?

오늘의 기도
존귀하신 주님, 내게 소중한 것을 주셨으니 나도 소중한 것을 드립니다. 영광을 받으소서.

사무엘상 2:1-11

찬송가 14장

여호와는 … 낮추기도 하시고 높이기도 하시는도다
_삼상 2:7

한나의 기도문은 어렵게 얻은 아들을 성전에 드리는 장면과 그 아이 사무엘이 성전에 남겨진 장면을 이어주면서 하나님의 주권과 섭리를 선포합니다. 흥미롭게도 오늘 본문은 사무엘이 제사장 엘리 밑에 있다 하지 않고 엘리 앞에서, 좀 더 자연스럽게 옮기면 엘리 곁에서, 여호와를 섬겼다고 기록합니다(11절). 상식대로라면 어린 사무엘이 무슨 영적인 일을 했겠습니까마는, 본문은 하나님의 관점에서 말씀하고 있습니다. 사무엘을 양육하는 주체가 하나님이시라는 것, 사무엘을 위해 준비하신 인생은 엘리의 견습생에서 부관으로 승진하는 것을 성공으로 아는 그런 종류가 아니라는 것입니다.

이 아이 사무엘이 엘리의 감독을 받는 것이 아니라 엘리를 대치할 사람으로 하나님의 훈련을 받고 있다는 것을 암시하는 표현이 아닐까요. 아이를 못 낳아 천대받던 여인의 기도로 얻은 이 아이는 제사장 엘리 앞에서 여호와를 섬기고(11절), 여호와 앞에서 성장해서(21절), 여호와와 사람들에게 은총을 얻으며(26절), 더 자라나면서 하나님의 말씀이 함께하는 예언자로 우뚝 서게 됩니다(3:19-21). 사사시대의 마감과 왕정의 시작이라는 이스라엘 역사의 대전환기를 기록한 이 책이 사무엘의 성장 기록으로 프레임되어 있습니다. 엘리에 이어 마지막 사사의 역할을 감당한 사무엘이 본격적인 예언자들의 시대를 여는 첫 인물이기도 하다는 사실만 보아도 사무엘의 중요성을 가늠할 수 있겠습니다.

　이 아이를 갖게 된 과정과 그가 서게 될 영광의 자리를 되짚어보면 한나의 기도가 참으로 생생하게 다가옵니다. "교만한 말을 다시 하지 말지며 오만한 말을 너희 입에서 내지 말지니라 / 전에 임신하지 못하던 자는 일곱을 낳았고 많은 자녀를 둔 자는 쇠약하도다 / 여호와는 죽이기도 하시고 살리기도 하시며 스올에 내려가게 하시고 올리기도 하시는도다 / 여호와는 가난하게도 하시고 부하게도 하시며 낮추기도 하시고 높이기도 하시는도다(3, 5-6절)."

　그렇습니다. 우리 형편이 딱하다고 비관할 것도 아니고, 남의 처지를 보고 하대할 것은 더더욱 아닙니다. 하나님께서 각 사람에게 열어 주실 인생길을 우리가 알 수 없기 때문입니다. 한나가 단지 자신이 아이를 갖게 되어 브닌나를 꺾게 된 통쾌한 심정에서 이 시를 지었겠습니까? 한 맺힌 가슴으로 주 앞에 부르짖던 한나를 기억하시고 그 태에 아들을 주신 여호와께서, 이제 한나의 목소리를 빌어 하나님의 섭리를 선포하는 것입니다. 한나의 기도를 들으신 하나님은 역사를 주관하시는 하나님이십니다. 그 하나님이 오늘 나의 하나님이십니다.

적용하기
1. 내 형편을 돌아보신 하나님께 감사와 찬양을 드립시다.
2. 뭇 사람의 "행동을 달아 보시는" 하나님의 판단을 신뢰하고 기다리십니까?

오늘의 기도
전능하신 아버지. 우리 행동을 달아 보시는 하나님, 당신의 이름을 높여드립니다. 영광을 받으시고 당신의 지혜로 다스려 주소서.

사무엘상 2:12-21

찬송가 347장

엘리의 아들들은 행실이 나빠 여호와를 알지 못하더라
_삼상 2:12

엘리의 아들들은 행실이 나빴다. 엘리의 아들들은 여호와를 알지 못하는 자들이었다. 12절 원문은 이 두 문장을 의미가 무척 탄력적인 접속사로 연결합니다. "행실이 나빠서 하나님을 몰랐다." "행실이 나쁜 데다 하나님도 몰랐다." "하나님을 몰랐기에 행실이 나빴다." … 그들의 악행과 영적 무지 간의 논리관계는 성찰할 여지가 있습니다만, 인물의 행동을 보여 주고 그 내면에 대한 부연설명을 하는 내레이션으로 보는 것이 통상적 해석일 것입니다.

앞서 한나의 기도에 담긴 한 문장을 떠올려봅니다. "여호와는 지식의 하나님이시라 행동을 달아 보시느니라"(2:3). 마치 엘리의 두 아들을 향해 정조준한 양 그들의 실상을 정확히 해부해 주는 말씀입니다. 헌물을 탈취하고 성도들을 겁박한 그들의 악행은 그 자체만으로 비난받아 마땅합니다. 그러나 그 행동의 요체는 그들이 하나님을 모르는 사람이었다는 말씀입니다. 엘리의 아들들과 제사장들이 하나님을 몰랐습니다. 있어서는 안 될 일이지만 그것이 실상이었습니다. 당위와 현실의 간격은 인생의 상수입니다. 그 간격을 얼마나 좁힐 수 있는가, 어떻게 그 일을 해낼 것인가가 변수라면 변수이겠지요.

엘리는 자격 없는 아들들에게 중책을 맡겨 동포들에게 고통을 안겼습니다. 아들들이 죄를 짓는 데 몰랐거나, 알고도 방치했습니다. 엘리의 아들들이 제물로 드릴 고기를 갈취한 것은 단순한 횡령이 아닙니다. 하나님께 제물을 드리는 성도들의 신앙을 멸시하고 하나님을 능멸한 것입니다. "이 소년들의 죄가 여호와 앞에 심히 큼은 그들이 여호와의 제사를 멸시함이었더라"(17절). 하나님은 오래 참으시지만, 그 심판은 엄중합니다. 제사장의 성스러운 임무를 능멸한 그들의 앞날에 어둠이 드리우고 있습니다.

다행스럽게도 본문은 독자에게 희망을 잃지 말라는 듯 사무엘과 그의 가족의 이야기를 들려줍니다. 사무엘은 세마포 에봇을 입은 '꼬마 제사장'으로 자라고 있습니다. 엘가나와 한나 부부는 여전히 매년 성소를 찾으며 사무엘의 옷을 지어다 줍니다. "아이 사무엘은 여호와 앞에서 자라니라"(21절). 한나가 짓는 옷 사이즈가 커지고 사무엘의 인격과 영성이 자라는 만큼, 영적 부흥의 소망도 커가고 있습니다. 하나님께서 한나의 헌신을 귀히 보시고 여호와께 바친 사무엘 뒤로 삼남이녀, 아이 다섯을 주셨습니다. 한나의 기도대로(10절) 하나님은 "자기의 기름 부음을 받은 자의 뿔을" 높여 주시는 분입니다.

적용하기
1. 낮아졌던 우리의 '뿔을 높여' 주시기까지 무엇이 필요합니까?
2. 나의 욕심이 하나님의 제사를 멸시하는 결과가 되지 않도록 어떻게 경계해야 할까요?

오늘의 기도
하나님, 고난과 부조리를 견디기 힘겨울 때가 많지만, 우리를 높여 주실 날을 믿고 기다립니다. 위로와 확신을 주셔서 견디게 하소서.

사무엘상 2:22-36

찬송가 259장

> 나를 존중히 여기는 자를 내가 존중히 여기고 나를 멸시하는 자를 내가 경멸하리라_삼상2:30

엘리의 아들들의 죄는 계속되었습니다. 하나님께 드리는 예물에 손을 댄 것도 모자라 이제는 회막에서 수종 들던 여인들을 범했습니다. 엘리는 그들을 엄히 다스리지 않은 일로 준엄한 책망을 듣습니다. "네 아들들을 나보다 더 중히 여겨." 아, 얼마나 무서운 말씀입니까? 자신의 아들들에게 관대한 것이 사사로운 정으로는 이해되지만 영적 지도자에게는 허락되지 않습니다. 제사장은 가족의 죽음에도 내놓고 곡하거나 시신에 다가갈 수 없었습니다. 이러한 금기사항을 따르지 않는 우리 시대에도, 사역자들은 자신과 가족에게 일반 성도들의 경우보다 더 엄격해야 합니다. 그것이 지도자에게 요구되는 더 높은 기준입니다.

놀라운 것은 엘리가 상황을 파악했고, 진심으로 분개했으며, 자식들을 꾸짖었다는 사실입니다. 엘리의 책망은 천하의 명문이라 할 만합니다. "사람이 사람에게 범죄하면 하나님께서 심판(판단)하시지만, 사람이 여호와께 범죄하면 누가 그를 위하여 간구하겠느냐"(25절). 참으로 결연하고 엄숙합니다. 그럼에도 그는 두 아들이 회개에 이르기까지 끈질기게 책망하고 설득하지 못했습니다. 이 땅의 부모들이, 영적 지도자들이 깊이 새길 말씀입니다. "경고했지만 안 듣는 것을 어쩌랴…" 그들도 독립된 인격체이고 자유의지가 있고, 결국은 자신의 영혼에 대해 책임져야 하는 것은 맞습니다만, 포기해서는 안 될 것입니다.

　25절은 "그들이 자기 아버지의 말을 듣지 아니하였으니 이는 여호와께서 그들을 죽이기로 뜻하셨음이더라"라고 맺습니다. 죄인이 회개해 구원받는 것도 하나님의 역사이고, 악인이 완고함을 고집해 망하는 것도 하나님의 손 안에 있습니다. 그러나 그 죄인의 회개를 위해 외쳐야 할 책임은 우리에게 있습니다. 에스겔에게 주신 파수꾼 비유가 그것을 명확히 해줍니다(겔 3:16-21). 영적 방종이 극한으로 치닫는 이 배교의 시대에 엄한 꾸짖음을 기피하고 세상과 교회를 향해 끈질기게 책망하고 경고할 책임을 지지 않겠다면, 영적 지도자의 길은 피해야 할 것입니다.

　이 어두운 시기에 그래도 한 가지 희망은 엘리의 영적 어두움을 상쇄하려는 듯 아이 사무엘에게 주의 빛이 밝게 비추고 있었다는 점입니다. 사무엘이 하나님의 은총과 사람들의 호의를 받으며 자라나고 있습니다(26절). 하나님 나라는 이렇게 전진합니다. 오늘도 어두워 보이는 역사의 현장 한 구석에 하나님께서 새 인물을 세우시며 새 역사를 준비하고 계심을 볼 수 있는 안목을 구해야겠습니다.

적용하기
1. 가족이나 친지들이 명백한 죄를 지을 때 자신은 어떤 태도로 대한다고 생각하십니까?
2. 성직자의 죄를 다루는 원칙에 대해 본문은 어떤 가르침을 주고 있습니까?

오늘의 기도
거룩하신 하나님, 내 이익을 챙긴다 생각한 것이 하나님을 멸시하는 행위가 될까 두렵습니다. 하나님을 높이고 두려워하는 마음이 나를 떠나지 않도록 지켜 주소서.

사무엘상 3:1-14
찬송가 366장

말씀하옵소서 주의 종이 듣겠나이다
_삼상 3:10

홉니와 비느하스를 거룩한 직무에서 제거하시기로 한 주님의 뜻은 이미 무명의 예언자를 통해 엘리에게 전달되었습니다. 그럼에도 하나님께서는 사무엘을 예언자로 부르시고 그를 통해 엘리 집안을 향한 심판을 다시금 선포하십니다. 엘리와 두 아들에게 회개할 기회를 더 주시고 사무엘이 사역했던 전환기 상황의 의미를 뚜렷이 보여주시기 위해서가 아닐까 합니다. 엘리의 쇠락과 사무엘의 상승의 대조가 마음을 먹먹하게 합니다. 엘리가 잘 보지 못한 것은 물체만이 아니었습니다. 하나님의 말씀과 이상이 보이지 않는 영안의 어두움이 더 심각한 상황이었습니다.

그러나 엘리와 더불어 하나님 나라마저 퇴락하지는 않았습니다. 하나님의 등불이 아직 꺼지지 않았던 것입니다(3절). 그 희망의 빛 앞에 사무엘이 누웠습니다. "사무엘아, 사무엘아!" 하나님의 음성을 들은 사무엘은 엘리에게 세 번을 달려가 조아립니다. 엘리는 자기가 부르지 않았다고 돌려보냅니다. 사무엘이 엘리에게 달려간 것은 그가 "아직 여호와를 알지 못하고 여호와의 말씀도 아직 그에게 나타나지 아니한"(7절) 탓이지요. 사무엘이 하나님을 몰라서, 경험이 없어서 그런 것은 맞습니다.

하지만 달리 보면 자기 이름을 부르는 목소리에 세 번이나 엘리에게 달려간 것은 사무엘이 엘리를 하나님처럼 섬겼다는 뜻이기도 합니다. 한밤중에 노인 엘리가 세 번이나 불러대면 불러대면 귀찮았을 법도 한데 사무엘은 아랑곳없이 달려가 묻습니다. "부르셨습니까?" 하나님께서는 그의 태도를 보고 계셨습니다. 그렇게 당신을 섬길 종으로 사무엘을 부르신 것입니다. 훗날 이스라엘의 왕이 될 청년 다윗은 어려서 목동으로 일할 때 자신의 노고를 알아줄 리 없는 양떼를 향해 최선을 다했습니다. 하나님께서는 "양치는 네 모습을 보니 내 양떼를 맡길 만하구나" 인정해 주시고 다윗을 하나님의 양떼 이스라엘의 목자로 세우십니다(시 78:70-72).

자신이 있는 자리에서 정성을 다하지 않는 직원을 승진시키는 고용주는 없습니다. 하나님께서도 우리의 마음을 보십니다. 무엇을 하든 주께 하듯 하는 사람을 주님은 높이십니다. 이것은 선택과 예정, 구원의 문제가 아니라, 하나님 앞에 영광스럽게 쓰임받기 원하는 자들이 준비하고 점검해야 할 삶의 근원적 자세에 관한 것입니다. 오늘 우리도 혹시 하나님의 음성을 알아듣고 그분의 뜻을 아는 일에 서툴고 미숙할 수는 있을지언정, "부르셨나이까" 하고 달려가는 종의 자세는 잃지 말아야겠습니다.

적용하기
1. 오늘날 하나님께서 부르시는 음성을 어떻게 감지하고 응답할 수 있습니까?
2. 하나님의 뜻을 받들기 위해 인간적으로 부담스러운 말과 결정을 해야 하는 상황에서 어떻게 처신해야 합니까?

오늘의 기도
하나님의 말씀이 희귀해져갑니다. 부족하오나 내 귀를 여셔서 주 음성을 듣게 하소서.

사무엘상 3:15-21
찬송가 504장

이는 여호와이시니 선하신 대로 하실 것이니라
_삼상 3:18

사무엘에게 주어진 첫 예언은 참으로 버거운 짐이었습니다. 아기 때부터 자신을 키워 준 아버지와 같은 엘리와 그 가문의 몰락을 선포해야 했으니 말입니다. 망설이는 사무엘을 엘리가 재촉합니다. "청하노니 내게 숨기지 말라. 네게 말씀하신 모든 것을 하나라도 숨기면 하나님이 네게 벌을 내리시고 또 내리시기를 원하노라"(17절). 엘리가 구사하는 문장은 정형화된 저주문입니다. 사무엘이 지금 할 일은 그저 귀에 들린 말을 옮기는 것이 아니라 하나님께서 당신이 택한 선지자에게 내리시는 공적 사명이라는 것을, 자신이 평생 섬겼던 그 직무가 이제 어린 사무엘에게 지워지고 있음을 알아본 노종의 엄숙한 선언이며, 거룩한 사명의 무게를 아는 사람의 신음과도 같은 고백입니다. 히브리어로 영광(카보드)은 무겁다(카베드)와 어근을 공유합니다. 사명은 영광스럽고 무거운 짐입니다. 선지자들의 선포를 '마싸' 즉 짐이라 부른 것은 우연이 아닙니다. 사무엘은 엘리의 말대로 자신이 들은 하나님의 메시지를 충실하게 전했습니다. 엄중한 심판의 말씀입니다. 엘리의 답은 우리 마음을 조용히 흔듭니다. "이는 여호와이시니 선하신 대로 하실 것이니라." 하나님의 심판 앞에 이리도 담담할 수 있는지…. 어쩌면 엘리는 이 심판을 넘어 서 있는 궁극의 은혜를 기대했는지도 모르겠습니다.

이 첫 미션에 대한 보고와 더불어 우리는 숨 돌릴 틈도 없이 사무엘 평생의 사역을 담는 종합평가를 듣습니다. "여호와께서 그와 함께 계셔서 그의(사무엘의) 말이 하나도 땅에 떨어지지 않게 하시니"(3:19). 사무엘의 입에서 나온 예언을 헛되지 않게 하신 것은, 그가 하나님의 입에서 나오지 않을 말씀을 멋대로 내뱉지 않았다는 뜻이기도 합니다. 하나님께서 주시지 않은 내용을 멋대로 전하는 거짓 선지자들의 말은, 이리저리 바람에 휘날리다 땅에 떨어지는 낙엽과도 같습니다.

엘리라는 거목이 쓰러진 자리에 파릇한 새순으로 돋은 사무엘이 쑥쑥 자라나는 모습. 이것이 사무엘서의 도입부를 요약해 주는 그림입니다. 하나님은 사람을 쓰십니다. 때로 우리로서는 이해하기 어려울 만치 불충한 사람들을 참고 거두시며 동행하십니다. 그러나 우리가 그런 하나님을 우습게 알고 악한 길에서 돌이키지 않는다면 파멸의 순간이 올 것을 알아야 합니다. 하나님께서 노하기를 더디 하시고 오래 참으시는 것은 단지 우리에게 회개할 기회를 주시기 위해서이니까요(벧후3:8-9).

적용하기
1. 우리가 주님 뜻대로 그분의 일을 행하고 있다는 확증을 어떻게 얻습니까?
2. 하나님께서 인정하시는 일꾼이 되기 위해서는 무엇에 마음을 두어야 할까요?

오늘의 기도
주님, 우리의 신앙이 연조가 깊어질수록 하나님께서 보증하시는 말만 하게 하소서.

사무엘상 4:1-11
찬송가 366장

하나님의 궤는 빼앗겼고 엘리의 두 아들 홉니와 비느하스는
죽임을 당하였더라_삼상 4:11

"하나님의 궤는 빼앗겼고 엘리의 두 아들 홉니와 비느하스는 죽임을 당하였더라." 처연한 묘사입니다. 이스라엘은 하나님께서 그들과 함께하는 한 아무것도 부럽지 않은 '임마누엘'(하나님이 우리와 함께하신다) 백성이지만, 하나님 빼면 아무 것도 남을 것 없는 초라한 존재이기 때문입니다. 하나님 임재의 초점인 법궤는 빼앗기고 하나님을 섬기는 제사장은 죽어 버린 이 자리에서 그들이 기대할 수 있는 것은 무엇이었을까요?

오늘 본문에 그려진 전쟁의 모습은 참으로 역설적입니다. 언약궤가 진영에 임하자 이스라엘 백성들은 열광합니다. 땅이 뒤흔들리도록 외치는 소리를 듣고 블레셋 사람들은 겁에 질립니다. 출애굽 사건에서 그 전형이 주어진 '하나님 능력의 패러다임'을 따르자면 "우리에게 화로다"라는 블레셋인의 절규대로 곧이어 이스라엘은 놀라운 승리를 거두었어야 할 것입니다. 그러나 결과는 정반대였습니다. 공포심을 용기로 바꾼 것은 하나님 백성이 아니라 오히려 블레셋 이방인들이었고, 저들이 자신들의 다짐대로 '대장부답게' 달려들어 압승을 거두었던 것입니다.

구약성경 곳곳에서 우리에게 친숙해진 '하나님의 전쟁' 승전기와는 정반대로 작동하는 내러티브가 여기 있습니다. 그러나 생각해 보면 이것이 인생의 모습이고 역사의 실상입니다. 하나님의 백성들은

때로 패배를 겪습니다. 능력이 부족해서가 아니라 하나님의 뜻을 따르지 않고 하나님과 함께하지 않기 때문입니다. 우리 능력은 부족할 수 있습니다. 우리가 감당 못할 적수도 존재합니다. 그럴 경우 하나님은 그 일을 우리에게 그저 맡기시지 않습니다. 반드시 당신의 능력으로 일하시고 우리에게는 순종과 충성만을 요구하십니다.

블레셋에게 하나님의 궤를 빼앗긴 것은 이스라엘의 패전이지 하나님의 패전이 아닙니다. 홉니와 비느하스는 자신들이 있어야 할 자리를 이탈한 지 오래되었기에 직무해제 처분을 받은 것이고, 이스라엘이 맹목적 우상으로 삼아왔던 법궤를 적군에게 넘기신 것은 법궤라는 물체를 통해 그들이 확인하고 경험해야 했던 진정한 실체 즉 하나님의 임재를 새롭게 가르치시기 위한 고육지책이었던 것입니다. 달을 가리키니 사람들은 손가락만 보더라는 화두가 있지만, 요즘 우리는 손가락도 아니고 손가락에 낀 반지, 반지에 세팅한 보석만 쳐다보고 있는듯해 두렵습니다. 하나님을 알고 하나님과 함께하는 믿음의 본질로 돌아가기를 힘써야겠습니다.

적용하기
1. 성도와 교회가 신앙의 본질이 아닌 장치나 제도에 집착하는 예를 들어보십시오.
2. 우리의 믿음대로 한 일이 실패했을 때 해야 할 일들이 무엇일까요?

오늘의 기도
살아 계신 하나님을 우상으로 만들어 버리는 어리석은 맹신에서 깨어나 참된 신앙으로 성숙할 수 있도록 우리를 일깨워 주소서.

사무엘상 4:12-22
찬송가 35장

영광이 이스라엘에서 떠났다 하였더라
_삼상 4:22

두 아들은 죽고 법궤는 빼앗겼다는 소식에 엘리는 숨을 거둡니다. 그야말로 혼이 나갈 만한 비보였으니 신문기자라면 정신적 충격으로 쇼크사했다고 썼을 법한데, 성경은 그의 사망 원인을 경추골절, 사망 당시 상태는 고령에 비만이었다고 적시합니다(18절). 소름 끼치는 디테일입니다. 주의 백성 이스라엘을 이끈 사사 겸 제사장의 98년 인생 요약이 "나이는 많고 몸은 비대하고 눈은 어두웠다"라니(15절) 비감하지 않을 수 없습니다. 눈이 어두웠다는 것은 시각만이 아닌 영적 안목이 흐려졌음을 암시하는 표현으로, 마지막까지 눈이 흐리지 않았던 모세와(신 34:7) 대조됩니다.

한 가닥 위로가 되는 것은 그가 쓰러진 순간을 아들들의 죽음이 아닌 "하나님의 궤를 말할 때에"라고 기록해 주신 것입니다. 엘리의 생명을 앗아 간 최후의 비보가 법궤의 상실이었다는 것은, 그의 가슴에 가장 소중했던 것이 무엇인지 암시해 줍니다. "좀 더 일찍 아들들을 제어하고 가정과 나라의 영적 질서를 세웠더라면, 타락한 그의 아들들로 인해 억울하고 답답했을 하나님 백성의 눈물을 좀 더 빨리 닦아 주었더라면, 하나님께서 마침내 진노의 잔을 쏟으시기 전에 하나님을 존귀히 여겼더라면…." 역사는 '…더라면'(what if)이 없다고들 말합니다만, 그렇게 묻는 것이 우리 본능이기 때문에 그런 격언도 나왔을 것입니다.

우리가 할 수 있는 일은 스스로 엘리가 되지 않고 홉니와 비느하스가 되지 말자 다짐하는 것이겠지요. 비극은 아버지와 두 아들의 죽음에서 그치지 않았습니다. 출산일이 가까웠던 비느하스의 아내가 비보를 듣고 갑자기 아이를 낳다가 그만 숨을 거두고 맙니다. 아이 이름을 이가봇(이가봇)으로 지어 유언을 삼는데, "하나님의 궤를 빼앗겼으므로 영광이 이스라엘에서 떠났다"(21-22절)라는 취지였습니다. 영광(카보드)이 없다(이). 태어나는 날 부모를 다 잃은 것으로도 모자라 "영광이 없다"를 이름으로 삼았을 아이의 처지도 딱하지만, 아홉 달을 품어 생사가 오가는 고통 끝에 낳은 아이에게 그런 이름을 지어 주고 숨을 거둔 엄마의 심정이란 어떤 것일지, 가슴이 먹먹해집니다.

그러나 이가봇은 신학적으로 부적절한 이름입니다. 하나님의 영광은 법궤에 묶여 있지 않기 때문입니다. 하나님의 영광은 그분의 종인 인간들의 우월함에 의해 높아지고 그들이 실패하면 땅에 추락하는 그런 것이 아닙니다. 엘리 일가의 심판은 분명 비극적이지만, 실추된 명예는 엘리의 것일 뿐 하나님의 영광은 손상되지 않았음을 사무엘서는 계속해서 그려 나갑니다.

적용하기
1. 하나님께 쓰임을 잘 받다가 추하게 마친 이들을 보며 어떤 마음을 갖게 됩니까?
2. 기독교의 시대는 지났다고 하는 진단에 동의하십니까? 교회의 희망을 어디에서 찾아야 한다고 생각하십니까?

오늘의 기도
자비로우신 아버지, 때늦은 후회와 탄식으로 마감하는 인생 되지 않고 오늘 여기서 주의 뜻을 분별하여 순종할 수 있도록 도와주소서.

사무엘상 4:12-22

사무엘상 5:1-12
찬송가 210장

> 거기서 하나님의 손이 엄중하시므로…성읍의 부르짖음이
> 하늘에 사무쳤더라_삼상 5:11-12

법궤를 빼앗긴 이스라엘은 비탄에 잠겼지만, 법궤를 앗아간 블레셋은 충격에 빠졌습니다. 고대세계의 전쟁에서 승자의 약탈 행위는 당연한 것으로 여겨졌기에, 승전국은 값나가는 보물과 함께 패전국의 신상, 왕과 장수를 끌고 가 전시하곤 했습니다. 승전한 블레셋이 법궤를 끌어가 아스돗에 있는 다곤의 신전으로 가져다 둔 것도 통상적으로 진행된 일이었겠지요. 그런데 놀라운 반전이 생겼습니다. 아침에 신전에 가 보니 다곤 신상이 하나님의 법궤를 향해 엎드려 있었던 것입니다. 야웨의 신상이 있었다면 그것을 다곤 앞에 절하도록 놓았을 텐데, 블레셋인들이 의도한 것과 정확히 180도 반대의 각이 나온 것이지요.

의아해 하면서도 다곤을 다시 세워 놓은 그들은 다음날 다곤의 상이 토막 쳐 던져진 것을 보고 기겁했습니다. 사태는 거기서 그치지 않았습니다. 아스돗 전 주민이 종기로 고생하느라 온 동네가 망할 지경이 되자 아스돗 사람들은 이것이 자연 재해가 아닌 야웨 하나님의 징벌이라는 것을 눈치챘습니다. "(야웨)의 신이 우리와 우리 신 다곤을 친다 하고"(7절). 문제가 무엇인지를 파악해야 답을 찾을 수 있습니다.

아스돗 사람들은 유해 물질을 옮기기라도 하듯 법궤를 재빨리 가드로 이송시켰습니다. 가드에서도 동일한 일이 발생했습니다. 가드

주민들도 이 뜨거운 감자를 다른 사람 손에 옮겨야 했습니다. 법궤는 이제 에그론으로 옮겨졌습니다. 에그론이라고 달가워할 리가 없습니다. 이때쯤이면 이미 법궤가 재난을 부른다는 것을 알았을 테니까요. 에그론 주민들은 누구 죽으란 말이냐고 아우성을 치고는 블레셋을 구성하는 도시국가들의 대표들을 모아 회의를 엽니다. 결국, 그들은 법궤를 블레셋에 두었다가는 블레셋이 폭망하게 되었으니 본래 있던 이스라엘로 돌려보내자는 결의를 하게 됩니다.

언약백성 이스라엘의 죄로 인해 하나님의 법궤가 이교도들의 애물단지로 전락해 버렸지만, 역설적으로 하나님의 명성을 높이기도 했습니다. 승전의 패기로 전리품 자랑하려다 망할 뻔한 이 경험으로부터 블레셋은 이스라엘이 자기들에게 졌다 해서 이스라엘의 하나님이 열등하지 않다는 것을 이해했으니 말입니다! 이스라엘은 법궤는 가졌지만, 법궤가 가리키는 하나님을 경외하지 않았습니다. 이스라엘의 적국 블레셋은 야웨 하나님의 존재와 능력을 인정했는데 말이지요. 신앙의 핵심을 놓친 신자는 불신자만도 못하게 살 수 있습니다. 우리의 신앙생활이 어설픈 종교놀음이 되는 일이 없기를…!

적용하기
1. 조롱받던 교회의 영광이 회복되고 하나님의 영광이 통쾌하게 드러나는 일을 경험해 보셨습니까? 그러한 꿈을 꾸십니까?
2. 기독교 신앙을 설명하고 변론할 기회가 오면 어떻게 실행하시는지요?

오늘의 기도
살아 계신 하나님, 오늘도 세상을 다스리시는 하나님! 당신을 진정으로 믿고 드러내며 살기 원합니다.

사무엘상 6:1-12

찬송가 499장

그가 혹 그의 손을 너희와 너희의 신들과 너희 땅에서
가볍게 하실까 하노라_삼상 6:5

    하나님의 법궤를 옮겨야 화를 면하게 되리라는 것을 알게 된 블레셋 사람들이 야웨 하나님의 노여움을 피하기 위한 의전 절차를 진지하게 의논하고 있습니다. 홉니와 비느하스 시절에는 법궤를 승전의 부적쯤으로 취급하는 신성모독을 행하더니, 블레셋에 끌려간 법궤를 여태 찾으려 하지도 않는 이스라엘은 어찌 된 일인지요. 선지자는 고향에서 대접을 못 받는다 했지만, 하나님도 자기 백성에게는 푸대접을, 이방인들에게는 공경을 받고 있는 형국입니다. 이방 나라 블레셋 제사장들을 '컨설팅'해 주고 있는 '제사장들과 복술자들'(2절)은 최소한 자신들의 업무에 필요한 지식은 갖추고 있어 보이는데 말입니다.

    출애굽 사건의 경위도 알고, 제사법도 알고, 무엇보다 "이스라엘 신께 영광을 돌리라 그가 혹 그의 손을 너희와 너희의 신들과 너희 당에서 가볍게 하실까 하노라"(5절)는 말로 야웨 하나님의 권위를 인정하는 점에서 그들은 '신학적' 이해를 가졌다 하겠습니다. 야웨 하나님의 백성 이스라엘을 적으로 삼아 침략을 일삼던 블레셋인들에게 애굽인과 바로처럼 완악하게 행동하지 말라 권고하는 대목에서는 웃어야 할지 울어야 할지 모를 지경입니다. 그들의 '신학'은 물론 당대 이방종교들의 종교의식에 기초한 것이고, 그들이 권한 속건제는 자신의 죄와 허물을 깨닫고 뉘우치는 회개의 전제 없이 수행되는 주술입니다.

병을 다스리기 위해 금으로 독종(종기)의 모양을 본떠 금으로 제작하라는 처방, 그 제물을 짐을 실어본 일 없는 새 수레를 멍에를 메보지 않은 '젖 나는 소'에 메어서, 가보지 않은 길에 내보내는 '미러클 챌린지'가 작동하는지 시험해 보는 방식 역시 전형적인 주술종교의 방식입니다. 이 모든 장치들에도 불구하고 수레가 목적지로 향한다면 그야말로 미션 임파서블을 해낸 것일 것이고, 그렇다면 그들의 추측대로 야웨 하나님이 이 모든 재앙의 근원이며 그들의 처방이 제대로 된 것이니 후환이 없으리라고 생각한 것입니다.

나름 치밀한 계산이며, 기능적 지성이 도달하는 자리로서 나쁘지 않을 것입니다. 놀랍게도 이들의 베팅대로 상황이 전개되었고, 수레는 벧세메스를 향해 거침없이 나아갔습니다. 하나님께서는 이 이방인들의 거친 종교성조차도 그분을 알리고 그들이 그분께 나아올 수 있는 접촉점을 주시는 도구로 쓰셨던 것입니다. 진리의 계시를 소유한 그리스도인들이 신학대로 살지 않으니 사이비 종교 이단이 횡행하는 오늘의 현실을 돌아보게 합니다. 진리를 가졌으면 어찌 잠잠하겠습니까.

적용하기
1. 우리 '신앙'이 하나님의 뜻을 담기에 너무 작다 느끼실 때가 있는지요?
2. 주변인(가족, 친구, 동료)들의 잘못된 종교 이해, 다원주의 쾌락주의에 대해 무엇을 하고 있습니까?

오늘의 기도
거룩하신 주님, 때로 우리 믿음이 우상숭배자들보다도 못해 보여 죄송합니다. 주 앞에 엎드리오니 성령께서 주장하시고 새 마음, 새 믿음을 허락하소서.

사무엘상 6:13-21
찬송가 289장

이 거룩하신 하나님 여호와 앞에 누가 능히 서리요
_삼상 6:20

엘리 당시 이스라엘은 법궤를 마법 상자쯤으로 취급하다가 블레셋에게 빼앗겼습니다. 블레셋은 법궤를 전리품으로 생각했다가 법궤가 가는 곳마다 악성 전염병에 시달리자 여기저기 폭탄 돌리기를 했습니다. 법궤는 경건한 두려움과 사모함으로 대해야 마땅한데, 언약 백성은 법궤를 이용하려 했고 이방인들은 두려워할 뿐이었습니다. 이것은 오늘날 우리 신앙이 어떠한지 비춰 볼 거울일 수 있겠습니다. 과연 우리가 하나님의 임재를 경건하게 사모하는지, 아니면 하나님을 무서워만 하거나 그분의 능력을 얻는 데만 관심을 두는지 말입니다.

블레셋인들은 야웨 하나님의 신성과 능력을 직접 경험했고 그것을 의심하지 않았습니다. 그러나 그들은 법궤를 돌려보냅니다. 예수님의 신성을 목격하고도 자기 고장에서 떠나 달라 간청했던 거라사 사람들의 반응에서 보듯(눅 8:37) 기적의 체험이 믿음을 보장하지 않습니다. 우리가 삼위 하나님을 믿게 된 것은 참으로 은혜 없이는 불가능했다는 사실에 다시금 감사하게 됩니다. 블레셋인들은 법궤를 수레에 실어 당시 블레셋-이스라엘 국경 바로 너머에 있는 벧세메스로 향하게 했습니다. 수레가 멈춘 곳에서 한 레위인이 블레셋인들이 보낸 암소를 잡아 번제로 바치고 법궤는 그곳 바위 위에 두었습니다.

이스라엘 영토로 예물과 법궤를 인도한 블레셋 대표들은 안심하고 돌아갔지만, 벧세메스에는 재앙이 내렸습니다. 하나님의 법궤를 함부로 들여다보다가 70명이 죽는 사태가 벌어진 것입니다. 벧세메스 사람들이 부르짖었습니다. "이 거룩하신 하나님 여호와 앞에 누가 능히 서리요"(20절). 참담함과 두려움에서 나온 반응이지만, 그들이 곧바로 법궤를 기럇여아림으로 '패스'한 것을 보면 그들은 자신들의 잘못을 반성하지 않았습니다. 7개월 동안이나 이방 나라에 가 있던 법궤를 모셔오는 감격은 사라져 버리고 벧세메스 사람들은 법궤를 심상히 다뤘습니다.

제사장들이 와서 율법의 규례를 따라 법궤를 모셔가는 대신, 근처 레위인이 제사를 드리고 자신들이 키운 수소가 아닌 블레셋에서 궤를 메고 온 암소를 제물로 바친 일은 제의의 기술적 절차를 떠나 인색하고 모진 행동입니다. 은혜를(grace) 받은 사람은 너그럽고(gracious) 우아한(graceful) 법입니다. 이스라엘-블레셋-이스라엘을 관통하는 '법궤 잔혹사'를 읽으며, 우리는 하나님 뵙는 일을 정말로 감격스러워하는지, 교회와 예배를 대하는 우리의 자세에 은혜의 증거가 있는지 돌아보게 됩니다.

적용하기
1. 하나님의 '위험한 임재'와 마주치신 경험이 있었다면 설명해 보십시오.
2. 내 표정과 태도, 행동은 은혜 받은 사람에게 걸맞은지요?

오늘의 기도
하나님, 내가 받고 누린 은혜를 내 삶이 부인하지 않도록 내 입과 손발에 파수꾼을 두소서.

사무엘상 7:1-11
찬송가 351장

우리가 여호와께 범죄하였나이다
_삼상 7:6

수십 년 만에 법궤를 모셔온 이스라엘은 다시금 하나님을 사랑하는 마음에 불이 지펴졌습니다. 사무엘의 인도로 미스바에 모인 그들 가운데 회개와 부흥이 일어났습니다. 그 소식을 들은 블레셋은 미스바로 군대를 보냅니다. 내게 좋은 일이 있을 때 나쁜 일을 안기는 것, 바로 원수의 본분이지요. 블레셋은 오래도록 이스라엘을 괴롭힌 주적이었습니다. 가나안 땅 정착의 역사가 길 뿐 아니라 당시의 선진문화인 철기시대를 일찍 경험한 그들은 이스라엘이 철제 무기를 갖지 못하도록 재료와 기술을 통제했고, 성경에 반영된 기간 대부분에 걸쳐 이스라엘을 압박하고 약탈해 왔었습니다.

블레셋이 오고 있다는 소식을 들은 이스라엘은 하나님을 사모하는 마음(1절) 대신 두려움에 사로잡혀 사무엘에게 간청합니다. "우리를 위하여 여호와께 쉬지 말고 부르짖어 우리를 블레셋 사람들의 손에서 구원하시게 하소서"(8절). 그들에게 담력과 의연함은 보이지 않지만 최소한 진정성은 있었습니다. 미스바 집회는 그들이 누구인지를 새삼 재확인하는 현장이 되었습니다. 오래된 격언이나 구호처럼 되어 버린 "전쟁은 여호와께 속하였다"는 진실의 생생한 재확인이며, 하나님의 백성으로 살기 위해서는 우상을 버리고 오직 하나님만을 섬겨야 한다는 가장 근원인 헌신을 새롭게 하는 기회였습니다.

하나님의 기적은 수많은 일을 품는 역동적인 과정입니다. 우상을 버리고 하나님께 돌아오는 회개, 종일 금식하고 부르짖는 간절함, 영적 지도자 사무엘의 기도, 하나님께 드린 온전한 제사, 그리고 쳐들어온 적군 위에 부어진 우박세례, 그들을 치고 추격해 몰살하는 이스라엘 군인들의 전투행위까지… 모두가 하나님의 전쟁 하나님의 승리에 꼭 있어야 하는 구성요소들이었습니다.

우리는 이 사실을 잘 안다고 생각하지만 막상 위기가 닥치거나 중요한 일을 수행할 때면 우리의 시야가 좁아지는 것을 경험합니다. 자기 혼자 다 해낼 것처럼 자만하거나, 자기 혼자라서 아무것도 못한다고 낙망하는 것은 모두 하나님의 임재를 망각하거나 거부하는 실질적 무신론에 해당합니다. 하나님을 인정한다면서도 그분 자신과 만나고 의논하는 기도와 묵상 없이 '하나님의 일'을 위해 동분서주하는 것도 믿음의 삶은 아닙니다. 오늘 우리도 미스바에 있어야 합니다. 그곳은 회개의 눈물과 함께 수고의 땀을 흘리고, 전능하신 하나님을 바라는 믿음으로 온 힘 다해 순종할 나의 현장입니다.

적용하기
1. 믿지만 여전히 두려울 때 어떤 방법으로 극복하십니까?
2. '여호와의 우레'같은 기적이 오늘날도 일어난다고 믿으십니까?

오늘의 기도
오늘 저희에게도 미스바의 부흥이 필요합니다. 도우소서!

사무엘상 7:12-17
찬송가 320장

여호와의 손이 사무엘이 사는 날 동안에 블레셋 사람을 막으시매
_삼상 7:13

미스바에서 승리를 거둔 사무엘은 미스바와 센 중간지점에 돌을 세우고 '에벤 에셀' 즉 도움의 돌이라 명명합니다. 그 뜻은 "여호와께서 여기까지 우리를 도우셨다"입니다. '여기'라 번역된 단어는 공간성만 아니라 "이렇게까지, 이 상황에 반영되었듯이"라는 정서를 담고 있습니다. 하나님께서 이렇게까지 도우시고 돌보시는 존재가 바로 우리라는 감격과 자부심이 느껴집니다.

법궤를 앞세워 약속의 땅에 들어온 이스라엘이 요단 물이 멈춰 서고 마른 땅을 무사히 건넜을 때 요단 물속에 있던 돌들을 꺼내 기념비를 세웠던 것처럼(수 4:1-8), 오늘 사무엘이 세운 돌비 역시 무기와 병력에서 절대적 우위에 있었던 블레셋을 격파한 것이 자신들의 전략이나 용맹이 아니라 전적으로 하나님의 기적이었음을 기억하는 행동이었습니다. 하나님이 아니었다면 전멸했을 것이 분명한 자신들의 처지를 알기에 이 승리는 전적으로 주님이 주신 것이라는 고백을 담은 것입니다. 전쟁을 포함한 이스라엘의 국가 운영은 궁극적으로 하나님을 믿는 신앙의 틀 안에서 이루어지는 것이 당연했습니다.

에벤에셀은 이스라엘의 영적 지도자인 사무엘이 미스바의 경험으로 고무된 이스라엘을 위해 작성한 신앙고백의 캐치프레이즈라 하겠습니다. 이 사건은 한 번의 이벤트를 넘어 하나님께서 이스라엘을 다스리시는 패턴을 우리에게 보여 줍니다. 전능하신 하나님께서는 사

람의 힘을 빌지 않으시고도 이스라엘을 보호하고 모든 필요를 채워주실 수 있습니다. 그런데도 하나님은 사람을 사용하셔서 그 일을 행하십니다. 오늘 "사무엘이 사는 날 동안에"라는 표현은 그래서 의미심장합니다. 일을 이루시는 것은 여호와의 손이지만, 하나님의 개입이 사무엘의 생애와 맞물려 있습니다.

소돔의 심판을 놓고 아브라함과 '협상'을 벌이시고 모세의 탄원을 들어 이스라엘을 용서하셨던 하나님께서 사무엘을 보아 이스라엘을 도와주십니다. 하나님의 전능하심 아래서 인간의 역할이 무엇인지 복잡한 신학적, 교리적 논쟁이 가능하겠지만, 하나님께서 누군가를 언급하시고 그를 통해 하나님 백성 전체에게 은총을 베푸시거나 진노를 펼치시는 일은 성경에 거듭 등장하는 패턴입니다. 오늘 우리는 나라도 어렵고 교회는 더더욱 어려운 시대를 살아갑니다. 하나님께서 우리를 보시고 우리 사는 날 동안에 우리 조국과 교회에 은혜를 베푸시고 능력을 주시는, 그런 사람으로 살 수 있기를 감히 바래봅니다.

적용하기
1. 과거에 경험한 하나님의 은혜를 어떤 방식으로 기억하고 계십니까?
2. 크든 작든 나를 통해 공동체를 지탱하고 복 주시는 영역이 있다는 것을 돌아보고 감사하는 시간을 가져보십시오.

오늘의 기도
하나님, 내가 사무엘 같을 수야 없더라도 오늘 나를 두신 자리에서 나로 인해 주의 백성이 힘을 얻고 대적을 막아내고 있음을 감사드립니다.

사무엘상 8:1-9
찬송가 369장

이는 그들이 너를 버림이 아니요 나를 버려
자기들의 왕이 되지 못하게 함이니라_삼상 8:7

연로한 사무엘은 자기 아들 둘을 이스라엘 사사로 세웠습니다. 그러나 두 아들 요엘과 아비야는 아버지의 본을 따르지 않았습니다. 성경의 간결하고 건조한 평가는 우리 가슴을 아프게 합니다. "그의 아들들이 자기 아버지의 행위를 따르지 아니하고 이익을 따라 뇌물을 받고 판결을 굽게 하니라"(3절). 이들의 행위는 사무엘이 인생을 걸고 지켰던 지조와 정확하게 대척점에 있습니다. 자신의 고별사에서 "내 눈을 흐리게 하는 뇌물을 누구의 손에서 받았느냐 그리하였으면 내가 그것을 너희에게 갚으리라"(12:3) 말했던 사무엘이니까요.

백성들 앞에 떳떳했던 사무엘, 백성들이 한 목소리로 그런 적은 없다고 외칠 수밖에 없도록 자신을 지켰던 사무엘이 아들들의 비행을 알고도 사사로 세운 것 같지는 않습니다. 아버지와 같던 엘리가 두 아들의 비행으로 참담한 종말을 맞은 것을 누구보다 잘 알았던 사무엘로서는 더더욱 그러기 어려웠겠지요. 사무엘도 이 시점에서 아들들의 비행을 눈치채지 못할 만큼 분별력을 잃었는지는 우리가 판단하기 어렵습니다.

다만 이스라엘 장로들이 한 목소리로 그의 아들들에 대해 불평하면서 왕을 세워 달라 했고, 사무엘이 그로 인해 언짢아하며 하나님께 기도하자 하나님께서 "사무엘, 그건 저들이 너를 거절한 게 아니고 나를 거절한 거야"라며 달래신 것을 보면(7절) 사무엘이 탐욕과 이기심에 사로잡혀 아들들을 공직에 세운 것으로 보이지는 않습니다.

우리는 다만 이 본문에서 인간의 연약함을 생각해 봅니다. 하나님 나라의 역사에서 사무엘만한 인물이 몇이나 될까요. 어려서부터 하나님 곁에 서서 일평생 자신을 던져 하나님 나라를 섬긴 신실한 사무엘이었지만, 오늘 본문은 그 역시 타인의 잘못된 선택을 막지 못하고 그로 인해 아픔을 당할 수밖에 없는 인간이었음을 보여 줍니다. 자녀들에게 자신의 신앙과 삶의 노정을 물려주고 싶은 어버이의 열망이 인간의 본능이라면 기대에 못 미치는 자녀들로 인한 낙심과 고통은 인간의 숙명이라 불러야 할지요.

성경에 기록된 역사를 보면 "콩 심은 데 콩 나고 팥 심은 데 팥 난다"는 말의 한계를 느끼게 됩니다. 우리는 자식들을 신앙으로 양육하는 일에 최선을 다해야겠지만, 각 사람이 하나님 앞에 한 인격체로서 스스로의 영혼에 책임을 져야 하는 존재라는 근본 진리 또한 기억해야 합니다. 신앙을 물려주는 일에 관한 한 우리가 취할 태도는 자신감도 자괴감도 아닌 겸손밖에 없습니다.

적용하기
1. 자녀들이 바른 길을 가도록 부모로서 어떤 노력을 하고 있습니까?
2. 본인의 신앙과 신념에 어긋나는 요구가 주어질 때 할 수 있는 일들은 무엇일까요?

오늘의 기도
사무엘 같은 이도 자녀의 타락을 막지 못했으니 우리는 어찌해야 합니까. 주께서 긍휼을 베푸시고 우리에게 주의 지혜와 사랑을 허락해 주시고 우리 자녀들을 거두어 주옵소서.

사무엘상 8:10-22
찬송가 212장

그날에 여호와께서 너희에게 응답하지 아니하시리라
_삼상 8:18

하나님께서는 왕을 요구하는 백성들에게 왕정의 부작용을 설명해 주라고 말씀하십니다. 힘을 가진 인간은 힘을 쓰고 싶어 합니다. 왕을 세우면 그 왕이 자신의 권력으로 백성들 위에 군림하고 백성들을 부릴 것입니다. 자신의 권력을 지탱할 조직을 만들어야 하니 측근에 둔 사람들도 권력을 행사할 터여서 백성들은 더욱 피폐해질 것입니다. 왕정이 백성들에게 가져다 줄 부담에 대한 사무엘의 설명은 과할 정도로 자세합니다. 그 결론은 사뭇 충격적입니다. "너희가 그의 종이 될 것이라." 이스라엘 백성은 오직 하나님만을 섬겨야 하며, 이스라엘을 이끄는 지도자는 그 자신이 하나님의 종이어야 마땅합니다. 그런데 이스라엘이 요구하는 세상 방식의 왕정제도는 백성들을 왕의 종으로 삼기 마련이란 것이지요. 이 이상 통렬한 비판이 어디 있겠습니까. 그러나 이스라엘은 듣지 않습니다. 왕을 갖기 원하는 이스라엘 백성들의 욕구는 참으로 강렬합니다. 그들은 왜 그렇게 왕을 원했을까요? 오늘 본문에 그들의 본심이 나옵니다. "우리도 다른 나라들같이"(20절)가 그것입니다. 히브리어 본문은 "모든 나라들처럼"으로 옮기는 것이 더 낫습니다. 세상 천지에 우리 같은 나라는 없습니다. 왕이 없는 나라를 나라라 할 수 있나요? 그런 정서인 것이지요.

하나님이 왕이신데 인간의 왕이 굳이 필요할까요? 하나님이 세우신 지도자라면 그가 사사라 불리든 예언자라 불리든 무슨 상관이겠습니까만, 이스라엘의 생각은 그렇지 않았던 것입니다. 그들은 '남들처럼' 번듯하고 위세 있는 왕을 세우고 싶었습니다. 앞에서 그들이 왕을 요구할 때 사무엘 아들들에 대한 불만을 토로하면서 왕을 달라 했던 것은 빌미에 불과했습니다. 이스라엘이 '모든 나라들처럼' 왕을 두면 무슨 이익이 있다는 것일까요? 그들의 대답은 명확합니다. 그 왕은 "우리 앞에 나가서 우리의 싸움을 싸워야 할 것이니이다"(20절).

고대 국가들에게 전쟁은 국책사업이었습니다. 전쟁에서 이겨 약탈을 해야 부를 모으고 강해질 수 있었습니다. 그러니 이스라엘의 바람은 명확합니다. 우리도 세상 방식으로 부와 권력을 축적해 강성한 나라가 되겠다는, 하나님의 언약백성, 선민으로서의 사명감과 목표의식과는 관계가 없는 세속적 욕망의 표출이 "왕을 달라"는 요구로 집약되었던 것입니다. 하나님께서는 어떤 방식으로든 지도자를 세워 자기 백성을 다스리십니다. 중요한 것은 하나님 백성이 자신들은 하나님께 속했고 하나님을 왕으로 모신다는 것을 아는 것입니다. '남들처럼' '남들이 다 하듯이' 살려 하면 하나님 백성의 고유한 사명을 감당할 수 없습니다.

적용하기
1. 오늘 본문이 민주공화정 아래 사는 우리에게도 적실하다고 느끼신 경험이 있으면 나눠 주십시오.
2. 나에게 맡겨진 리더십(가정, 교회, 직장)을 나는 어떻게 감당하고 있는지 돌아봅시다.

오늘의 기도
하나님과 이스라엘 사이에 선 사무엘의 사역처럼 우리도 우리를 두신 위치에서 하나님과 세상을 소통하게 하는 역할을 잘 수행하게 하소서.

사무엘상 9:1-10
찬송가 379장

그들이 하나님의 사람이 있는 성읍으로 가니라
_삼상 9:10

이스라엘의 동기는 순수하지 못했지만 하나님께서는 그들의 소원을 들어주셨습니다. 사무엘을 통해 이스라엘 왕으로 선택될 사람은 베냐민 지파 기스의 아들 사울입니다. 사울을 처음 소개하는 오늘 본문에서 장래에 하나님과 이스라엘의 근심 덩어리가 될 사울의 모습을 예지할 수 있는 사람은 없을 것입니다. 키 크고 얼굴 잘 생기고, 책임감 강한 데다 신앙심도 깊습니다. 집안도 유력하니 그야말로 금수저 출신입니다. 아버지가 시킨 일을 힘을 다해 수행하면서도, 일의 결과만이 아니라 일을 시키신 아버지의 마음까지 헤아리는 성숙한 판단을 보여 줍니다. 종을 통해 '하나님의 사람' 즉 예언자의 존재를 듣자 그의 도움을 청하기 위해 상황을 살핍니다. 사례로 드릴 것이 없다고 염려하는 그의 모습에는 '유력한 사람'의 아들이 흔히 가질 법한 오만함이 보이지 않습니다. 종이 자신의 주머닛돈을 내놓자 무시하지 않고 선선히 종의 제안을 따라 예언자가 머무는 곳으로 발걸음을 뗍니다.

이 모든 내용이 담담하고 소박한 필체로 묘사되어 안온한 전개를 기대하게 합니다. 본문이 사울의 비극적 장래를 암시하지 않는다는 것이 더 무섭고 마음이 아픕니다. 순탄한 출발에도 불구하고 결과가 안 좋아졌다면 사울이 순간순간 내린 판단과 선택의 책임이 오롯이 사울 자신에게 있기 때문입니다. 본문은 하나님의 섭리와 예지를 논할 자리가 아닙니다. 하나님께서 성경의 독자에게 허용하신 내용만이 우리의 판단 근거입니다. 사무엘서 저자는 적어도 사울의 등장에 관한 한 독자가 "내 진즉에 그럴 줄 알았어!"라고 말할 수 있는 암시를 주고 있지 않습니다. 참으로 인간은 그 속을 알기 어려운 존재라는 것을 기억하면서, 사울의 자리에 우리 자신을 대입해 봅니다.

지금 우리가 선 자리가 안정되어 있고 우리 믿음에 이상이 없다면, 하나님께 감사와 찬양을 올릴 일입니다. 그러나 그런 우리도 사울이 그랬듯이 곤두박질하고 타락할 수 있음을 또한 생각해 두는 것이 지혜일 것입니다. 우리는 참으로 하나님의 보호 없이는 버티지 못하는 사람들입니다. 사울은 몸종을 동반하고 예언자가 머물던 곳으로 나아갑니다. 그 만남은 사울 자신만이 아닌 온 이스라엘의 운명을 가늠할 만남이었습니다. 그 만남이 열어 줄 미래는 사울과 사무엘의 행동에 따라 드러날 것입니다. 우리도 하나님 나라의 역사를 이루어 가는 사람들입니다. 우리가 작은 존재일지라도, 우리의 선택은 우주적 중요성을 갖습니다.

적용하기
1. 내 상황이 어려울 때 찾아갈 내 '선견자'가 있습니까?
2. 사울처럼 길을 잃은 덕에 선견자를 만나는 경험을 하셨다면 공유하고 감사하십시오.

오늘의 기도
우리 걸음을 인도하시는 주님, 길을 잃을 때에도 새로운 만남을 주시는 은혜를 사모하며 우리를 맡겨 드립니다.

사무엘상 9:11-24
찬송가 384장

내 백성의 부르짖음이 내게 상달되었으므로 내가 그들을 돌보았노라
_삼상 9:16

드디어 사울과 사무엘의 만남이 이루어집니다. 우리는 본문에 나오는 인물들이 순간마다 정성을 다해 상대방을 대하는 아름다운 모습을 봅니다. 사울은 성읍 가까운 곳에서 물 길으러 나온 여인들에게 길을 묻습니다. 선지자의 거처를 물었을 뿐인데 여인들은 장소는 물론 현지 상황을 설명해 주고 적절한 타이밍에 맞추려면 서둘러 가야 한다는 조언까지 보태 줍니다. 마치 지금 벌어지는 일이 하나님의 구원 역사에서 얼마나 중요한지를 아는 듯합니다. 사울이 그 말을 따라 발길을 재촉해 올라가자 '마침' 사무엘이 산당으로 나아오다 그와 마주칩니다. '마침'이란 이 한 단어의 울림이 얼마나 큽니까.

여인들이 서두르라 알려주지 않았더라면, 사울이 늑장을 부렸더라면, 사무엘이 다른 곳에 들렀더라면, 일을 그르쳤을까요? 하나님의 예정과 섭리의 교리를 참으로 믿는 사람은 "어찌 되었든 하나님의 역사는 이루어졌을텐데 뭘…" 이렇게 말하지 않는 법입니다. 우리의 게으름과 판단 착오가 하나님의 뜻을 좌절시킬 수 없는지 모르지만, 그렇다 해서 그러한 행동들을 정당화할 수는 없습니다.

하나님께서는 역사적 순간을 준비하시고 사무엘에게 미리 말씀해 주셨으며, 당일 만남의 순간에도 정확히 큐를 주셨습니다. "보라, 이는 내가 네게 말한 사람이니"(17절). "지금이다. 여기다. 이 사람이다." 우리도 살면서 이처럼 구체적인 지시를 받을 때가 있습니다. 가슴 떨

리는 순간입니다. "하나님께서 당신의 신비로운 역사 속에 나를 이렇게, 쓰시는구나!" 바로 이 순간들을 위해 우리는 기도하고 준비하며 사는 것입니다.

또 한 가지 감격스러운 것은 사울이 비록 영속적 왕권을 지닐 유다 지파 출신이 아닐지라도 하나님께서 그를 일회용 소모품으로 다루시지 않으셨다는 사실입니다. 하나님께서 왜 이스라엘의 첫 왕으로 사울을 고르셨는지는 왜 다른 사람들이 아니라 나를, 우리를, 택하시고 구원하셨는지 답할 수 없는 것과 마찬가지로 궁극적으로는 신비에 속한 문제일 것입니다.

우리는 하나님께서 진심으로 사울을 믿으셨고, 그에게 나라를 맡기셨으며, 그가 진심을 다해 하나님의 기대에 보답하기를 바라셨다는 것을 받아들일 수밖에 없습니다. 사울이 신실하게 하나님을 섬겼더라면 그에게도 유다 지파 다윗의 왕조의 것과는 다르지만 또 다른 복된 길이 준비되어 있었으리라는 신뢰와 함께 말입니다. 예수께서 아버지 집에는 거할 곳이 많다 하셨던 것을 기억하며(요 14:2) 그 은혜의 풍성함을 다시금 의지합니다.

적용하기
1. 복잡한 문제가 기도의 응답이나 말씀의 확신으로 풀려 버린 경험이 있으십니까?
2. 오늘날 우리는 어떤 방식으로 다른 성도의 삶에 '선견자'의 역할을 할 수 있을까요?

오늘의 기도
주님의 때를 기대하고 인도하심을 신뢰합니다. 작은 자들이지만 우리를 들어 주의 큰 일을 이루어 주소서.

사무엘상 9:25-10:9
찬송가 449장

이 징조가 네게 임하거든 너는 기회를 따라 행하라 하나님이 너와 함께하시느니라_삼상10:7

사무엘은 미리 초대한 삼십여 명의 손님 앞에서 사울을 높여 왕으로 선언했습니다. 아무리 하나님께서 왕으로 세우라 명하셨다지만 나이 어리고 경험 없는 젊은이를 가볍게 대할 수도 있을 터인데, 사무엘은 그를 상석에 모시고 왕에게 갖출 예의를 다합니다. 자신은 왕을 달라는 백성들의 요구를 못마땅해 했어도 하나님의 지시를 받은 이상 사울을 높이고 백성들의 존경심을 갖게 해주려는 극진함에서 사무엘의 신앙과 충심을 봅니다.

이스라엘을 효과적으로 다스리기 위해 사울에게 필요한 것은 누구라도 알아볼 수 있는 권위의 확증이었습니다. 그래서 사무엘은 사울에게 기름을 부어 외적인 표지를 준 후에, 사울이 선지자들의 무리를 만나면 성령께서 임하시고 그 역사가 나타나리라고 선언했습니다. "네게는 여호와의 영이 크게 임하리니 너도 그들과 함께 예언을 하고 변하여 새 사람이 되리라"(6절). 선천적 자질이나 훈련 혹은 모방으로는 불가능한, 전적으로 하나님의 의도와 능력이 함께할 때만 가능한 표지를 주신 것입니다.

우리도 주께서 주신 사명을 감당하기 위해서는 주님이 함께하시는 사실의 확인이 필요합니다. 높은 이상, 인격과 역량, 능력과 자원… 이 모든 것들이 도움이 되지만 주도적일 수 없습니다. 주께서 우리와 함께 하시고 은사와 열매로 표지를 삼아 주시는 것이 결정적입니다. 그래야 우리는 확신을 갖고 일할 수 있습니다.

하나님의 말씀대로 성령이 임했고, 사울은 예언을 했으며, 사람들은 사울을 주목하게 되었습니다. 모든 것이 순조로워 보입니다. 그러나 우리는 사울의 장래가 해피엔딩으로 마치지 않는 것을 알고 있습니다. 사울의 은사 체험은 그를 영속적으로 변화시키지 못했습니다. 겸손해 보이던 사울은 훗날 블레셋과 대치해 길갈로 갔을 때 번제와 화목제를 드릴 때까지 칠일을 기다리라 한 사무엘의 지시를 어겨 하나님의 진노를 사게 됩니다(삼상 13:8-14).

오늘 본문을 보면 왕으로 처음 세워질 때 받은 지시를 저버린 것입니다. 사울도 예언했습니다. 그러나 "사울도 예언자더냐?"라는 사람들의 수군거림이 뜻하듯 그는 예언자가 아니었습니다. 예언하는 것과 예언자로 부름받는 것은 다릅니다. 설교의 기량과 설교자의 소명도, 지도자의 직함과 지도자의 사명도 역시 별개의 것입니다. 오늘날 교회의 영광을 가리는 사역자들의 일탈을 보면서, 자신의 역량을 소명으로 착각하고 자신의 생각과 하나님의 지시를 분간하지 못하는 미숙과 오만을 경계해야 할 것입니다.

적용하기
1. 우리는 오늘 어떤 방식으로 '예언한 징조가 임하는' 체험을 할 수 있을까요? 자신의 경험을 나눠 주십시오.
2. 당신이 잊지 말아야 할 '7일간 대기령'은 무엇입니까? 어떻게 그것을 수행하고 있습니까?

오늘의 기도
주의 성령을 부어 주셔서 변하여 새 사람 되게 하시고, 다시 돌이키지 않도록 심령의 견고함을 주소서.

사무엘상 10:10-16
찬송가 196장

하나님의 영이 사울에게 크게 임하므로 그가 그들 중에서 예언을 하니_삼상 10:10

사울에게 임한 여호와의 영이 워낙 강력해서 사람들은 그도 예언자가 되었는지 의아해 할 지경이었습니다. 물론 이 단회적 사건 이후에 일어난 일들을 보면 사울이 예언자로 부름받거나 예언자들과 함께 교류하지도 않은 것이 분명합니다. 이 경험으로 사울이 영적으로 완숙한 사람이 되어 하나님을 기쁘시게 해드린 것도 아닙니다. 예언의 능력을 경험하는 것과 예언자로 부르심을 받아 사역하는 것은 다른 일입니다. 소명은 능력을 수반하지만, 능력이 곧 소명은 아니기 때문입니다.

사울이 수행해야 할 이스라엘 왕으로서의 역할을 위해 하나님께서는 당신의 영에 사로잡히는 경험, 사람의 능력이나 훈련으로 얻을 수 없는 신비로운 능력을 경험하도록 하셨습니다. 이 경험이 하나님과 자신의 관계를 확인하는 모종의 기준점이 되어 일의 성격과 구체적 실천이 다를지라도 하나님의 부르심에 응답하는 방식으로서 자신의 삶을 살아갈 수 있도록 하시는 배려였습니다.

우리도 신앙생활에서 이런 경험이 필요합니다. 그것이 처음 주님을 영접할 때의 감격일 수도 있고, 어느 집회 때 주어진 성령의 은사일 수도 있습니다. 하지만 그것을 생각할 때마다 하나님을 향한 감사와 소명의식이 새로워지는 계기가 된다는 것이 공통 요소일 것입니다. 이사야는 성전에서 하나님을 예배하는 세라핌을, 에스겔은 그발

강가에서 번쩍이는 바퀴의 환상을 보았습니다. 사도바울은 다메섹 도상에서 들은 주님의 음성을 늘 기억하고 자신의 사명을 재확인하는 계기로 삼았습니다. 아우구스티누스는 성경을 집어 읽으라는 음성을 들었고, 루터는 번개 치는 밤 엄위하신 주 앞에 굴복했으며 웨슬리는 로마서 말씀의 감화력을 힘입어 새로운 사람이 되었습니다.

우리도 각자 신앙의 노정에서 주님을 만난 경험이 있습니다. 그 경험을 절대화하거나 남들을 재단하는 기준으로 삼아서는 안 되지만, 자신의 신앙이 돌아와 쉬는 자리, 회복되고 재충전되는 현장으로 삼는 것은 지혜로운 일입니다. 우리가 가끔 오해하는 것과는 달리, 하나님께서는 사울을 진심으로 사랑하셨고 진정 그를 이스라엘 왕으로 세우셨으며 그의 사역 기간 내내 그에서 영적 권능과 감화력을 주셔서 좋은 왕으로 사역할 수 있게 하셨습니다. 그러나 사울은 하나님을 저버렸습니다. 하나님께서 사울을 버리셨다는 사무엘의 선언을 냉정하다 여긴다면, 사울이 먼저 하나님의 기대를 저버리고 불순종했다는 사실 또한 기억해야 할 것입니다. 우리도 그의 전철을 밟지 않도록.

적용하기
1. 특정한 공동체에서 영적 체험을 공유한 경험에 대해 나누어 보십시오.
2. 자신의 영적 체험에 대해 말을 아낀 사울의 태도에서 배울 점은 무엇입니까?

오늘의 기도
선지자의 무리에게 주의 영이 강하게 임하니 사울도 예언했습니다. 내가 속한 공동체에도 성령님의 역사가 일게 하셔서 저도 새 사람이 되게 하소서.

사무엘상 10:17-27
찬송가 447장

너희는 여호와께서 택하신 자를 보느냐 모든 백성 중에
짝할 이가 없느니라_삼상 10:24

늠름하고도 겸손한 사울의 모습과 태도가 이후 그의 몰락을 이미 아는 독자의 마음을 아프게 합니다. 사울은 이미 사무엘에 의해 기름부음을 받았지만, 오늘 본문은 온 이스라엘 지파들 가운데서 인정을 받는 취임식이 묘사됩니다. 그 장소는 의미심장하게도 미스바입니다. 블레셋의 침공이라는 위기 앞에서 온 백성이 모여 사무엘의 인도 하에 기도회를 가졌던 장소, 사무엘이 부르짖어 기도하고 번제를 드릴 때 하나님께서 우레를 보내 블레셋을 흩으셨던 기적의 현장이 미스바였습니다(7:11).

이제 미스바에 모인 온 백성은 하나님의 표지가 지파와 친족, 가족으로 좁혀져 기스의 아들 사울에게 향하는 것을 보았습니다. 여호수아 당시 은밀히 행해진 아간의 죄를 밝힐 때 지파에서 친족, 가족으로 아간이 지목되던 숨막히는 긴장감을 떠올리게 하는 장면입니다. 하나님은 사람의 속을 아십니다. 놀랍게도 사울은 '짐보따리들 사이에' 숨었습니다. 이미 자신이 택정된 것을 아는데 굳이 몸을 숨긴 이유가 무엇이었을까요? 남들보다 머리 하나는 더 있는 건장한 체구에 준수한 용모를 갖춘 사울의 행동은 겸손함일까요, 아니면 자신감의 결핍이었을까요?

성경은 명확히 밝히지 않습니다. 그러나 그가 나대는 사람, 교만한 사람, 관심 끌기를 좋아하는 과시형 인간이 아니었다는 것만은 분명해 보입니다. 자신이 왕이 될 줄 알았음에도 사람들이 달려가 데려와야 비로소 자신을 드러낸 이 사람이 훗날 하나님의 명령을 거역하고 제 뜻을 고집하다 버림받고, 자신의 후계자를 막아서기 위해 남은 생을 낭비한 끝에 하나님께서 축복하지 않으신 싸움터에서 전사하는 비극의 주인공이 되리라는 조짐은, 오늘 즉위식의 장면에서 찾아볼 수 없습니다.

우리를 겸손케 하는 말씀임에 틀림없습니다. 우리도 사울과 다르지 않기 때문입니다. 아니, 우리 가운데 사울만큼이라도 하나님과 사람들 앞에 겸손하고 사명을 위해 뜨겁게 살아본 적이 있는 이가 얼마나 될는지요. 오늘 본문의 사울 위에 타락하고 몰락한 훗날 그의 모습을 덧씌우고 싶다면, "연탄재 함부로 차지 마라 너는 누구에게 한 번이라도 뜨거운 사람이었느냐?"라는 시인의 일갈처럼(안도현, "너에게 묻는다" 중) 우리 모두가 사무엘상 10장의 사울처럼 늠름하고 기품 있는 하나님의 일꾼일 수 있으며, 이후에 일어난 일들처럼 하나님 나라의 역사에서 낙오할 수 있습니다. 은혜 아니면 서지 못하는 우리이기에.

적용하기
1. 왕으로 지목받고도 자신을 숨긴 사울의 태도가 시사하는 바는 무엇입니까?
2. 왕을 요구한 것이 잘못이라 지적받고도 사울에게 환호하는 이스라엘 백성의 태도에서 무엇을 예감할 수 있습니까?

오늘의 기도
성도답게 살기보다는 남들처럼 갖고 누리고 지배하기 원하는 마음이 내게 있습니다. 주님만 바라고 의지하는 믿음을 회복하도록 도와주소서.

사무엘상 11:1-15
찬송가 375장

사울이 이 말을 들을 때에 하나님의 영에게 크게 감동되매 그의 노가 크게 일어나_삼상 11:6

사울이 왕위에 오르자마자 이스라엘에 위기가 닥쳤습니다. 나하스가 이끄는 암몬 군대가 쳐들어온 것입니다. 이스라엘 첫 전선이 된 길르앗 야베스 주민들이 화친을 청하자 나하스는 주민 전부가 오른쪽 눈알을 빼면 약조를 맺겠다고 답합니다(1-2절). 받아들이자니 너무 가혹하고 거절하자니 눈은 고사하고 목숨도 못 건질까 두려움에 사로잡혔습니다. 후에 사무엘이 이스라엘을 향해 그들이 왕이신 여호와 대신 인간 왕을 구했다고 꾸짖을 때 암몬 왕 나하스를 언급한 것을 봅니다(12:12). 나하스의 위용과 무서움을 본 이스라엘이 "우리도 저런 왕이 있어야 싸움에서 이길 수 있겠다"고 생각했다는 뜻입니다.

여호와께서 이스라엘의 왕이시라는 고백은 매우 근본적인 신조입니다. 그것을 잊어버리고 인간 왕을 달라 아우성을 치게 할 만큼 나하스는 두려운 존재였던 것입니다. 이스라엘 사해 지역 키르벳 쿰란에서 발견된 사무엘서 사본에는 오늘 본문 도입부 바로 전 위치에 나하스에 관한 아래 구절이 포함되어 있습니다: "암몬의 나하스왕은 갓과 르우벤 두 지파 사람들의 오른쪽 눈을 다 도려내어 어느 누구도 이스라엘을 돕지 못하게 만들었다. 요단 동편 주민들 가운데 나하스 왕에게 오른쪽 눈을 뽑히지 않은 이가 없었는데 그 때 칠천 명이 암몬을 피해 길르앗의 야베스로 들어갔다. 한 달 쯤 지나서…."

이 사본을 참고하면 지금 길르앗 야베스 주민들의 상태가 이해됩니다. 처참한 현장을 경험한 이들의 증언을 들은 야베스 주민들의 공포는 극에 달해 온 백성이 목 놓아 통곡하는 상황이 되었습니다(4절). 위기 중의 위기입니다. 그러나 준비된 사람에게는 위기가 기회가 되는 법입니다. 성령의 감동을 받은 사울은 공분을 터뜨리고 사람들을 격분시켜 일제히 일어서게 했습니다. 그들은 전령을 보내 길르앗 야베스 주민들을 안심시키고 다음날 이른 새벽 적진으로 진격해 암몬 군대를 전멸시켰습니다(11절).

이 일로 사울이 지도력과 위엄을 떨치게 됩니다. 성령께서는 성도의 마음의 평화도 주시지만 필요할 때 격정과 공분을 주시기도 합니다. 성령을 한량없이 받으신 예수님께서는 성전에서 장사하는 이들에게 무서운 진노를 발하셨는데, 소소한 일에 분내고 개인적 죄를 비난은 해도 사회의 거대 악에 분노할 줄 모르는 오늘의 성도들은 삼위 하나님의 역사를 오해하고 제한하는 죄를 범하고 있는지 모릅니다. 우리가 입은 은혜에 감사하는 만큼, 그 은혜를 가로막는 존재들에 대한 주님의 공분도 갖기를 소원해 봅니다.

적용하기
1. 나에 대한 사람들의 평판이 오르내릴 때 어떻게 중심을 잃지 않을 수 있습니까?
2. 근래에 어떤 일에 분을 내어 보았습니까? 그중에 어떤 부분이 거룩한 분노입니까?

오늘의 기도
소소한 일에만 화내는 옹졸함을 벗고 주님의 마음으로 마땅히 공분을 품어야 할 것에 분노할 수 있게 도와주소서.

사무엘상 12:1-12
찬송가 342장

그들이 그들의 하나님 여호와를 잊은지라
_삼상 12:9

이스라엘의 상태를 한마디로 요약한 구절이 있다면 바로 이것입니다. "그들이 그들의 하나님 여호와를 잊은지라." 잊어서는 안 될 것이 있습니다. 현관문 비밀번호도, 결혼기념일도 잊으면 큰일이지만, 우리 존재의 근원이자 이유인 하나님을 잊는 것은 그야말로 재앙입니다. 하나님을 망각하는 행위는 우리를 죄로 이끌기 때문입니다. 개혁자들이 코람 데오 즉 '하나님 앞의 삶'을 외쳤던 것은 하나님의 시선 앞에 있다는 사실을 잊을 때 우리 삶이 망가진다는 것을 잘 알았기 때문입니다.

사무엘이라는 인물을 통해 완결단계로 들어간 사사기의 역사 전개가 그 사실을 그대로 보여줍니다. 태평한 날이 되면 하나님이 안 계신 듯 살다가, 하나님께서 어려움을 주시면 죽는다고 아우성 치고, 건져주시면 감사하다가, 다시 하나님을 잊어버리는 악순환이 그것입니다. 이 몹쓸 고리를 끊어 내는 것이 오늘 사무엘과 이스라엘 앞에 놓인 과제였던 것이지요. 그러기 위해서는 망각을 이겨낼 기억이 필요했습니다. 건망증이 있는 사람은 일반인보다 자세하고 구체적인 기억의 장치를 마련해야 합니다. 책상 곳곳에 메모지를 붙여놓는 방법도 있겠고, 윗도리 왼쪽 주머니에는 휴대폰, 오른쪽 주머니에는 열쇠, 바지 왼편 뒤 포켓에는 지갑…이렇게 늘 확인을 하는 방식으로 일관성 있게 하면 도움이 된답니다.

하나님께서는 이스라엘의 영적 건망증이 심하다는 것을 잘 아셨습니다. 그래서 이스라엘에게 영적 원리가 되는 말씀들과 더불어 그 원리가 현실에 구현된 과거 사건들을 회고하고 기억하도록 하셨습니다. 각종 절기가 그러한 장치이고 예배를 드리는 절차가 그러했습니다. 오늘 사무엘은 이스라엘 회중과 함께 그러한 '기억 소환식'을 갖습니다. 모세와 아론을 통해 하나님께서 하신 일들을 상기시키고, 사사들의 이야기를 들어 가까운 과거로 연결을 짓습니다.

'아득한 옛 일'이 아닌, 아버지, 할아버지 시대의 일들 통해 하나님에 관한 지식과 경험을 재각인합니다. "여호와께서 여룹바알과 베단과 입다와 나 사무엘을 보내사," 드디어 그들의 '현재'에 도달했습니다. "너희를 너희 사방 원수의 손에서 건져내사 너희에게 안전하게 살게 하셨거늘"(11절). 이것입니다. 그들이 불안해할 이유가 어디 있었습니까? '오늘날까지' 하나님은 약속을 지키셨는데 말입니다. 기억해야 합니다. 거룩한 기억을 놓지 않아야 구원을 얻습니다. 오늘 우리는 하나님과 그분이 하신 일들을 어떻게 기억하는지요.

적용하기
1. 과거에 받은 하나님의 은혜를 잊지 않으려면 무엇을 해야 할까요?
2. 당신이 가까이 모셔본 지도자 중 본문의 사무엘처럼 떳떳하고 존경받는 지도자가 있었습니까? 그분은 어떻게 해서 그런 모습을 가질 수 있었다고 생각합니까?

오늘의 기도
평온할 때는 신앙인으로 보이나 어려움이 닥치면 허둥대고 주님을 놓치는 것이 제 믿음의 수준입니다. 불쌍히 여기시고 견고한 믿음을 허락하소서.

사무엘상 12:13-25
찬송가 374장

여호와께서는 그의 크신 이름을 위해서라도 자기 백성을 버리지 아니하실 것이요_삼상 12:22

하나님께서 사무엘의 기도에 응답하시자 곧 우레와 비가 내립니다. 백성들이 사무엘에게 자신들이 죽지 않도록 기도해 달라 애원한 것을 보면 엄청난 폭우와 천둥이었던 것이 분명합니다. 그런데 백성들의 고백이 묘합니다. "우리가 우리의 모든 죄에 왕을 구하는 악을 더 하였나이다"(19절). 왕을 구한 것이 악한 동기에서 나왔다는 것을 스스로 깨닫고 시인한 것입니다. 이제야! 생명의 위협을 느낄 처지가 되니 입에서 잘못했다는 말이 나오는가 쯧쯧… 하고 이스라엘을 쳐다볼 일이 아닙니다. 이게 우리의 처지인 것을 보아야 합니다. 예언의 말씀과 선지자의 책망을 들을 때는 절대로 그렇지 않다고 부인하던 그들과 오늘 우리 사이에 어떤 차이가 있을까요?

우리는 위기에 가서야 자신의 죄와 실패를 인정하는 버릇을 가졌습니다. 삶이 순조로울 때 하나님을 인정하고 순종한다면 얼마나 행복하고 형통한 인생을 살 수 있을지 생각하게 됩니다. "너는 마음을 다하여 여호와를 신뢰하고 네 명철을 의지하지 말라. 너는 범사에 그를 인정하라. 그리하면 네 길을 지도하시리라"(잠 3:5-6). 범.사.에! 그렇습니다. 모든 일에, 모든 상황 속에서 하나님을 인정하는 그것이 비결인데 우리는 왜 이리도 어리석은지. 그래도 이스라엘 백성은 두려움에 사로잡히자 자신의 죄를 시인하고 하나님을 의지했으니 다행입니다.

정말로 멸망할 사람은 절체절명의 자리에서도 스스로의 잘못을 시인하거나 하나님을 의지하지 못하고 파멸의 길을 걷게 되지요. 이렇게나마 돌이킨 백성에게 사무엘은 하나님의 위로를 전합니다. 그들이 비록 악을 행했지만, 마음을 굳게 해 하나님을 섬기고 정로를 걸으면 하나님께서 그들을 버리지 않으시고 돌보신다는 약속입니다(20-22절).

그 이유는 이렇습니다. "여호와께서는 너희를 자기 백성으로 삼으신 것을 기뻐하셨으므로 여호와께서는 그의 크신 이름을 위해서라도 자기 백성을 버리지 아니하실 것이요"(22절). 여기 '위해서라도'라는 표현이 마음을 파고듭니다. '위해서'라는 밋밋한 번역도 틀리지는 않았지만 '위해서라도'는 이른바 '신의 한 수' 같은 탁월한 번역입니다. 당신의 이름을 위해서라도 그 백성을 버리실 수 없는 하나님! 일찍이 광야에서 이스라엘을 멸하겠다 하셨을 때 모세는 하나님께 읍소하면서 하나님의 '명성'을 언급했습니다(민 14:15). 그리스도-인들은 그분의 이름 덕으로 살아가는 사람들입니다. 그분의 이름을 찬양합니다, 할렐루야!

적용하기
1. 하나님의 두려우심을 자신의 삶 속에서 실감해 본 경험이 있으신가요?
2. 당신을 유혹하는 "유익하게도, 구원하지도 못하는 헛된 것"은 무엇인가요?

오늘의 기도
하나님의 거룩한 이름을 위해서라도 나를 구원하신다니 안도합니다. 그 사실을 잊지 않도록 날마다 묵상하고 확인하기 원하오니 도와주소서.

사무엘상 13:1-12
찬송가 312장

백성은 내게서 흩어지고 당신은 정한 날 안에 오지 아니하고…
_삼상 13:11

처녀가 애를 낳아도 할 말이 있다는데, 사울의 변명은 그래도 들어줄 만합니다. 사실 그는 우리 중에 사울처럼 하지 않을 자신이 있는 사람이 얼마나 될까 싶은 그런 상황에 있었습니다. 나보다 강한 적이 전열을 갖춰 진을 쳤는데, 나를 따라야 할 백성들은 두려워 떨고 있습니다. 병력도 무장도 보급도 열세이니 초조해진 사울이 기대할 것은 기적이고, 그 기적은 야웨 하나님이 주시는 것이고, 그러려면 사무엘이 제사를 드려야 했습니다.

그런데, 사무엘이 오지 않았습니다. 하루 이틀 닷새… 애초에 사무엘이 지시했던 이레가 다 찼는데도 사무엘은 소식이 없었습니다. 8절에서 10절로의 진행은 참으로 가슴 졸여지고 마음 아파오는 이야기입니다. "사울은 사무엘이 정한 기한대로 이레 동안을 기다렸으나 / 사무엘이 길갈로 오지 아니하매 백성이 사울에게서 흩어지는지라 / 사울이 이르되 번제와 화목제물을 이리로 가져오라 하여 번제를 드렸더니 번제 드리기를 마치자 사무엘이 온지라." 칠일을 기다렸는데 서둘러 오지 않은 사무엘을 원망할 만도 한데, 사무엘의 얼굴을 대한 사울의 변명은 겸손하고 신앙적으로 들리기까지 합니다. "내가 여호와께 은혜를 간구하지 못하였다 하고 부득이 하여 번제를 드렸나이다"(12절).

백성은 흩어지고 사무엘은 오지 않고, 적군은 도열했는데 어서 제사라도 드려야 하는 것 아닙니까…. 분명한 지시를 어긴 데 대한 변명이 되지는 못합니다. 그러나 그가 느낀 압박감 속에는 자신이 이 전쟁을 위해 영적 준비를 제대로 하지 못했다는 가책감이 들어 있어 보입니다. 암몬과의 전투를 앞두고 간절한 기도의 시간을 가졌던 사울이 블레셋과의 전쟁을 놓고서는 그리 하지 못했던 것 같습니다. 과거 승리의 기억을 되살려 보니, 이번 블레셋과의 전투는 자신의 영적 준비가 철저하지 못한 것 같았던 것이지요.

그래서 사울은, 사무엘이 안 왔지만, 서둘러 제사를 드렸습니다. 그것이 왕위를 내려놓아야 하는 결정적 패착이 되었던 것입니다. 자신을 돌아보고 영적인 부족함에 가책하는 것은 자연스럽고 건전한 반응입니다. 그러나 그것이 압박감과 초조함이 되어 판단을 그르치게 한다면 참으로 불행한 일입니다. 지위가 높을수록 하나님의 법과 신앙 양심, 원칙을 지킬 책임도 더 무거워집니다. 변명은 낮은 자리, 미숙한 사람의 몫입니다. 스스로 제사를 집행한 것은 정무적 판단이었는지 모르지만, 하나님과 사무엘의 눈에는 불법이요 참람한 행동이었음을 기억해야 합니다.

적용하기
1. 말씀대로 순종하고 조금 더 인내하지 못해 낭패한 경험이 있습니까?
2. 잘못을 부인하거나 변명하는 태도를 어떻게 극복할 수 있을까요?

오늘의 기도
일이 풀리지 않을 때 내 방식으로 해결하려는 습관을 버리고 하나님이 주신 원리와 약속을 붙들고 인내할 수 있는 믿음을 갖기 원합니다. 성령님의 순종과 훈련에 나 자신을 맡겨 드리니 인도하여 주소서.

사무엘상 13:13-23

찬송가 426장

여호와께서 그의 마음에 맞는 사람을 구하여 여화와께서 그를
그의 백성의 지도자로 삼으셨느니라_삼상 13:14

블레셋과 대치한 상황에서 백성들은 이탈하고 사무엘은 오지 않으니 어쩔 수 없이 자신이 번제를 드렸다고 변명하는 사울을 향해 사무엘은 매섭게 질책합니다. "왕이 망령되이 행하였도다"(13절). 잘못을 꾸짖는데 사악하다 하는 대신 멍청하다는 말로 운을 뗍니다. 얼핏 생각하면 좀 더 가벼운 책망 같지만 사실 어리석음과 악함은 생각보다 사이가 가깝습니다. 어리석음 그 자체가 악함은 아니어도, 현실에서 어리석음은 악을 허용하고 조장하는 모판이 되기 쉽습니다. 더구나 나라를 이끌어야 할 왕이 영적 분별력 없이 나라를 휘두른다면 개인의 무능력을 넘어 국가적 재앙을 부를 수도 있습니다.

사울의 이러한 행동은 과거 삼손을 떠올리게 합니다. 전무후무한 육체의 힘을 은사(카리스마)로 받고도 그 무게를 분별하지 못한 삼손의 어리석음이 하나님의 영광을 실추시키고 백성들의 삶을 피폐하게 하는 죄악으로 연결되었던 것처럼, 사울의 무분별함 역시 하나님 역사의 신비를 교란하고 백성들에게 고통을 주게 됩니다. 그래서 사무엘의 연이은 경책은 그의 죄상에 비해 가혹하지 않습니다. "여호와께서 왕에게 명령하신 바를 왕이 지키지 아니하였으므로 여호와께서 그의 마음에 맞는 사람을 구하여 여호와께서 그를 그의 백성의 지도자로 삼으셨느니라"(14절). 이 순간 사울은 사실상 용도 폐기된 것입니다.

그 후 사울이 왕 노릇한 기간은 사울의 미련과 고집 때문에 버텨낸 것일 뿐, 하나님의 눈길과 역사의 초점은 새로 세우신 왕에게로 이미 옮겨 갔습니다. 이제부터 사무엘서의 이야기는 사울의 이야기에서 다윗의 이야기로 바뀌어 갑니다. 사울의 삶은 비극적입니다. 겸손하고 헌신적인 젊은 지도자가 독단적이고 자아 중심적 인간으로, 다시 시기와 의심으로 점철된 정신질환자로 몰락해 가는 모습은 독자의 가슴을 아프게 합니다.

사무엘이 떠나간 후에 사울은 다시 자기와 함께한 백성을 계수합니다(15절). 애처롭기 짝이 없는 모습입니다. 하나님의 뜻을 저버리고 이미 자신은 끝난 것을, 자신을 위해 헌신한 이들을 죽이기 위해, 하나님께서 세우신 지도자의 앞길을 막기 위해 자신의 남은 생을 소진하는 어리석은 인생이라니요. 우리는 지식의 우상을 배격하려다가 교활한 악의 하수인이 되지 말아야 합니다. 하나님을 아는 지식, 성경 말씀을 아는 지식은 지적 유희나 종교 놀음이 아닙니다. 영적인 지식이야말로 개인과 가정, 나라의 삶을 좌지우지하는 가장 현실적인 지식임을 기억해야 합니다.

적용하기
1. 하나님의 마음에 들고 싶어 하는 마음이 내 안에 살아 있는지요?
2. 누군가를 원망하거나 미워하는 마음이 나를 소모시키고 있다는 자각을 할 때가 있으신가요? 어떻게 그것을 다루어가고 계십니까?

오늘의 기도
하나님, 재능 있고 열심 있고 성공한 인생을 살았던 사울의 몰락을 보며 두려움이 일어납니다. 내 안에서 사울 같은 부분들을 찾아 깨끗이 제거할 수 있도록 도와주옵소서.

사무엘상 14:1-15
찬송가 357장

여호와께서 우리를 위하여 일하실까 하노라
_삼상 14:6

블레셋과 이스라엘은 기브온 인근 평야에 진을 치고 바위언덕을 감시초소(GP) 삼아 척후병들을 두었습니다. 서로 상대방 형편을 살피고 적당한 때를 기다리고 있는 대치 상황입니다. 공식 전투가 벌어지기도 전인데 요나단이 부하 하나를 데리고 적의 적군 이십여 명을 죽이는 승리를 거두었습니다. 사울의 지시도 아니고 하나님이 시키셨다는 말도 없습니다. 요나단이 마음에 격정이 일어 단기로 돌진한 상황입니다. 그 용기의 근거는 그의 믿음이었습니다. 6절은 "여호와께서 우리를 위하여 일하시기를!"이라는 기원문으로 옮기는 것이 더 적절합니다.

요나단은 흥미로운 말을 합니다. 블레셋 군대 앞에 자신들을 노출시킨 뒤 그들이 두 사람에게 자기들 위치로 올라와 보라고 말하면 이것을 하나님께서 주시는 표징으로 알겠다는 겁니다. 접근하는 적병을 보고 공격하는 대신 자기들에게로 올라오라 한다면 적군이 겁을 먹은 증거라고 생각했을까요. 그들은 요나단의 말대로 두 사람에게 자신들의 위치로 올라오라 했고, 승리를 확신한 요나단은 언덕을 손발로 기어 올라가 그들을 무찔렀습니다. 요나단이 적병을 쳐 쓰러뜨리면 동행한 '무기를 든 자'가 확인 사살을 하는 식으로 싸웠는데, 14절에 "반나절 갈이 땅 안에서"라고 묘사한 것을 보면 초소 병력을 몰살하고 내려와 인근 병사들을 마저 처치한 것으로 보입니다.

이십여 명이 숫자로는 대단치 않게 들리지만 손발로 기어 올라가야 할 만큼 험한 바위산 감시초소를 단기로 쳐들어가는 것은 대담함을 넘어 무모한 자살행위입니다. 요나단의 결기를 본 적군들은 웬 미친놈인가, 설마, 하다가 경악했습니다. 평지에 진을 치고 사태를 바라보던 이들이 모두 놀라고 두려워했습니다. "들에 있는 진영과 모든 백성들이 공포에 떨었고 부대와 노략꾼들도 떨었으며 땅도 진동하였으니 이는 큰 떨림이었더라"(15절).

승부는 결정되었습니다. 이어지는 전투에서 이스라엘은 대승을 거두었습니다. 요나단의 청원은 응답받았습니다. 하나님께서 그들을 위해 일하셨습니다. 요나단의 고백이 옳았습니다. 여호와의 구원(승리)은 사람의 숫자에 좌우되지 않습니다. 그러나 본문은 가르쳐 줍니다. 사람이 중요합니다! 몇 명인지가 아니라 누구인지, 어떤 사람인지가 말입니다. 오늘도 하나님 나라를 위한 영적 전쟁은 계속됩니다. 그리고 전능하신 하나님께서는 여전히 사람을, 요나단과 그 동료처럼 믿음으로 헌신하는 이들을, 필요로 하십니다.

적용하기
1. 옳은 일을 하기 원하지만 먼저 세력을 만들겠다며 인생을 소모하고 있지는 않은가요?
2. 요나단의 부하처럼 피차 '마음을 같이 하여 따르는' 동역의 관계를 만들어 가고 있습니까?

오늘의 기도
때로 무모해 보이는 일일지라도 믿음의 강권함이 있을 때 따를 수 있는 마음을 잃지 않게 하시고, 능력과 자원과 전략을 넘어서는 '여호와의 구원/승리'을 경험하며 살게 하소서.

사무엘상 14:16-30
찬송가 452장

> 내 아버지께서 이 땅을 곤란하게 하셨도다
> _삼상 14:29

사울은 승전의 날 전투가 한참인 가운데 백성들에게 맹세를 강요했습니다. 그날 저녁 블레셋 정벌이 마칠 때까지 이스라엘 백성 전원이 금식하라는 지시였습니다. 마침 숲속으로 들어갈 즈음 벌집에 꿀이 고여 있는 것이 눈에 띄었습니다. 전투에 지치고 굶주린 백성들은 눈이 튀어나올 지경이었지만 왕명이 엄하고 맹세의 뒤끝이 두려워 감히 꿀에 손을 대지 못했습니다. 그런데 하필 그 때 요나단이 지나다가 "이게 웬 꿀?" 하며 맛을 보았습니다. 성경은 그 꿀을 먹은 요나단의 눈이 밝아졌다고 상세히 묘사합니다. 눈이 번쩍 뜨인다는 뜻입니다. 극도의 신체적 정신적 피로로 인한 탈진상태를 경험한 이는 후자의 표현이 실감날 것입니다.

요나단의 행동을 보고 무명의 이스라엘인이 왕자에게 부왕 사울의 명령이 있었다고 알려줍니다. 요나단을 진심으로 위하는 뜻에서 염려가 되어 그랬던 것으로 해석됩니다. 그 말을 들은 요나단은 심상히 대답합니다. "내 아버지께서 이 땅을 곤란하게 하셨도다." 아버지가 잘못 했다고 거칠게 말하지는 않았습니다만 그 지시에 동의할 수 없다는 의사표현은 분명히 한 것입니다. 요나단의 논리는 이렇습니다. "보라 내가 이 꿀 조금을 맛보고도 내 눈이 이렇게 밝아졌거든 하물며 백성이 오늘 그 대적에게서 탈취하여 얻은 것을 임의로 먹었더라면 블레셋 사람을 살륙함이 더욱 많지 아니하였겠느냐"(29-30절).

금식을 강요하는 대신 먹고 힘내서 주의 일을 더 잘 수행하게 하는 것이 낫다는 논리입니다. 금식을 지시한 사울이나 그것에 공감한 이스라엘 사람들은 요나단의 대안을 신세대의 합리적 사고라고 좋게 받아줄 수도 있고, 믿음 없고 희생할 줄 모르는 불신적 사고라 비난할 수도 있을 것입니다. 고통의 맹목적 미화가 아닌 한 인고나 절제의 강조는 기독교 윤리의 일부겠습니다만, 금욕은 자발적 선택이어야지 강요되어서는 안 됩니다.

사울의 엄격함이 요나단의 유연함을 품을 수 있다면 참 아름다운 정책이 되었을 터인데, 사울은 그런 그릇이 못 되어서 결국 아들을 사지로 내모는 어리석은 일을 벌이게 됩니다. 세상 법에도 온정과 눈물이 있다고 말하는데, 사울의 태도에서는 목숨 걸고 싸운 자기 백성을 궁휼히 여기는 마음을 읽을 수 없는 것이 우리 마음을 안타깝게 합니다. 하나님은 사랑이십니다. 하나님의 사랑을 입은 지도자라면 백성의 곤고함을 이해하고 체휼해야 자발적 헌신을 이끌어낼 수 있습니다.

적용하기
1. 일에 대한 열심을 내느라 사람을 보지 못하게 하는 성향이 내게도 있는지요? 그것을 제어하기 위한 방법을 찾고 계신지요?
2. 신앙의 성숙과 하나님의 도우심을 위한 자발적 금식을 실천해 봅시다.

오늘의 기도
좋은 것을 강요하다가 사람 잃고 사랑 잃지 않도록 나에게 지혜를 주옵소서.

사무엘상 14:31-40
찬송가 212장

(주께서 그날에 대답하지 아니하시는지라
_삼상 14:37

이스라엘은 블레셋을 상대로 대승을 거뒀지만 부작용이 따랐습니다. 전투로 시장해진 백성들이 약탈해 온 가축들을 땅에서 잡아 피째 먹은 것입니다. 율법을 정면으로 어긴 이 일을 염려한 이들이 사울에게 보고했습니다. 사울의 대답은 간결합니다. "너희가 믿음 없이 행하였도다"(33절). 사울은 큰 돌을 굴려다 임시 도살단으로 만들어 짐승을 거기서 잡아 피를 쏟은 후 먹게 한 후 거기에 여호와를 위한 제단을 쌓았는데, 본문은 그 제단이 사울이 여호와를 위해 쌓은 첫 제단이었다고 상세히 기록하고 있습니다(35절).

즉위 이래 하나님을 위한 영적 임무에 소홀했던 사울이 자신 있게 영적인 문제의 결정을 내리는 모습은, 표면적 확신 뒤편에 숨은 오만과 독단을 암시해 줍니다. 사울이 백성들에게 작전을 지시합니다. 블레셋인들이 기력을 회복하고 멀리 후퇴하기 전 밤 사이에 추격해서 끝장을 내자는 계획이었습니다. 백성들은 모두 동의합니다. "왕의 생각에 좋은 대로 하소서"(36절상). 이 시점에서 승리를 거듭한 사울의 전략을 반대할 사람은 없을 텐데, 제사장이 나서서 제동을 겁니다. "이리로 와서 하나님께로 나아가사이다"(36절하).

이름이 기록되지 않은 이 제사장의 말은 참으로 중요합니다. 이스라엘의 전쟁은 여호와의 것이고, 이스라엘 군 통수권자는 사울이 아니라 여호와이시며, 작전지시는 하나님께 여쭈어야 한다는 '교전수

칙'의 원론을 새삼 확인한 것이지요. 하나님의 응답이 없자 사울은 누군가의 죄 때문이니 죄인을 즉시 색출하자는 제언을 합니다. 자기 아들일지라도 죽이겠다고 으름장을 놓으니 아무도 반대나 충언을 내놓지 않습니다. 앞서서 "잠깐, 하나님께 여쭈어보셔야 합니다"라 말했던 제사장의 제동이 이번에는 들리지 않습니다.

블레셋을 즉시 추격할 것인지는 전술적 결정입니다. 전투 경험이 풍부한 장군이자 제왕인 사울의 생각에 동의하지 말아야 할 이유가 없습니다. 그러나 자신이 기안한 작전에 대해 하나님께서 침묵하신다 해서 반드시 누군가의 죄를 물어야 한다는 생각은 주님이 지시한 것이 아니었습니다. 강력한 지도자가 빠질 수 있는 독단의 위험이 여기 드러납니다. 우리 개인의 삶에서나 가정, 직장, 나라의 운영에서도 동일한 영적 원리를 붙들어야겠습니다. 하나님의 뜻을 알기 어려울 때는 구성원들 간에 선을 그어 누군가에게 책임과 비난을 돌리기보다 모두가 마음을 모아 기도와 수고로 하나가 되어야 합니다.

적용하기
1. 내면은 영적이지 않은데 남들에게는 믿음 좋은 사람으로 대접받는 위험을 자각해 보신 경험이 있으신가요?
2. 공동체의 어려움이 있을 때 누군가의 책임을 묻기 전에 무엇을 해야 할까요?

오늘의 기도
성공의 단맛을 보면 주님을 의지하는 것이 귀찮아지는 우리의 타락한 마음을 혐오합니다. 스스로 벗어나지 못하니 주께서 불쌍히 보시고 강권하여 새 마음을 주옵소서.

사무엘상 14:41-52
찬송가 450장

사울이 힘 센 사람이나 용감한 사람을 보면 그들을 불러모았더라
_삼상 14:52

　블레셋을 추격하여 끝장을 내려던 자신의 계획이 좌절되자 사울은 격분했습니다. 그 책임을 누구에게 물어야 할 지 찾는데 먼저 자신과 아들을 한 편에, 나머지 이스라엘 백성 전원을 다른 편에 놓고 책임 소재를 묻습니다. 왕과 왕자 대 온 국민이라니요. 매우 이상한 구도이지요. 아마도 자기 부자는 죄가 없다는 것을 일찌감치 확실히 해 두고 백성들을 몰아세우려는 생각이었는지 모르겠습니다만 하나님은 엄중하십니다. 죄가 사울과 요나단 부자에게 있다고 판단해 주십니다. 사울이 자충수를 두었습니다.

　이제 자기가 내린 명령대로라면 자신이 죽든 요나단이 죽든 해야 할 판인데, 어떻게 다시 나와 내 아들 사이에 가르라고 말할 수 있을까요? 자신이 그 잘못을 하지 않았음을 잘 알테니 아들이 죽게 될 것을 알면서 한 일입니다. 참으로 모진 아버지가 아닐 수 없습니다. 아들의 죄란 결국 자신이 무리하게 내린 금식 명령을 어겼다는 것, 그것도 명령을 듣지 못해서 지키지 못했을 뿐인데, 그 아들을 하나님 앞에 맹세까지 하면서 저주하고 사형선고를 내리는 모습에서 그 인성의 바닥을 보게 됩니다.

　결국 사울의 결정을 들은 백성들이 들고 일어나 요나단을 살렸습니다. "이스라엘에 이 큰 구원을 이룬 요나단이 죽겠나이까 결단코 그렇지 아니하니이다." 그들이 요나단을 변호하는 이유가 의미심장

합니다. "그가 오늘 하나님과 동역하였음이니이다"(45절). 백성들은 보았던 것입니다. 요나단이 그저 용맹한 장수가 아니라는 것을. 요나단의 승리가 출중한 무술이 아닌 뜨거운 신앙과 헌신에서 비롯된 것이라는 것을 말입니다. 하나님의 동역자 요나단은 하나님의 인정을 받고 사람들의 사랑도 받았습니다.

이 사건 이후 사울은 하락의 길로 내닫습니다. 15장의 아말렉 전투에서 벌어진 상황은 좀 더 극적이지만 사울의 몰락은 이미 예감할 수 있는 일이었지요. 본문은 사울이 "향하는 곳마다 이겼다"고 간략하게 서술합니다(47절). 그는 당대에 이스라엘을 괴롭혔던 적수들을 차례로 격파한 유능한 지휘관이고 왕이었습니다. 그러나 그뿐입니다. 그의 관심과 소망은 물리적 힘을 뛰어넘는 영적인 세계에 있지 않았습니다. "사울이 사는 날 동안에 블레셋 사람과 큰 싸움이 있었으므로 사울이 힘 센 사람이나 용감한 사람을 보면 그들을 불러모았더라"(52절). 그것이 사울의 한계였습니다. 영적 스승, 경건한 신자, 강직한 사람과 지혜로운 인물을 욕심내어 자기 곁에 두었더라면….

적용하기
1. 자기 기준과 이상에 충실하려다 비상식적이고 무리한 일을 벌인 경험이 있으신지요?
2. 지금 내 인생에 무엇을 채우고 있는지 돌아보고 궤도 수정이 필요하다면 결단합시다.

오늘의 기도
주님이 사랑하는 것을 나도 사랑하게 해주시고, 세상의 가치에 도취되어 영원할 수 없는 것들을 모으고 쌓는 어리석음에서 벗어나도록 깨우쳐 주소서.

사무엘상 15:1-11
찬송가 213장

내가 사울을 왕으로 세운 것을 후회하노니
_삼상 15:11

사람들 눈에, 그리고 자신의 눈에도, 사울은 전쟁에서 이기는 왕이었습니다. 이스라엘을 둘러싼 당대의 강적들 즉 모압, 암몬, 에돔, 소바, 블레셋을 물리쳤습니다(1절). 처음부터 백성들이 원했던 것이 싸움 잘하는 왕이었으니 백성들은 환호했고 사울은 큰 키가 더 으쓱해졌습니다. 그러나 진실을 말하자면, 그 승리는 여호와께서 이기게 하신 것이었지요. 하나님의 군령을 받고 그분의 지휘를 따라 싸우면 필승이지만 제멋대로 싸우면 필패인 것이 이스라엘이 늘 확인해야 했던 전쟁의 수칙이었습니다.

그러나 단지 전쟁에서 상대방을 물리쳤다 해서 성공을 거둔 것은 아닙니다. 오늘 본문에서 사울과 이스라엘은 그 값비싼 레슨을 배우게 됩니다. 사무엘이 사울에게 내린 명령은 히브리어로 헤렘, 우리말로 흔히 진멸이라 번역되는 전쟁입니다. 헤렘은 피정복자를 살려두지 않고 소유물도 남김없이 불태워 하나님께 올려드리는 일입니다. 고대 전쟁은 국가 기간산업에 해당하는 것으로, 정기적이고 계획적인 전쟁을 통해 영토와 노예, 조공을 늘려나가는 것이 국가 발전의 척도였습니다. 따라서 전쟁에서 이긴 뒤 쓸 만한 남녀 노예를 차출하고 소유물을 약탈하지 않을 바에야 전쟁을 하는 의미가 없어지는 셈입니다.

이스라엘에게 내린 헤렘의 명령은 그 전쟁이 이스라엘의 유익을 위해서가 아니란 점을 분명히 합니다. 아말렉에게는 이미 하나님의 심판이 내려져 있었고, 하나님께서 이스라엘에게 명령하신 것은 이스라엘이 해내야 할 과제물이었습니다. 그러나 사울은 막상 지시를 수행해야 할 순간 눈에 보이는 값진 물건들을 없애기가 아까웠던지 지시를 어기고 가장 좋은 가축들은 따로 남겨두었습니다. 성경의 기록은 이렇습니다. "양과 소의 가장 좋은 것 또는 기름진 것과 어린 양과 모든 좋은 것을 남기고 진멸하기를 즐겨 아니하고 가치 없고 하찮은 것은 진멸하니라"(9절).

어쩌면 애초부터 사울은 헤렘의 뜻을 깊이 이해하지 못했는지도 모릅니다. 마블링 좋은 스테이크가 나올만한 소는 놔두고 육질이 연한 송아지도 건지고 하다 보니 결국 진멸이 아니라 잉여품 처리가 되고 말았습니다. 우리 어감에는 예민하게 잡히지 않지만, "가치 없고 하찮은 것은 진멸했다"는 표현은 매우 풍자적입니다. 마치 시험을 봤는데 어려운 문제만 빼고 다 풀었다는 식인 셈이지요. 하나님의 명령을 자신의 편의를 따라 자신의 결정대로 주물러 버리는 행동입니다. 하나님은 사울의 협조가 아니라 순종을 요구하셨습니다. 우리도 마찬가지입니다.

적용하기
1. 내 편리한 대로 하나님 뜻과 기독교 신앙을 왜곡하는 태도를 자신에게서도 발견합니까?
2. 봉사와 헌금 생활에서 최상의 것을 드리기 위해서 스스로 무엇을 점검해야 할까요?

오늘의 기도
하나님께 헌신 아닌 협조, 헌금 아닌 적선을 하는 못된 태도가 내 안에 있습니다. 받은 은혜를 새롭게 깨닫고 감격하여 참된 헌신을 되찾게 하소서.

사무엘상 15:12-25
찬송가 274장

완고한 것은 사신 우상에게 절하는 죄와 같음이라
_삼상 15:23

사울의 일로 근심하며 하나님 앞에 밤새 기도한 사무엘이 사울을 찾아와보니 그 와중에 사울은 자기를 높이는 기념비를 세웠습니다. 길갈은 여호수아 때 언약을 갱신하고 이스라엘의 수치를 씻었던 곳입니다. 하나님과의 언약을 저버린 사울이 길갈에 자신의 기념비를 세운 것은 그가 이미 하나님의 길에서 너무 멀리 있음을 극명히 보여 줍니다. 어이없게도 사울은 화창하기 그지없습니다. "당신은 여호와께 복을 받으소서 내가 여호와의 명령을 행하였나이다"(13절). 참으로 공포스러운 장면입니다. 손에 피를 묻혔어도 자신의 잘못을 알긴 해야 하는데, 사울은 자신이 잘못을 뉘우치기는커녕 아예 자신이 잘못을 했다는 사실 자체를 모르고 있습니다.

11장에서 7일간의 대기 기간을 참지 못해 멋대로 제사를 드렸을 때 사무엘이 했던 꾸짖음이 아무 소용이 없었던 것이지요. 사무엘이 사울을 책망합니다. 진멸했어야 할 짐승들이 왜 남아 있는지 묻습니다. 사울에게는 이 순간이 일생일대의 전기입니다. 책망의 뜻을 깨닫고 회개하면 혹시 하나님의 긍휼을 입고 심판을 면할 수도 있었을 것입니다. 왕위를 박탈하시더라도 사울과 그 가솔들을 위한 다른 배려를 하셨을 수도 있겠지요.

하지만 사울의 대답은 회개하지 않은 자의 전형적인 모습을 보여 줍니다. 가축들은 '무리가 아말렉 사람에게서 끌어온 것'이고, '백성들이' 제사를 위해 최상품을 남겨두었고, 그 외의 것은 '우리가' 진멸했다 합니다(15절). 잘못한 일은 백성을 주어로, 잘한 일은 자신을 끼워 넣어 '우리'로 말하는 교활함이 놀랍습니다만, 더 충격적인 것은 그가 여호와 하나님을 가리켜 '당신의 하나님 여호와'라 부른 것입니다. 사울의 변명에서 이 대명사의 사용법만 보아도 죄의 본질이 보입니다. 그가 참으로 자신의 잘못을 알았다면 "제가 가축을 남겼습니다. 백성들은 내 말을 따랐을 뿐입니다. 나의 하나님 앞에 내가 죄를 지었습니다." 이렇게 말해야 옳지요.

그러나 우리는 압니다. 아담 이래로 인간은 자기 변명과 남 탓하기에 능숙한 존재라는 것을. 그것을 넘어서기 위해서는 성령의 도우심 가운데 고통스러운 자기 성찰과 회개가 있어야 한다는 것을 말입니다. 순종이 제사보다 낫고 완고한 것은 우상을 섬기는 것과 같다는 준엄한 꾸짖음을 사울은 백성이 두려워 그들 말대로 했다는 여전히 피상적인 반성, 회개 없는 제사로 무마하려 합니다. 죄란 얼마나 완고하고 추한 것인지!

적용하기
1. 내 잘못을 지적받을 때 남 탓하지 않기 위해서는 무엇이 필요합니까?
2. 습관적이고 자학적인 반성이 아닌 참된 뉘우침은 어떻게 표현될까요?

오늘의 기도
주님, 내 안에 있는 회개하지 않는 완고함, 간사하고 교활한 인격을 보며 절망합니다. 주홍 같은 죄를 눈같이 희게 하시는 보혈의 은혜를 간구하오니 나를 새롭게 고쳐 주소서.

사무엘상 15:26-35
찬송가 463장

여호와께서는 사울을 이스라엘 왕으로 삼으신 것을 후회하셨더라
_삼상 15:35

하나님께서는 사울을 이스라엘 왕으로 세우셨던 것을 다시금 후회하십니다. 하나님의 '후회'는 인간의 불순종과 죄악에 대한 하나님의 깊은 근심을 가리키는 표현입니다. 사울의 삶이 개별적 일탈 행위를 넘어서 하나님과 그분의 말씀을 등진 지 오래고, 회개할 기회를 놓친 상황에 있습니다. 사울이 하나님의 뜻을 통보했지만, 사울은 피상적 회개로 상황을 무마하려 합니다. "청하오니 지금 내 죄를 사하고 나와 함께 돌아가서 나로 하여금 여호와께 경배하게 하소서"(25절).

사무엘은 사울의 청을 거절합니다. 하나님의 결정은 내려졌고, 이제는 상황을 돌이킬 수 없다는 것을 잘 알았기 때문입니다. 절박해진 사울은 사무엘의 옷자락을 붙잡자 옷이 찢어집니다. 사무엘은 그 찢어진 옷을 빗대어 예언을 선포합니다. "여호와께서 오늘 이스라엘 나라를 왕에게서 떼어(찢어) 왕보다 나은 왕의 이웃에게 주셨나이다 이스라엘의 지존자는 거짓이나 변개함이 없으시니 그는 사람이 아니시므로 결코 변개하지 않으심이니이다"(28-29절). 여호와는 인자와 긍휼이 풍성하신 하나님이십니다. 우리들이라면 인내의 한계를 넘었다 생각할 만한 상황에서도 하나님은 오래 참으시고 회개할 기회를 다시금 주시는 분입니다.

그러나 당신의 백성을 맡기신 종들이 거역할 때 무한정 기다리시지는 않습니다. 그분의 양떼가 굶주리고 상하도록 방치하실 수 없기

때문입니다. 본문의 상황에서 사울이 할 수 있었던 일은, 왕위에 대한 미련을 버리고 주 앞에 엎드려 회개하고 긍휼을 구하는 것이었습니다. 그랬더라면 사무엘서의 이야기는, 이스라엘 역사는, 다른 길로 갔겠지요. 하지만 사울은 사무엘의 극적인 메시지를 들으면서도, 하나님은 변개하지 않으신다는 무서운 선언 앞에서도 근본적인 돌이킴을 보여 주지 않습니다. "내가 범죄하였을지라도 이제 청하옵나니 내 백성의 장로들 앞과 이스라엘 앞에서 나를 높이사 나와 함께 돌아가서 내가 당신의 하나님 여호와께 경배하게 하소서"(30절).

그가 생각하는 '경배'는 심령의 예배가 아닌 외적 제의일 뿐입니다. 절체절명의 위기에서도 체면에 집착하고 외적인 모양새만 유지하려는 사울의 모습은, 참으로 안쓰럽고 애처롭습니다. 결국 모두가 갈 길로 갑니다. 사울이 멋대로 살려두었던 아각은 처형되어 저승길을 가고, 사울은 회개 없이 위선자의 길을 가고, 사무엘은 사울과 영원한 작별을 고하고 떠나갑니다. 그렇게, 이스라엘의 역사는 하나님이 준비하신 다음 장을 향해 흘러가고 있습니다.

적용하기

1. 나의 신앙이 껍데기만 남고 내면은 고갈되는 피곤함을 느끼지는 않으시는지요?
2. 기도 중에 하나님과 진솔하게 대화하고 계십니까? 하나님과의 친밀한 사귐을 위해 무엇을 해야 할까요?

오늘의 기도

사랑 없이 결혼만 유지하는 부부 같은 그런 관계가 주님과 나 사이에 없기를 원합니다. 주 앞에 오늘 나를 맡기오니 성령께서 고쳐 주셔서 하나님 기뻐하시는 모습을 회복시켜 주소서.

사무엘상 16:1-13
찬송가 398장

사람은 외모를 보거니와 나 여호와는 중심을 보느니라
_삼상 16:7

사울로 인해 낙심해 있는 사무엘을 하나님께서 일깨우십니다. "내가 이미 사울을 버려 이스라엘 왕이 되지 못하게 하였거늘 네가 그를 위하여 언제까지 슬퍼하겠느냐"(1절). 하나님의 종은 하나님의 타이밍에 따라 살아야 합니다. 사무엘이 실패한 과거의 트라우마에 집착하는 동안 하나님의 눈길은 미래를 향하고 있습니다. 그 미래는 이새의 아들 중 하나를 통해 준비되고 있었습니다. 의미심장하게도 하나님은 어느 아들인지를 말씀하지 않으시고 그 인물의 정체를 베일 뒤에 감추십니다. 사무엘은 그 택하신 자를 찾아 기름 부어 왕으로 세우라는 미션을 받고 베들레헴에서 이새 가족을 불러 제사를 드립니다.

맏아들 엘리압은 훤칠한 미남이었습니다. 사울을 떠올린 것일까요? 사무엘이 덥석 "이 사람이다!" 외쳤습니다, 마음으로만. 그러나 하나님은 들으셨습니다. 그리고 말씀하십니다. "사울이 생각나느냐? 내가 이미 버렸대도?" "사람은 외모를 보거니와 나 여호와는 중심을 보느니라." 너도 중심을 보거라. 어렵지만 사람의 중심을 헤아려라… 참 어려운 일입니다. 사무엘 같은 거장도 사람의 풍채에 속는데, 우리 같은 사람이 어떻게 외모 아닌 중심을 볼 수 있습니까? 하나님의 영이 도우셔야 합니다.

첫째 둘째… 일곱 아들을 다 만나보아도 하나님의 결재가 나지 않습니다. 사무엘이 이새에게 묻는 말이 기막힙니다. "네 아들들이 다

여기 있느냐?" 이새는 "아이쿠, 실은 아들놈이 하나 더 있습니다"라고 대답합니다. 이런 대답이 가능하다니요! "아직 막내가 남았는데 그는 양을 지키나이다"(11절). 막내라 번역된 히브리어 표현은 '꼬맹이' 혹은 '제일 작은 자'란 뜻입니다. 결국 그 막내가 기름부음을 받고 위대한 다윗 왕이 됩니다. 하나님의 말씀을 의심하지 않기에 "하나님, 이집 맞나요?"라고 말하는 대신 이새에게 "당신 아들 이게 다요?"라고 묻는 사무엘에게서 믿음을 봅니다.

말씀의 내용이, 기도의 응답이, 내 마음의 확신이, 현실보다 더 리얼하게 느껴지는 그 지점에서 우리는 "믿음은 바라는 것들의 실상이요 보이지 않는 것들의 증거니"(히 11:1)라는 말씀을 체험하게 됩니다. 다윗은 여덟째 아들입니다. 가장 어리고 가장 시시한, 여느 사람도 아닌 사무엘이 와서 "아들들을 다 부르시오" 해도 잊고 마는 그런 존재가, 다윗입니다. 그리고 하나님께서는 그 작은 자를 들어 쓰시기로 준비하셨습니다. 우리가 작은 자여도 괜찮습니다. 주님께서 쓰시고자 하면.

적용하기
1. 과거의 성공이나 실패에 집착해 판단이 흐려지지 않으려면 어떻게 해야 할까요?
2. '작은 자를 들어 크게 쓰시는' 하나님의 손길을 경험해 보셨습니까?

오늘의 기도
외적인 성취와 매력에 눈을 빼앗기기 쉬운 나를 성령께서 고쳐 주셔서 내면과 진심, 영적인 실체를 보는 눈을 키워 주소서.

사무엘상 16:14-23

찬송가 442장

여호와께서 그와 함께 계시더이다 하더라
_삼상 16:18

앞서 다윗이 왕으로 세워진 이야기의 정점은 사무엘의 안수와 더불어 다윗이 성령의 감동을 받은 사건입니다(13절). 오늘 본문은 여호와의 영이 사울에게서 떠나간 장면으로 시작합니다. 악령이 그를 괴롭힌 것도 중대하고 의미 있는 사실이지만, 다윗에게 성령이 임하셨고 성령이 사울로부터 떠나갔다는 연속 보도는 참으로 의미심장합니다. 성령께서 성도의 마음에 내주하시고 영원히 떠나지 아니하시는 오늘날과 달리 구약시대의 성령님은 특정한 인물에게 임하셨다가 떠나시기도 하시며 제한적으로 움직이셨습니다.

밧세바를 범하고 우리야를 모살한 다윗이 나단의 지적으로 회개하고 지은 시편에서 주의 성령이 자신을 떠나시지 않게 해달라고 간구한 것은 이러한 맥락에서 이해해야 합니다. "하나님이여 내 속에 정한 마음을 창조하시고 내 안에 정직한 영을 새롭게 하소서 나를 주 앞에서 쫓아내지 마시며 주의 성령을 내게서 거두지 마소서"(시 51:11). 성령의 임재를 경험해 본 사람, 그것을 잃는 고통을 아는 사람의 간구입니다. 다윗이 "수금을 탈 줄 알고 용기와 무용과 구변이 있는 준수한 자"라는 자격사항과 더불어 "여호와께서 그와 함께 계시더이다"라는 평가와 함께 소개된 것은 작은 일이 아닙니다.

다윗이 왕으로 세워진 후 행한 첫 사역은 정복전쟁도 즉위연설도 아닌, 이미 폐위되었지만 권력을 붙들고 있는 사울을 위해 음악을 연주하는 일이었습니다. 사울의 예후에 관해서는 두통, 환각 환청, 피해망상 분열증 등 추측이 많습니다만 성경은 사울이 보인 증상 대신 병의 뿌리를 진단해 줍니다. "여호와의 영이 사울에게서 떠나고 여호와(께서 보내신) 악령이 그를 번뇌하게 한지라"(14절). 악령의 지배를 받는 사울과 성령의 사람 다윗이 이렇게 만나고 있습니다.

본문은 하나님의 눈에 누가 진정한 왕인지를 명백하게 보여 주면서 세상의 현실 정치가 넘어설 수 없는 섭리의 다스리심을 분별하도록 촉구합니다. 왕위의 영광은 성대한 예식이나 화려한 왕관이 아닌, 성령의 임재로 빛나야 했습니다. 이것이 신정국가 이스라엘의 진정한 영광이었습니다. 교회와 국가가 동일시될 수 없는 오늘날, 신자들과 교회들의 영광은 성도의 삶 가운데 약동하는 성령의 역사하심을 통해 드러납니다. 사울을 지배했던 악한 영들은 오늘도 우는 사자와 같이 삼킬 자를 찾고 있지만, 성령님께서도 성경의 페이지 속에서만이 아닌 오늘 우리 삶 속에서 강력하게 일하고 계심을 잊어서는 안 될 것입니다.

적용하기
1. 오늘 가정과 일터에서 하나님이 나와 함께하시는 줄을 사람들이 알고 있습니까?
2. 내 실력과 자격에 비해 터무니없는 대접을 받을 때 어떤 마음으로 추스르십니까?

오늘의 기도
하나님 아버지, 나와 함께하심을 내가 믿고 체험하고 나타내게 하소서. 당신의 임재가 내 주위를 밝히고 감화할 수 있는 그런 사람 되기를 감히 사모하오니 도와주소서.

사무엘상 17:1-16
찬송가 342장

사울과 온 이스라엘이 블레셋 사람의 이 말을 듣고 놀라 크게 두려워하니라_삼상 17:11

블레셋이 싸움을 걸어온다는 것은 이스라엘로서는 생사가 달린 문제입니다. 객관적으로 이기기 어려운 상대인 블레셋을 저지해내고 크고 작은 전투에서 이겼던 것은 이스라엘의 사령관 되신 하나님의 특별한 능력으로만 가능한 일이었습니다. 게다가 오늘 블레셋이 걸어온 싸움은 선전포고를 하고 진을 제대로 갖춰 쳐들어온 전면전입니다. 산을 뒤로 하고 벌판에서 마주한 양쪽 간 긴장이 팽팽한 데 블레셋의 첨단무기가 등장합니다. 그 무기는 다름 아닌 골리앗이라는 거인이었습니다.

거구에서 뿜어져 나오는 압박감만도 대단한데 골리앗에게는 또 하나의 무기가 장착되어 있습니다. 거친 입이 그것이었습니다. 전쟁의 최전선에 나와 적군을 조롱하면서 "어디, 나랑 상대할 만한 놈 있으면 나와 봐. 맞장 한 번 뜨자"가 그의 단골 메뉴였습니다. 고대세계의 전쟁에서 이런 "싸움을 돋우는 자"(4절)는 특별히 중요했습니다. "너희도 대표를 내보내 결투를 해보자. 둘 중 지는 자 편은 모두가 항복하자. 겁쟁이들아 그렇게 사람이 없냐?" 욕지거리를 듬뿍 첨가한 이런 도발을 오래 듣고 있기란 어려운 법입니다. 고대세계의 명예율 때문에 불리한 줄 알아도 도발에 응하고, 결국 패전하는 경우가 많았습니다.

오늘 사울과 이스라엘도 골리앗의 말을 듣고서 놀라고 두려워했습니다(11절). 두려움이 엄습해 우리를 마비시키려 하는 그 순간이야 말로 기도해야 할 때입니다. 성도로 살아가는 것, 기도에 의지하여 사는 것이 피곤하고 옹색하게 느껴질 때가 있습니다. 세상 돌아가는 이치를 잘 아는 사람, 물려받은 재산과 힘이 있는 사람, 적당히 눈치 보고 요령부리는 사람들에 비해 정말 믿음으로 사는 사람, 성경의 가르침대로 사는 사람, 양심과 규칙을 지키며 사는 사람들은 손해보고 뒤쳐지는 것 같이 느껴집니다. 남들은 그냥 쉽게 되는 일을 부르짖고 기도해야 겨우 해내는 게 믿음인가 하나님께 하소연하고 싶어지는 때가 있을 것입니다.

그러나 하나님께서는 우리에게 힘을 주시는 것보다는 우리와 함께하시는 것이 더 먼저라고 하십니다. 그래서 우리는 "내가 모든 것을 할 수 있다"는 자기 신념이 아니라 그 앞에 "내게 능력 주시는 자 안에서"를 전제한 예수 신앙을(빌 4:13) 소중히 여깁니다. 세상의 인정과 부러움보다 하나님의 인정과 칭찬을 위해 살아가는 것이 우리 신앙인의 길임을 재확인해 봅니다. 우리 앞에도 우리의 블레셋, 우리의 골리앗이 서 있기 때문입니다.

적용하기
1. 내 인생의 골리앗은 무엇/누구였나요? 그 두려움과 무력감에 어떻게 맞섰습니까?
2. 하나님의 능력보다 함께하심을 먼저 구하는 믿음을 얻기 위해 어떤 훈련이 필요할까요?

오늘의 기도
하나님, 나는 약하고 어리석습니다. 어려움이 닥치면 하나님보다 사람을 먼저 찾고, 기도할 생각은 못하고 허둥대기만 하는 어리석은 자이니 나와 꼭 함께하시며 걸음마다 인도하소서.

사무엘상 17:17-40
찬송가 357장

여호와께서 나를 이 블레셋 사람의 손에서도 건져내시리이다
_삼상 17:37

다윗이 전선에 등장하는 장면은 참으로 시시합니다. 막내둥이 다윗이 집에서 양떼를 돌보다가 전선에 나가 있는 형들에게 도시락을 배달하러 나섭니다. 팔형제 중 제일 위 셋이 군복무 중인데, 그들이 맞선 블레셋 대표선수 싸움꾼이 다름 아닌 레전드 골리앗입니다. 보통의 이야기라면 이 삼형제 가운데 영웅이 나와야 마땅할 것이고, 골리앗과의 싸움은 장남 엘리압의 몫이어야 하겠지요. 늙은 아버지 이새는 아들들이 염려되어 세 아들의 밥을 준비하면서 접대용으로 '치즈 열 덩이'를 따로 챙겨 천부장에게 바치게 합니다. 아들들을 잘 봐 달라는, 어쩌면 최전선에서는 빼달라는 부탁을 담은 선물 혹은 뇌물이었을지도 모릅니다.

그래서 다윗에게 도시락 셔틀 후에 형들의 안부를 확인하는 모종의 증표를 얻어오라는 당부까지 잊지 않습니다. 마침 다윗이 배달 온 그날 골리앗이 최전선에 나와 욕질을 하며 싸움을 선동하고 있었고 사람들은 모두 무서워 도망을 치는데, 다윗은 "이 할례받지 않은 블레셋 사람이 누구이기에 살아계시는 하나님의 군대를 모욕하겠느냐"며 호기를 부립니다(25-26절). 엘리압은 겁에 질렸다가 막내둥이 다윗의 의연함을 보고 수치심이 분노로 바뀌기라도 했는지, 아니면 일찍이 자신을 제치고 차기 왕으로 세워진 막내 동생에게 시기심이 일었는지 다윗에게 화를 냅니다.

"네가 어찌하여 이리로 내려왔느냐 들에 있는 양들은 누구에게 맡겼느냐 나는 네 교만과 네 마음의 완악함을 아노니 네가 전쟁을 구경하러 왔도다"(28절). 성경은 꼼꼼하게도 다윗이 양떼를 양 지키는 자에게 이미 맡겨두었다고 확인해 줍니다(20절). 장남에 준수한 용모와 장신까지, 엘리압은 제왕의 관상은 가졌지만 제왕의 심상은 갖지 못했습니다. 엘리압은 이 순간 이후 다시는 언급되지 않습니다. 왕이 되기에는 가장 멀었던 '작은 자' 다윗은 이스라엘을 모욕하는 골리앗의 덩치를 믿음의 크기로 압도합니다. "주의 종이 사자와 곰도 쳤은즉 살아계시는 하나님의 군대를 모욕한 이 할례받지 않은 블레셋 사람이리이까 그가 그 짐승의 하나와 같이 되리이다"(36절).

자신이 골리앗을 치겠다는 말에 어처구니없어 하던 사울은 다윗에게 설복되어 그를 전선에 내보내며 축복합니다. "여호와께서 너와 함께 계시기를 원하노라"(37절). 자신은 그렇게 살지 못했지만 말은 바로 했습니다. 우리가 이미 보았듯이 다윗은 여호와께서 함께하시는 사람이었으니까요(16:18). 그 이후의 역사는, 우리가 아는 대로 다윗의 역사가 되었습니다.

적용하기
1. 내 밑에 있던 사람, 내게 신세진 사람이 나보다 앞서 나갈 때 어떻게 반응하셨습니까?
2. 주님과 교회를 모독하는 주변 사람들을 어떤 방식으로 대해야 할까요?

오늘의 기도
주의 이름을 모욕하는 골리앗이 내 앞에 있는데 나는 다윗이 아닙니다. 다윗의 마음을 주사 주를 위해 분함과 투지를 갖게 하시고, 선한 싸움을 싸워 이기게 하소서.

사무엘상 17:41-58

찬송가 359장

나는 만군의 여호와의 이름 곧 네가 모욕하는 이스라엘 군대의 하나님의 이름으로 네게 나아가노라_삼상 17:45

사울은 골리앗과의 싸움에 나서는 다윗을 위해 자기 군복을 입히고 투구와 갑옷까지 완전무장을 시켜 줍니다. 사울이 쓰던 것이니 품질은 최상급이었겠지만, 한 가지 문제가 있었으니 바로 사이즈가 안 맞았습니다. 사울은 이스라엘에서 눈에 띌 만치 키가 큰 사람이었기 때문이지요. 아버지 양복을 걸친 중학생마냥 다윗의 몸에는 불편할 뿐이었습니다. 다윗은 잠시 시험해보고는 사울이 준 무기를 사양하고 자신에게 익숙한 막대기와 물매를 들고 물맷돌 다섯 개를 주머니에 넣은 채 골리앗을 향해 나아갔습니다.

〈글래디에이터〉 같은 영화의 검투 장면을 기대하게 하는 상황에서 한편에는 고릴라 급의 거인이 위협적인 갑옷을 두르고 무기를 들고 섰는데 반대편에는 군장도 없이 곱상한 소년이(42절) 막대기와 물매를 들었습니다. 누가 봐도 균형이 안 맞는 코믹한 장면이고, 상대편으로서도 자존심이 상하는 자리였습니다. 골리앗이 으르렁댑니다. "내가 강아지냐 요놈아" 하는 조롱입니다. 이리 와, 널 개밥으로 만들어 주마… 골리앗의 군사 특기는 사실 무술보다 욕설입니다. 고대전쟁에서는 위협적인 외양과 독설로 상대의 사기를 꺾는 것이 중요한 전술이었기 때문입니다.

어지간한 군인들도 골리앗이 으르렁거리며 욕을 해대면 혼이 나가는데, 이 소년 다윗은 골리앗에게 카운터 펀치를 날립니다. "너는 칼과 단창으로 내게 나아오거니와 나는 만군의 여호와의 이름 곧 네가 모욕하는 이스라엘 군대의 하나님의 이름으로 네게 나아가노라 / 오늘 여호와께서 너를 내 손에 넘기시리니 내가 너를 쳐서 네 목을 베고 블레셋 군대의 시체를 오늘 공중의 새와 땅의 들짐승에게 주어 온 땅으로 이스라엘에 하나님이 계신 줄 알게 하겠고 / 또 여호와의 구원하심이 칼과 창에 있지 아니함을 이 무리에게 알게 하리라 전쟁은 여호와께 속한 것인즉 그가 너희를 우리 손에 넘기시리라"(45-47절).

　골리앗의 천박한 언어와 대비되는 시편이자 설교입니다. 다윗의 유작이 될 수도 있었을 이 시는 놀랍게도 골리앗이 들은 마지막 설교가 되었습니다. 두 사람이 서로에게 다가서고, 다윗이 내달으며 물매를 돌립니다. 물맷돌 하나가 날아가고 거인이 앞으로 쓰러집니다. 다윗이 골리앗의 칼을 빼 그 목을 잘라냅니다. 비현실적인 장면들입니다. 블레셋 군인들은 넋이 나가고, 이스라엘 군대가 진격해 그들을 초토화합니다. 블레셋은 물론 이스라엘의 온 '무리'가 전쟁은 여호와께 속한 것임을, 참으로 그러하다는 것을 알게 되었습니다.

적용하기
1. 평소에 내게 맞는 인생의 무기를 준비하고 있습니까?
2. 나를 믿어 주지 않고 비난하는 엘리압 같은 사람들에게 어떻게 대응해야 할까요?

오늘의 기도
전쟁은 여호와께 속한 것이라 늘 노래 부르면서도 막상 내 인생의 싸움은 내 것으로 아는 어리석은 나를 깨우쳐 주시고 다윗처럼 싸우고 다윗처럼 승리하게 하소서.

사무엘상 18:1-9
찬송가 375장

그날 후로 사울이 다윗을 주목하였더라
_삼상 18:9

왕자 요나단은 다윗에게 완전히 매료되어 '자기 생명같이' 사랑하게 되고, 자신의 관복 일체를 다윗에게 주어 입게 합니다. 옷이 곧 신분을 상징하는 고대사회에서 다윗의 지위가 격상되었음을 공개적으로 알리는 행동이었습니다. 그러나 막상 다윗을 왕궁에 불러 측근에 등용했던(2절) 사울은 다윗의 인기가 올라가는 것을 보자 다윗을 자신의 적수로 간주하게 됩니다. 자아정체성이 불안하고 자존감이 낮은 지배자는 본능적으로 2인자를 곁에 두지 못합니다.

   사울은 자신보다 나은 후계자를 키우기는커녕 자신과 비교가 될 만한 사람이 성장하기 전에 싹을 자르는 옹졸한 인물입니다. 다윗이 자신의 직무에 충실하고 탁월하게 해낼 때마다 사울을 외면상 어쩔 수 없이 다윗을 승진시키면서도 내심으로는 경계심을 품은 듯합니다. 아니나 다를까, 다윗의 개선행진을 맞던 이스라엘 여인들이 줄지어 춤을 추며 노래를 지어 환영하는데, 그 가사가 "사울이 죽인 자는 천천이요 다윗은 만만이로다"였습니다. 다윗은 지금 슈퍼스타입니다. 매사에 조심해도 눈에 띄고 구설수에 오를 수 있는 위치인데 이런 노래를 헌정하는 것은 다윗에게 축복이 아니라 저주를 붓는 셈이지요.

   사울의 반응은 좋지 않습니다. "사울이 그 말에 불쾌하여 심히 노하여 이르되 다윗에게는 만만을 돌리고 내게는 천천만 돌리니 그가 더 얻을 것이 나라 말고 무엇이냐 하고 그 날 후로 사울이 다윗을 주목하였더라"(8-9절). 이 시점의 주목은 그가 다윗의 능력에 주목한 것과 본질상 다릅니다. 과거의 주목이 열린 마음으로 놀라워하는 태도였다면 이제는 적개심 가운데 흠을 잡고 파괴하려는 어두운 마음으로 보고 있기 때문입니다. 이렇게 해서, 하나님께서 정하신 새 왕 다윗은 자신의 현실 권력에 집착해 다윗의 존재를 인정할 수 없었던 사울로 인해 오랜 세월 고통하게 됩니다.

다윗의 삶은 이제 위태로움으로 굴러 떨어집니다. 왕명에 매어 있고 귀가할 수도 없는(2절) 처지에서 사울의 노여움을 받으며 궁정생활을 해야 하다니… 그러나 여기에는 하나님의 섭리가 있었을 것입니다. 만일 원하셨다면 사울을 즉시 제거하고 다윗에게 실질적 왕권을 넘겨 주시는 것이 하나님께 어려웠을 리는 없으니까요. 훗날 우리는 하나님의 선포와 역사적 실현 사이의 그 기간이 다윗으로 하여금 인간을 이해하고 전략과 경영, 통치의 기술을 익히는 시간이었으며 깊은 사색과 신령한 시편들을 낳은 창조의 시간이기도 했음을 알게 됩니다.

적용하기
1. 나를 경계하고 미워하는 상급자와 지낸 경험이 있으면 나눠 주십시오.
2. 내 힘으로 어쩔 수 없는 불리한 환경에서도 최선을 다하기 위해 필요한 덕목과 지혜는 무엇일까요?

오늘의 기도
하나님 아버지, 지금 상황이 어렵습니다. 지혜와 능력을 주셔서 나를 여기 두신 하나님 뜻을 이해하며 잘 견디고 극복할 수 있게 도와주세요.

사무엘상 18:10-19
찬송가 288장

다윗이 그의 모든 일을 지혜롭게 행하니라 여호와께서
그와 함께 계시니라_삼상 18:14

사람의 시각은 중립적이지 않습니다. 좋게 본 사람은 좋은 점이 더 눈에 띄고, 밉게 본 사람은 미운 짓 하는 순간만 눈에 보이는 것은 우리 마음이 근본적으로 확증 편향에 사로잡혀 있기 때문입니다. 한번 다윗을 마음으로 내친 사울의 눈에는 다윗이 밉게만 보였을 것입니다. 악령의 기운이 강해지자 사울은 손에 들었던 단창으로 다윗을 벽에 박아 버리겠다고 던집니다. 다윗은 단창을 두 번이나 피했습니다. 총구나 칼날이 자신에게 겨눠지는 경험을 한 이들은 평생 그 이미지가 트라우마로 남는다니 다윗의 심정이 어땠을지는 짐작만 해봅니다.

그런데 본문에는 놀라운 표현이 나옵니다. 사울의 손에 죽을 뻔한 다윗이 사울만 보면 가슴이 두근거리는 두려움에 사로잡힌 것이 아니라, 사울이 다윗을 두려워했다는 것입니다(12, 15절). 여호와께서 다윗과 함께하시고 다윗이 더더욱 지혜로워지고 영향력이 커져갔기 때문입니다(14절). 사울은 다윗을 보며 두려움과 미움을 키워 갑니다. 하나님을 싫어하는 사람은 하나님의 사람도 싫어하기 마련이니 우리를 미워하는 사람이 있다는 것은 놀랄 일이 아닙니다.

다윗을 자신을 위협할 존재로 보게 된 사울은 그를 제거할 계획을 세웁니다. 다윗에게 자기 딸 메랍을 신부로 줄테니 가서 '하나님의 싸움' 즉 대대적 정벌전을 시작하라고 부추깁니다. 내심으로는 그렇게 하면 블레셋과의 싸움에서 전사하리라는 심사였습니다. 세상에, 아무리 부하가 밉다고 승산 없는 전쟁을 벌여 일국을 위태롭게 하고 자기 딸을 그 음흉한 계획의 도구로 쓰다니, 이게 왕입니까! 비열하게도 사울은 막상 약조한 혼인의 때가 되자 사울은 그 혼사를 취소하고 메랍을 아드리엘에게 시집보내 버립니다(19절).

이 일이 다윗에게 깊은 상처를 준 것이 틀림없습니다. 먼 훗날 다윗 말년에 이스라엘에 3년간 기근이 들고, 그 원인이 자신들을 억울하게 압살하려 했던 사울을 향한 기브온 사람들의 원한 때문임을 알게 됩니다. 그들의 원한을 풀어주려 사울 후손 중 일곱 명을 처형하도록 허락할 때 다윗은 메랍이 아드리엘에게 시집가서 낳은 아들 다섯을 목매달게 내어 줍니다(삼하 21:1-8). 그들을 특정해서 내어주라는 것은 하나님의 지시가 아니었으니 다윗의 사감에 의한 것으로 보는 것이 마땅할 것입니다. 메랍을 빼앗긴 후 햇수로 60여 년이 경과한 시점에서 있었던 일이니 뒤끝도 이런 뒤끝이 없지요. 하나님의 사람 다윗도 극복하지 못한 가해와 복수의 악순환이 가슴 아플 뿐입니다.

적용하기
1. 나에게 깊은 상처를 준 사람을 내 인생에서 어떻게 다루어야 할지 지혜를 나눠 봅시다.
2. 내 목적을 위해 사람을 도구화하지 않으려면 무엇을 조심해야 하겠습니까?

오늘의 기도
주님, 사울은 물론 다윗 역시 인간의 악을 넘어서지 못하는 것을 보니 두렵습니다. 내 안에 거하시는 주의 음성에 귀기울여 악한 길에서 벗어나게 해주소서.

사무엘상 18:20-30
찬송가 436장

사울이 다윗을 더욱더욱 두려워하여 평생에 다윗의 대적이 되니라
_삼상 18:29

메랍의 일로 상처를 입었을 다윗은 이번엔 동생 미갈에게 마음이 끌렸습니다. 사울은 미갈이 다윗을 좋아한다는 것을 알고 다시 한 번 딸을 미끼로 다윗을 제거할 계획을 세웁니다. 경악스럽지만 현실에는 그런 아비도 있습니다. 사울이 다윗을 사위로 삼고 싶다는 말을 슬그머니 흘리자 다윗은 자기는 '가난하고 천한 사람'이라며 사양합니다. 지참금이 없다는 뜻입니다. 그의 약점을 잘 아는 사울이 덫을 놓습니다. 지참금은 필요 없고 블레셋인들을 죽여 포피 백 개만 가져오면 된다고 전합니다. 물론 그러려면 다윗이 먼저 죽으리라고 계산한 것이지요.

포피를 베는 것은 '할례받지 않은 자'라 늘 욕하던 블레셋인들에 대한 모욕 행위인데, 아무리 전쟁의 승자라 해도 적군 시체의 바지를 벗기고 성기에서 포피를 베어내 가져오라니 이런 야만적인 일이 있을까요! 숭고한 시편의 작가이자 영성 가득한 뮤지션인 다윗이라면 마땅히 거절했을 듯하지만, 다윗은 그 소식을 듣고 어느 날 부하들을 데리고 가 블레셋인 200명을 죽입니다. 그리고 돌아와 사울에게 요구한 '지참금'의 두 배를 바치고 미갈을 아내로 맞습니다. 하나님을 위해 성전을 짓겠다던 다윗에게 "네 손은 피를 너무 많이 흘렸다" 하신 말씀을 기억해 봅니다.

다윗은 성인이 아닙니다. 다윗의 거룩하고 고상한 노래들은 이같은 만행이 괜찮았던 시대를 살며 손에 피를 묻히던 일상 속에서 빚

어지고 다듬어졌습니다. 곡절 끝에 결혼했지만 미갈은 다윗을 사랑했습니다. 어둡고 혐오스러운 사건들 후에 청량감을 주는 보도인데, 정작 사울은 심사가 더 비틀렸습니다. "저 놈을 죽이려 했는데 딸년의 마음까지 훔치다니…" 하는 심정이었겠지요. 이 일로 사울은 다윗을 두려워하여 평생토록 다윗의 대적이 되었습니다(29절). 참으로 가슴 아픈 기록입니다. 누군가를 평생토록 미워하다 멈추는 인생이라니요.

부르심을 저버리고 하나님의 근심이 된 사람은 이처럼 자신과 남들을 모두 불행하게 만듭니다. 이에 반해 다윗의 인생은 상승일로에 있습니다. 이스라엘 백성들의 칭송을 넘어 이제는 적들도 "다윗은 과연 다르다"고 존경했습니다(30절). 사울이 다윗을 밟아 주려 할 때마다, 그를 죽이려 할 때에도, 다윗은 그로부터 무언가를 얻고 더 성장해 나갑니다. 다윗 같은 사람을 친구로 두지 않고 적으로 만든 어리석은 선택은 사울의 것이지만, 그와 함께 하나님 백성이 고통을 받았습니다. 우리가 지도자들을 위해 축복하고 기도해야 할 이유입니다.

적용하기
1. 누군가를 미워하고 해치는 인생의 비극을 사울을 반면교사로 삼아 살펴봅시다.
2. 내 목표를 추구하느라 남을 힘들게 하면서도 무심히 지나간 부분은 없는지요?

오늘의 기도
사울의 모습이 나의 모습일 수 있을까 두렵습니다. 하나님의 친구를 나의 친구로, 하나님의 적을 나의 적으로 삼도록 내 마음의 가치관을 새롭게 해 주소서.

사무엘상 19:1-8
찬송가 290장

어찌 까닭 없이 다윗을 죽여 무죄한 피를 흘려 범죄하려 하시나이까
_삼상 19:5

앞서 18장 본문 다윗의 승전기의 결말은 이렇습니다. "다윗이 사울의 모든 신하보다 더 지혜롭게 행하매 이에 그의 이름이 심히 귀하게 되니라"(18:30). 누구의 눈에 귀하게 되었다는 뜻일까요. 사울은 아닙니다. 사울은 다윗이 커갈 때마다 그를 더 두려워하고 미워하는 일을 반복하면서 평생 다윗의 대적이 되었습니다(18:29). 다윗은 하나님 앞에 커 갔고, 백성들의 눈에 위대해져갔습니다. 민심이 천심이라는 옛말이 있습니다. 하나님과 사람 앞에 은총(호감)을 입은 사람을 미워하는 사람은 자신이 불행해져갈 뿐입니다. 이제 사울은 공공연히 신하들에게 다윗을 죽이라 명령합니다(1절).

요나단은 다윗에게 사울의 동정을 알려 주의시키고 잠시 몸을 피하게 한 뒤, 부왕에게 다윗을 변호하고 그를 해치지 말도록 간청합니다(4-5절). 그리고 놀랍게도, 사울이 요나단의 말을 듣고 마음을 바꿉니다. "사울이 요나단의 말을 듣고 맹세하되 여호와께서 살아 계심을 두고 맹세하거니와 그가(다윗이) 죽임을 당하지 아니하리라"(6절). 요나단이 다윗에게 이 소식을 전하고 다윗은 다시 복직합니다. 본문에 "(다윗이) 사울 앞에 전과 같이 있었더라"(7절)는 묘사는 그가 이전처럼 서 있던 자리에 서서 하던 직무를 계속했다는 의미이겠습니다만, 다윗의 속마음도 아무 일 없었던 양 태연하기는 어려웠을 것입니다.

'사람은 안 변한다'는 말은 성도들이, 특별히 사역자들이 원칙적으

로 써서는 안 될 말입니다. 성령의 역사하심 가운데 인격과 가치관의 변화는 느리더라도 분명히 일어나기 때문입니다. 그러나 저 역시 목회 현장에서 씨름하면서 사람의 변화가 참 어렵다는 것을 실감한 사람입니다. 사울의 마음이 바뀐 것이 의도된 위장은 아니었겠지만, 심층적이고 영속적인 변화가 아니었던 것도 분명해 보입니다. 블레셋과 다시 전쟁이 일어났고, 다윗이 다시 전쟁에 나갔으며 다시 대승을 거뒀습니다(8절).

당연히 다윗이 다시 개선장군이 되고 환영을 받아야 할 텐데, 이어지는 9절은 돌연히 사울이 다윗을 죽이려 한 사건으로 넘어갑니다. 8절과 9절 사이 시간 간격이 얼마인지는 모르나, 그 심리적 간격이 아득한 것만은 틀림없습니다. 요나단의 노력으로 일시 개선됐던 상황은 다시 원위치로, 아니 더 극악한 상태로 돌아갔습니다. 그러나 요나단의 노력이 헛수고라 볼 일은 아닙니다. 그는 마땅히 해야 할 일을 했고 제한적이나마 그 효력을 보았습니다. 우리도 낙심하지 말고 주의 길을 가야겠습니다. 맡은 자에게 구할 것은 다만 충성이니까요.

적용하기
1. 사람들 가운데 평화를 이루기 위해 애썼던 경험을 나눠 주십시오.
2. 어려운 일을 오래 하면서 낙심하지 않기 위해 어떤 노력을 하고 계십니까?

오늘의 기도
주님, 나는 늘 다윗만 되려 했지 요나단의 마음을 헤아려보지 않았습니다. 그 어려운 자리에서 평화를 이루고 언약을 지키며 헌신한 요나단의 모습을 내 삶에도 이뤄가게 해 주세요.

사무엘상 19:9-24
찬송가 337장

다윗이 도피하여 라마로 가서 사무엘에게로 나아가서
사울이 자기에게 행한 일을 다 전하였고 다윗과 사무엘이
나욧으로 가서 살았더라_삼상 19:18

"사울이 손에 단창을 가지고(9절)…." 사울과 단창. 좋지 않은 조합입니다. 사울은 거구에 장사였고, 무기를 잘 다루는 용맹한 장군이었습니다. 이런 사람이 하나님의 뜻을 받들고 나라를 위해 싸우면 나라를 구합니다. 같은 사람이 자기 뜻만을 세우고 자신만을 위하면 나라를 망칩니다. 마음이 비뚤어지다 못해 악령의 지배를 받는 사울은, 힘은 있으나 피아 식별을 할 줄 모르는 금치산자가 되어 있습니다. 결국 사울은 자신을 위해 음악치료를 수행하고 있는 다윗을 죽이려 합니다. 그냥 찌르는 게 아니고 '벽에 박으려' 했습니다. 성경의 묘사가 참 무섭습니다. 사울은 창을 던져 사람을 벽에 꽂아버릴 수 있는 괴력의 소유자입니다. 아니나 다를까, 창이 날았고 벽에 박혔습니다. 다윗은 용케 그 창을 피했고, 왕궁을 빠져나가 집으로 갔습니다.

그러나 왕의 노여움을 피해 갈 곳이 어디이겠습니까. 사울은 자객들을 보내 다윗을 감시하다가 아침에 그를 죽이라는 명령을 내렸습니다. 다윗 역시 골리앗을 죽인 용사이니 밤새 지켜보다 확실히 잠이 든 후 죽이라는 뜻이었는지도 모릅니다. 참으로 긴박한 상황인데, 아내 미갈이 다윗을 재촉해 도피시키고 그가 침대에 있는 듯 위장하는 기지를 발휘해 시간을 벌었습니다. 밤새 피신하지 못하면 아침에는 시체가 되어 있으리라는 그녀의 판단은 정확했습니다. 아버지가 남

편을 죽이려는 상황. 자신도 위험할 것을 알면서 군인들과 아버지를 속이고 남편을 피신시키는 그녀의 마음이 어땠을지 짐작하기도 어렵습니다.

사울 한 사람이 사욕에 사로잡혀 하나님의 뜻을 거역하고 인류 파괴범이 되니 주위 모든 사람이 고통을 당합니다. 우리 살아가는 삶이 그렇습니다. 남을 살리고 돕는 일은 참 어렵지만 남을 괴롭히고 파괴하는 것은 생각보다 쉽습니다. 그저 내 몫만 챙기고 내 마음에 드는 대로만 흔들림 없이 살아가면, 내 주위에 지옥문이 열리게 됩니다. 사울은 이날 놓친 다윗을 추격해 그를 죽이는 일에 신의 여생 전부를 쏟아 부었습니다.

왕권을 가졌어도 내면은 빈 채로 악령에 시달린 사울과 대조적으로, 다윗은 사무엘을 찾아 라마로, 다시 사무엘과 함께 '선지 동산' 나욧으로 들어가 하나님의 영이 강력히 역사하는 곳에 머물게 됩니다. 다윗이 사울을 피해 도피하던 시절에 특별히 아름답고 깊이 있는 시편을 많이 지은 것은 우연이 아닙니다. 우리도 안온한 삶을 목표로 살기보다는 하나님의 역사하심 아래 있는 삶을 추구해야겠습니다.

적용하기
1. 미갈처럼 양자택일이 요구될 때 어떻게 판단하고 결정하십니까?
2. 어려움이 닥칠 때 어디로(누구에게) 피하십니까? 무엇을 찾아서인가요?

오늘의 기도
나를 쫓아오는 적수보다 더 강한 자를 찾아 헤매지 말고, 내 생명의 주 되신 당신께 바로 나아가게 해주세요.

사무엘상 20:1-11
찬송가 341장

요나단이 다윗에게 이르되 네 마음의 소원이 무엇이든지
내가 너를 위하여 그것을 이루리라_삼상 20:4

다윗의 목숨을 취하려 사무엘과 다윗이 머물던 라마나욧 인근까지 추격해 온 사울에게 놀라운 일이 일어났습니다. 하나님의 영이 임하여 꼬박 하루를 예언한 것입니다. 다윗이 그 틈을 타 라마나욧을 빠져나오고, 은밀히 요나단을 만나면서 오늘의 가슴 아픈 이야기가 시작됩니다. 다윗이 자신이 느끼는 두려움을 토로하지만 요나단은 부왕 사울이 자기에게는 모든 일을 의논하니 자신이 다윗의 생명을 보호할 수 있다고 말합니다. 다윗은 현실을 좀 더 잘 알고 있습니다. 요나단이 다윗을 사랑하는 줄 뻔히 아는 사울이 이 일을 요나단과 의논할 리 없다는 것을. 선한 의도가 좋은 결과를 보장하지는 않는 법입니다. 요나단은 다윗을 사랑했고, 아버지를 포기하지 않았으며, 자신의 역할을 신뢰했습니다. 그러나 이 세 가지가 병립할 수 없는 것이 현실이었고, 그래서 다윗의 가슴은 아팠습니다.

다윗은 죽음이 자신의 지척에 있다고 호소합니다(3절). 그제야 요나단은 자기가 할 수 있는 일이 무엇인지 다윗에게 묻습니다. 자신의 최선으로도 부족한 지점, 그곳은 우리의 한계점입니다. 그곳을 확인하는 것은 쓰리고 아픈 경험입니다만, 때로 그 자리에 가야만 선한 결과를 얻을 수 있는 것이 인생입니다. 당면한 문제 앞에서 자신의 진단과 처방을 중지하고 통제력의 환상을 버려야 진정한 해결책이 보이는 것이지요.

결국 이 문제는 사울보다 더 위에 있는 존재만이 해결할 수 있다는 것을 다윗도, 요나단도, 그리고 우리도 압니다. 그 인식에 도달하기까지 우리는 어려움을 겪습니다. 다윗은 사울의 진심을 확인할 방책을 생각해 요나단에게 알려줍니다. 자신은 몸을 숨길 테니 사울이 공식 만찬석상에서 자신의 행방을 묻거든 여차여차 대답하고 그 대답에 화를 내거든 자신을 죽이려는 의사가 분명한 것이라 합니다(5-8절). 요나단은 그렇게야 되겠냐며 여전히 사태를 낙관하는 듯 보입니다.

다윗은 친구의 선의는 믿지만 판단은 믿을 수 없는 상황에서 마지막으로 우정에 호소합니다. "내게 죄악이 있으면 네가 친히 나를 죽이라 나를 네 아버지에게로 데려갈 이유가 무엇이냐 하니라"(8절). 요나단의 마음을 후벼 파는 화법입니다. 마침내 요나단이 결심을 하고 다윗을 들로 이끌고 갑니다. 다윗과의 즐거운 시간이 얼마 남지 않을 것을 깨닫고 자신이 친구를 위해 할 수 있는 마지막 호의를 베풀려는 것입니다. 우정은 아름다운데, 인생은 슬픕니다. 인간이란 존재가 그러하기에.

적용하기
1. 내 선의만으로는 감당할 수 없는 상황이 오면 어떻게 대응하십니까?
2. 누군가에게 요나단 같은 존재가 되기 위해서는 무엇을 갖고, 무엇을 버려야 할까요?

오늘의 기도
요나단이 있었기에 다윗이 있었음을 기억하게 하시고, 나의 최선을 추구하되 다른 이의 최선을 위해 쓰임받는 것에도 감사할 수 있는 넉넉한 마음을 주옵소서.

사무엘상 20:1-11

사무엘상 20:12-23
찬송가 449장

이에 요나단이 다윗의 집과 언약하기를 여호와께서는 다윗의 대적들을 치실지어다 하니라_삼상 20:16

앞에서는 다윗이 요나단을 향해 인자를 베풀어 달라 청했는데(8절), 이제 요나단이 같은 청을 합니다. 그런데 요나단의 요청을 보면 힘을 쥔 이가 다윗이고 요나단과 사울이 다윗의 호의를 빌어야 하는 처지로 들립니다. 갑을 관계가 완전히 바뀌어져 있는 것이지요. "너는 내가 사는 날 동안에 여호와의 인자하심을 내게 베풀어서 나를 죽지 않게 할 뿐 아니라 여호와께서 너 다윗의 대적들을 지면에서 다 끊어 버리신 때에도 너는 네 인자함을 내 집에서 영원히 끊어 버리지 말라" (14-15절). 사울의 마음이 녹아지는 최선의 상황을 포기하지 않으면서도(12절) 그는 사울이 다윗의 대적으로 남아 그를 제거하려 할 것이며, 그럼에도 사울이 결국 다윗의 상승을 저지하지 못할 것을 감지하고 있는 것입니다.

놀랍게도 그는 다윗이 그 대적들을 모두 제거하는 그날이 올 때 '내 집에서' 인자함을 거두지 말아 달라 부탁합니다. 이제껏 말을 아꼈던 요나단이 다윗의 앞날과 더불어 사울 및 자신의 몰락을 기정사실로 인정하면서 거의 예언하듯 미래의 일을 준비하고 있습니다. 이제 요나단이 맺는 약조의 파트너는 다윗이 아니라 '다윗의 집', 즉 다윗 왕조입니다. 다시 말해 사울과 자신의 몰락 후 자기 집안을 몰살하지 말 것은 물론, 다윗이 죽은 이후에도 다윗 왕조가 그 언약을 존중해 달라는 뜻입니다.

사극과 소설을 통해 반역자의 삼족을 멸한다, 구족을 멸한다는 표현을 너무 자주 들어온 우리들이 그 복수의 끔찍함을 애써 생각해 보기는 쉽지 않습니다. 동서고금 국가 간의 전쟁 이상으로 왕조의 교체는 피를 부르는 법입니다. 이제 요나단과 다윗의 우정 이야기는 사울 왕조가 제거되고 다윗 왕조가 세워지는 역사의 변곡점을 통해 국가적 서사로 확대됩니다. 요나단은 그런 점에서 비운의 주인공이면서 위대한 영웅입니다.

인간적으로 말해 다윗이 아니었더라면 왕이 될 수 있었을 사람이고, 자신이 다윗을 아끼고 사랑하지 않았더라면 다윗은 벌써 죽은 목숨이었을 처지입니다. 그러나 요나단의 말과 행동에 다윗을 향한 시혜 의식은 눈곱만큼도 보이지 않습니다. 그는 다윗을 사랑하되 참으로 자기 생명처럼(17절), 아니, 어찌 말하면 자기 자신보다 더 사랑했습니다. 사울을 폐하고 다윗을 세우시겠다는 하나님의 뜻대로 역사는 흘러가지만, 그 대하와도 같은 흐름 속에 적멸하는 사람들의 이야기를, 그들의 꿈과 좌절과 믿음을 성경이 놓치지 않고 들려주신 것에 감격합니다.

적용하기
1. 약속을 지키기 위해 손해를 감수한 경험이 있으시면 나누어 주십시오.
2. 당신에게 하나님 나라의 유익과 사적인 이익이 충돌할 수 있는 상황이 있다면 어떤 경우입니까? 그런 상황을 예방하기 위해 평소에 해야 할 일은 무엇일까요?

오늘의 기도
변절하기 쉬운 시대를 살면서 하나님께 드린 사랑과 헌신을 지킬 수 있도록 도와주소서.

사무엘상 20:24-34
찬송가 460장

> 그의 아버지가 다윗을 욕되게 하였으므로 다윗을 위하여 슬퍼함이었더라_삼상 20:34

다윗의 행방에 대한 요나단의 변명을 듣자 사울은 불같이 화를 냅니다. "패역무도한 계집의 소생아, 네가 이새의 아들을 택한 것이 네 수치와 네 어미의 벌거벗은 수치 됨을 내가 어찌 알지 못하랴"(30절). 욕설을 빼고 보면 아버지의 야욕에 동조하는 대신 다윗을 돕기로 한 요나단의 결정을 정확히 이해한 것입니다. 아들의 기색을 읽고 상황을 간파하는 예지가 있음에도, 하나님의 크신 계획과 선지자의 명백한 지시에 저항하는 것이 부질없으리라는 판단은 하지 못하는 이 모순이야말로 인간의 한계 상황을 보여 줍니다.

사람이 아무리 훌륭한 지식과 도덕을 가져도 하나님 앞에서 굴복해보지 않은 날것으로서의 인간 의지가 지배하는 한, 하나님을 기쁘시게 할 수 없다는 뜻이지요. 사울의 말은 계속됩니다. 자신의 염원이 아들에게 왕권을 물려주어 대대로 왕 노릇하게 만드는 것임을 노출합니다. 다윗은 "너와 네 나라가 든든히" 서는 일에 장애물일 뿐이니 죽어야만 한다는 것입니다(31절). 사울의 욕망은 다윗을 왕으로 선포하신 하나님의 의지에 거역하는 일이기도 하지만, 인간적으로도 배은망덕한 일이 아닐 수 없습니다. 다윗은 골리앗의 일을 비롯해 수많은 전투에서 사울의 왕권과 이스라엘 나라를 지켜 준 사람입니다. 악령에게 시달리는 자신 곁에서 수금을 연주해 악령이 떠나가게 해 주던 은인이기도 합니다(16:23). 그뿐인가요, 다윗은 자신의 딸 미갈과 결혼한 사위이기도 합니다. 물론 사울은 골리앗을 죽이고 명성을 얻은 다윗이 이미 질투의 대상이었기에 그를 적지에 몰아넣어 죽일 요량으로 자기 딸을 미끼로 내세웠던 비열한 사람입니다만, 아들의 왕위를 위해서라면 딸을 과부 만드는 것도 아랑곳없어하는 것을 보면 정말 인간성의 바닥을 보게 됩니다. 다윗을 위해 변호하는 자신에게 사울이 단창을 던지려 하자, 요나단은 아버지 앞에서 분노를 감추지 않고 자리를 떠납니다.

다윗을 향한 우정과 헌신에도 불구하고 지금껏 요나단은 부왕 사울에게 대놓고 저항하지 않았습니다. 마땅한 예의와 존경은 물론 여전히 왕위에 앉은 사울이 스스로 생각을 바꾸기 기대했던 것이지요. 이제 모든 가능성이 사라진 것을 확인한 그는 아버지와의 정서적 연대감을 끊고 남의 눈을 두려워하지 않고 분을 표출하였습니다. 이제 그가 할 수 있는 일은 아버지의 계획이 실행되기 전에 다윗을 도피시키는 것뿐인 셈입니다. 요나단의 마음에는 분노와 슬픔이 차올랐습니다. 우리도 그와 함께 분노하고 슬퍼합니다.

적용하기
1. 의도가 악하고 위해를 끼칠 수 있는 이들을 슬기롭게 피하는 방법은 무엇일까요?
2. 불의한 사람은 가족 친지라 해도 멀리해야 할까요? 당신은 어떤 기준을 갖고 있는지 서로 나눠 보십시오.

오늘의 기도
악한 일들, 악한 사람들과 결별하기 어려운 세상이지만 주님께서 받으실 만한 삶을 살기 원하오니, 분별력과 결단력을 허락해 주소서.

사무엘상 20:35-42

찬송가 408장

다윗이 땅에 엎드려 세 번 절한 후에 서로 입 맞추고 같이 울되
다윗이 더욱 심하더니_삼상20:41

"땅에 엎드려 세 번 절하고, 서로 입 맞추고, 같이 울더라…." 이 상황에서 다윗의 심정을 표현한 시편이 있어야 하지 않을지 궁금하게 만듭니다. 아니면 너무 가슴 아파 차마 시로 쓰지 못했을까요? 훗날 왕자의 난을 일으켜 형제를 도살하고 근신 중에 다시 역모를 일으킨 아들 압살롬이 진압군에게 척살되었다는 소식에 넋을 잃고 우는 다윗의 모습을 제외하고는 이런 처연한 감정의 표현이 달리 있을까요.

요나단의 고별사는 의미심장합니다. 지금 헤어짐이 사실상 기약 없는 작별이 될 것을 아는 듯 다윗의 평강을 빌면서 둘 사이의 언약을 다시금 상기시킵니다. "여호와께서 영원히 나와 너 사이에 계시고 내 자손과 네 자손 사이에 계시리라"(42절). 영원히. 영원히. 유한한 인간이 품을 수 없고 기약할 수 없는 이 단어의 울림이 마음을 흔듭니다. 우리 생은 짧지만 영속하는 것들이 있습니다. 그것을 속에 간직해야 우리는 삶의 공허함을 이기고 살 수 있습니다. 전도자(코헬렛)가 말했듯 인생사 모든 일에 때가 있습니다.

"날 때가 있고 죽을 때가 있으며 심을 때가 있고 뽑을 때가 있으며 / 죽일 때가 있고 고칠 때가 있고 부술 때가 있고 지을 때가 있으며 / 울 때가 있고 웃을 때가 있으며 슬퍼할 때가 있고 춤출 때가 있으며 / 돌을 던질 때가 있고 돌을 거둘 때가 있고 안아야 할 때가 있고 말아야 할 때가 있으며 / 찾을 때가 있고 잃을 때가 있고 지킬 때가 있고

버릴 때가 있으며 / 찢을 때가 있고 꿰맬 때가 있으며 잠잠할 때가 있고 말할 때가 있으며 / 사랑할 때가 있고 미워할 때가 있으며 전쟁할 때가 있고 평화할 때가 있느니라"(전 3:2-8).

만물에 자신의 때가 있고, 그 때가 지나가기에 만물은 덧없습니다(헤벨). 가장 아름답고 소중한 것일수록 덧없고 아쉽습니다. 서해 일몰의 황홀함이, 봄꽃의 화사함이, 아기의 보드라운 볼살이, 사춘기 소녀의 까르륵 웃음이, 다 금세 지나갑니다. 다윗과 요나단이 누렸던 순수한 우정의 환희, 짧은 밀월의 시간이 이제 지나가고 있습니다. 그러나 그들의 사랑이 헛되지는 않았습니다. 훗날 다윗은 요나단에게 한 약속을 지켰습니다. 하나님이 세우신 왕에게 반항한 사울의 죄를 물어 그 후손을 멸할 수 있었지만 그들을 선대한 것입니다. 그의 정책은 이후 하나님 백성이 따를 표준이 되었습니다. 요나단은 다윗에게 평강(샬롬)을 빌어주었고, 다윗의 후손이신 메시아 그리스도께서는 평강의 주군(Prince of Peace)으로 이 땅에 오셨습니다(사9:6).

적용하기
1. 살면서 힘든 작별을 경험하셨다면 어떤 것들입니까?
2. 오랜 고통 끝에 내린 요나단의 결심을 내 삶에 어떻게 연결할 수 있을까요?

오늘의 기도
전능자의 뜻이라면 내 인생이 누군가에게 생명을 주고 길을 열어준 것으로 감사할 수 있는 질박한 신앙을 갖게 하소서.

사무엘상 21:1-9
찬송가 488장

제사장이 그 거룩한 떡을 주었으니 거기는 진설병 곧 여호와 앞에서 물려 낸 떡밖에 없었음이라_삼상 21:6

요나단과의 가슴 아픈 작별 후 도피에 나선 다윗은 소수의 부하들을 데리고 놉 성소로 향합니다. 막막한 처지에서 하나님께 기도하려 그곳을 찾았을 것입니다. 그럼에도 그는 놉을 지키던 제사장 아히멜렉에게 자신의 속마음을 감추고, 사울왕의 비밀작전을 위해 자신의 부대원들을 그곳으로 소집했다고 거짓말을 합니다. 아마도 그곳 제사장 아히멜렉이 사울왕의 측근에 있는 아히야 제사장과 형제간이었기 때문일 수도 있습니다(14:3; 22:11-12). 아히멜렉 제사장은 율법을 어기고 다윗을 돕습니다. 일반인들의 사용이 금지된 진설병을 다윗과 부하들의 식량으로 내어주고, 국보급 전리품인 골리앗의 칼을 달라는 다윗의 청을 들어준 것입니다.

처음 다윗을 대하며 떨렸던 것으로 보아 다윗에게 기가 질린 것인지, 아니면 다윗의 궁색함을 짐작해 율법의 문구는 버리고 정신을 취한 행동인지의 판단은 독자의 몫인 듯합니다. 이 이야기를 읽는 독자라면 서사의 흐름을 끊으면서 어색하게 놓여 있는 7절에 신경이 쓰일 것입니다. "그날에 사울의 신하 한 사람이 여호와 앞에 머물러 있었는데 그는 도엑이라 이름하는 에돔 사람이요 사울의 목자장이었더라." 왕궁의 근무지를 이탈해 도피한 다윗. 사울의 명령을 빙자해 병력 이동을 해명하는 다윗. 율법을 어기며 성소의 음식을 얻어가는 다윗. 성소에 두어야 할 전리품을 사사로이 반출하는 다윗. 이 모든 행동은 사울을 피하느라 생긴 일이고, 사울에게 알려져서는 안 될 일들 이었습니다.

그런데 그가 도피의 첫 행선지로 삼은 놉, 하나님 앞에서 지침을 얻고자 간 그곳에 하필 사울의 심복이 와 있었다니요! 다윗이 이 사람을 찾아내고 제거하지 않은 것을 보면, 다윗의 전도가 밝지 않으리라는 불길한 예감이 듭니다. 그리고 성경에 익숙한 독자라면, 그러한 예측이 들어맞는 바로 그 자리에서 모든 기대를 부수는 신적 개입이 있을 것을 내심 바라게 됩니다. 다윗의 이야기는, 바로 그런 이야기입니다.

인간의 기대를 뛰어넘으시는 하나님, 불가능을 가능케 하시고 절망을 희망으로 바꾸시는 그런 하나님을 알고 믿기에 우리는 인간의 남루함과 비열함으로 점철된 역사 속에서도 그분의 손길을 기대하게 됩니다. 모든 것이 어색하고 억지스러운 이 출발에도 불구하고 다윗이 하나님 편에 선 사람임을, 그가 하나님을 사모하고 하나님께서 그를 마음에 두셨음을 알기에 우리는 다윗의 다음 행보를 기대하며 성경의 장을 넘기게 됩니다.

적용하기
1. 다윗이 놉으로 도망 가 제사장의 도움을 청한 것은 오늘 우리 인생에서 위기를 직면하는 방법에 대해 무엇을 시사합니까?
2. 다윗이 도엑을 놓치듯 작은 무관심과 실수가 화근이 된 경험이 있으면 나눠 주십시오.

오늘의 기도
인생의 위기가 닥쳤을 때 주께 피하고 주의 종에게 조언과 도움을 청할 믿음을 내게 주소서.

사무엘상 21:10-15
찬송가 363장

그날에 다윗이 사울을 두려워하여 일어나 도망하여
가드 왕 아기스에게로 가니_삼상 21:10

두려움은 두려움을 낳습니다. 목동 시절 사자와 곰을 두려워 않던 다윗, 희대의 거인 골리앗을 두려워 않던 다윗이 오늘 사울을 두려워하여 도망칩니다. 블레셋 도시국가인 가드 왕 아기스에게 몸을 맡겨보려 했는데, 아기스의 부하들은 다윗이 누구인지를 아기스에게 보고합니다. "이는 그 땅의 왕 다윗이 아니니이까 무리가 춤추며 이 사람의 일을 노래하여 이르되 사울이 죽인 자는 천천이요 다윗은 만만이로다 하지 아니하였나이까 한지라"(11절).

다윗을 이스라엘 왕으로 호칭하고 백성들이 불렀던 승전가를 바로 인용할 만큼 정보를 확보하고 있다면, 하나님 앞에서 정당성은 잃었더라도 실제 권력을 쥔 사울이 다윗을 추적하고 있다는 사실도 알고 있었을 것입니다. 다윗을 망명객으로 들여 놓으면 사울이 가만 있지 않으리라는 계산이 바로 나왔겠지요. 다윗은 현실을 파악하고 아기스의 눈치를 살핍니다. 아기스가 자기를 잡아 사울에게 보내기라도 하면 모든 것은 끝나는 형편이 되었습니다.

다윗의 마음에 두려움이 엄습했습니다. 사울을 피해 외지로 도망쳤는데 막상 가드로 와도 목숨이 위태롭기는 매한가지였습니다. 다윗의 마음이 오그라들었습니다. 가드 왕 아기스의 경계심을 풀게 하기 위해 그 앞에서 광인 행세까지 벌였습니다. 아기스의 입을 빌어 '미치광이' 소리를 듣고서야 고비를 넘겼습니다. 골리앗을 한 칼에 보냈던 소년장군 다윗, 이스라엘의 국민송 "사울은 천천이요 다윗은 만만이로다"의 주인공 슈퍼스타 다비드의 처지가 이렇게 될 줄이야 알았겠습니까. 이 때의 심정을 다윗은 시편에서 이렇게 노래합니다. "내가 여호와께 간구하매 내게 응답하시고 내 모든 두려움에서 나를 건지셨도다 이 곤고한 자가 부르짖으매 여호와께서 들으시고 모든 환난에서 구원하셨도다"(시 34:4,6).

곤고한 처지에서 그를 건진 것은 적국 군주의 호의도, 자신의 재치나 인생 연기도 아닌 바로 하나님의 도우심이었다는 고백입니다. 이것이 다윗의 믿음입니다. 물맷돌을 던지거나, 악기를 연주하고 시를 쓰거나, 전략을 짜고 지휘를 하거나, 다윗은 자신의 노력과 성취를 넘어 하나님의 도우심을 구했고 하나님의 능력을 인정했습니다. 목숨이 위태로울 때면 성소를 찾고 제사장을 만나는 사람, 자신의 범죄로 사람들을 상하게 했을 때조차도 자신은 하나님 앞에서 죄인이라 고백하는 그런 사람이었습니다. 범사에 하나님을 인정하는 법을 새로 배워야 할 우리들입니다.

적용하기
1. 두려움으로 인해 잘못된 판단을 한 경험이 있으신지요? 그것을 통해 어떻게 성장하셨습니까?
2. 훗날을 기약하며 지금 자존심을 내려놓고 수치를 견디는 것이 지혜로운 일일까요?

오늘의 기도
하나님 아버지, 급박해도 사람에게 달려가기보다는 주의 임재 아래로 피하게 해 주소서.

사무엘상 22:1-10
찬송가 488장

환난당한 모든 자와 빚진 모든 자와 마음이 원통한 자가 다 그에게로 모였고_삼상 22:2

누군가를 의식해 어떤 모습으로 자신을 포장하며 산다는 것은 참 힘든 일입니다. 어떻게 보면 역사란 사람이 자기 소신대로 행동하고 자신이 원하는 것을 추구할 자유를 갖기 위한 투쟁의 기록이기도 합니다. 정신병자 행세를 하면서까지 가드를 도망쳐 나온 다윗의 마음이 얼마나 참담했을지 짐작해 봅니다. 자신을 세상에 나오게 했던 계기가 블레셋과의 전쟁이었고 골리앗을 죽여 영웅이 된 것이 자신인데, 사울왕의 미움을 받아 지명수배자가 되어 피신해 보려 한 것이 결국 블레셋 연합체인 가드였으니 오죽했으면 그랬을까요.

체면은 다 구기고 도망쳐 겨우 아둘람 굴로 숨었더니 소문이 날 대로 나서 가족이 모두 찾아오고 이스라엘 사회의 부적응자들이 자신을 받아달라고 몰려듭니다. 지금 다윗에게 필요한 것은 자신을 지켜줄 수 있는 힘입니다. 국가권력에게 쫓기는 신세이니 이스라엘을 떠나 가드를 찾았던 것인데, 그 길도 막히고 말았습니다. 사울도 쉽게 칠 수 없을 병력이라면 또 모르지만 "환난당한 모든 자와 빚진 모든 자와 마음이 원통한 자" 사백 명은 다윗의 보호막은커녕 돌봐야 할 위험 요소가 될 수 있었습니다.

다윗은 결단해야 했습니다. 자신이 누구인지 무엇을 해야 할지 살펴보고 행동을 하기 시작했습니다. 먼저 자신의 부모를 모압 왕에게 의탁합니다(3-4절). 하나님이 주신 왕권을 행사하기 위해서는 사울과의 긴 투쟁이 있으리라는 것이 명백해졌고, 사울이 자신을 잡기 위해 부모에게 손을 댄다면 너무나 고통스러운 선택을 해야 할 것이 틀림없었을 테니까요. 놀랍게도 그는 선지자 갓에게 물어 이스라엘 영토로 다시 들어갑니다. 다음 행보를 위한 전술적 선택일 수도 있지만 선지자의 지시라는 것을 굳이 밝힌 것은 다윗이 이제 스스로 유다 영토에 대한 자신의 왕권을 행사하겠다는 의지의 결과였습니다.

비록 현재 힘으로는 사울을 이길 수 없지만, 하나님이 주신 왕권의 정통성을 근거로 왕답게 싸우려는 다윗의 결기가 뚜렷합니다. 자신의 왕이라고 마음을 굳게 하니 도망자 400명은 이제 신경 써야 할 난민이 아니라 다윗을 중심으로 정당한 이스라엘 나라를 새롭게 세울 동지가 되었습니다. 하나님의 사람은 하나님 말씀을 근거로 행동합니다. 다윗은 자신을 왕으로 선포한 사무엘의 예언 한마디에 모든 것을 걸었습니다. 그 믿음은 결국 '바라는 것들의 실상'으로 드러나게 됩니다만(히 11:1), 거기에 이르기까지는 길고 긴 인내와 고통의 시간이 기다리고 있습니다.

적용하기

1. 내 도움이 필요하기만 한 사람이라 생각했던 분이 동료 동역자가 된 일이 있습니까?
2. 믿음과 대의를 위해 현실적으로 불리해 보이는 결정을 한 경험을 나눠 봅시다.

오늘의 기도

섭리의 주 되신 아버지, 제 삶의 모든 만남과 형편이 아버지의 섭리를 이루는 과정임을 믿고 주님을 신뢰할 수 있게 하소서.

사무엘상 22:11-23

찬송가 386장

두려워하지 말고 내게 있으라 내 생명을 찾는 자가
네 생명도 찾는 자니 나와 함께 있으면 안전하리라_삼상 22:23

다윗의 행보를 보고받고 사울은 다윗의 도피를 도왔던 놉 제사장들을 소환해 으르댑니다. "네가 어찌하여 이새의 아들과 공모하여 나를 대적하여 그에게 떡과 칼을 주고 그를 위하여 하나님께 물어서 그에게 오늘이라도 매복하였다가 나를 치게 하려 하였느냐"(13절). 사울은 지금 다윗이 아니라 하나님을 적으로 만들고 있습니다. 놉 제사장 아히멜렉을 찾아 하나님의 뜻 알기를 간청한 다윗은 일생일대의 위기를 맞아 경건한 성도가 마땅히 해야 할 바를 한 것이고, 아히멜렉 역시 제사장의 임무대로 기도와 도움을 주었을 뿐입니다. 그런데 사울은 다윗을 암살범으로, 아히멜렉을 다윗의 공범으로 몰아세웁니다. 이것은 결국 다윗을 사랑하시고 아히멜렉을 당신의 제사장 삼으신 하나님을 능멸하고 대적하는 행동입니다.

엘리의 걱정처럼 "사람이 사람에게 범죄하면 하나님이 심판[판단]하시려니와 만일 사람이 여호와께 범죄하면 누가 그를 위하여 간구 "하겠습니까?"(삼상 2:25) 엘리의 아들들이 그랬듯이 사울은 지금 자신의 무덤을 파고 있습니다. 아히멜렉의 답변은 법리적 변론이 아니라 사울의 양심에 호소하는 내용입니다. "왕의 모든 신하 중에 다윗같이 충실한 자가 누구인지요 그는 왕의 사위도 되고 왕의 호위대장도 되고 왕실에서 존귀한 자가 아니니이까?"(14절) 누가 들어도 동의할 수밖에 없는 말입니다만, 안타깝게도 사울은 정상적 사고를 하지 못합니다.

결국 애초에 이 사건을 밀고했던 에돔인 도엑을 시켜 제사장 85명은 물론 놉 주민을 젖먹이까지 몰살하고 그 땅을 초토화하고 맙니다(18-19절). 불의와 문란으로 하나님의 심판을 받는 아말렉인들을 진멸하라는 헤렘(herem)의 지시는 자기 멋대로 해석하고 불순종했던 사울이, 엉뚱하게도 동족 제사장들과 그 식솔들을 진멸한 것입니다. 하나님의 제사장들이 피눈물을 흘리게 하는 사울의 앞날은 이미 정해졌습니다.

보고를 받은 다윗은 자신이 도엑을 없애지 못한 탓이라 가슴아파하면서도 자신의 행보에 대해 태연하고도 확신 있게 말합니다. "두려워하지 말고 내게 있으라 내 생명을 찾는 자가 네 생명도 찾는 자니 네가 나와 함께 있으면 안전하리라"(23절). 제 앞가림도 어려운 처지에 무슨 큰소린가 싶지만, 다윗은 하나님께서 자신과 함께하신다는 것을 압니다. 다윗과 함께하는 것이 가장 위험하고도 가장 안전한 길인 이유입니다. 우리 역시 그리스도와 함께 십자가의 길을 따르다보면 가장 안전한 천국대로를 걷고 있게 될 것입니다. 할렐루야.

적용하기
1. 우리와 함께 옳은 일, 주의 일을 하다 어려움을 겪은 분들을 기억하고 감사합시다.
2. 불의한 자들로 인한 위협을 믿음으로 정면 돌파한 경험이 있으십니까?

오늘의 기도
하나님 아버지, 다윗이 사울에게 당했듯 부당하게 고통받을 때 아버지와의 사귐과 아버지 약속을 의지하는 믿음의 힘으로 능히 이기게 하소서.

사무엘상 23:1-14

찬송가 312장

다윗이 광야의 요새에도 있었고 또 십 광야 산골에도 머물렀으므로 사울이 매일 찾되 하나님이 그를 그의 손에 넘기지 아니하시니라
_삼상 23:14

다윗은 도피 중입니다. 사울의 수색대 수천 명이 그를 좇고 있습니다. 피할 곳도 마땅치 않은 좁디좁은 이스라엘 땅에서 매일의 생존이 곧 기적인 삶을 이어가고 있습니다. 자기 생명 하나 건지기도 버거운데 그일라 성읍에 블레셋이 들이쳐 약탈한다는 소식을 듣고는 그일라 구출 계획을 세웁니다. 도피하는 주제에 오지랖이 넓기도 하다고 비웃는 사람은 다윗을 현상수배범쯤으로 생각하는 것이고, 당연히 할 일을 하는구나 생각한다면 다윗을 이스라엘의 통치자로 인정했기 때문입니다. 다윗은 이미 적법한 왕입니다. 그런데 아직 통치하지 못하고 있습니다.

이 긴장이 사무엘서 내러티브의 역동을 제공하는 원동력이라 해도 과장이 아닙니다. 기독교 교리에서 하나님 나라의 본질을 설명하는 '이미'와 '아직'의 패러다임 갈등으로부터 풍성한 신학적 성찰들이 생성되는 것처럼, 사무엘서는 '이미' 임명된 왕 다윗이 '아직' 통치하지 못하고 오히려 왕권과 가장 멀리 있어 보이는 도망자의 처지에 있다는 근본적 긴장을 염두에 두고 읽어야 합니다. 부하들이 진언합니다. "보소서 우리가 유다에 있기도 두렵거든 하물며 그일라에 가서 블레셋 사람들의 군대를 치는 일이리이까"(3절). 당연한 걱정입니다.

하지만 다윗의 마음은 확고합니다. 하나님께 두 번 여쭈었고 두

번 답을 받았기 때문입니다(2, 4절). 그들은 출동했고, 싸워서 대승을 거두었습니다. 외적을 물리치고 동포를 구하는 것은 왕이 해야 할 일인데, 사울의 배임행위를 다윗이 커버해 주고 있으니 참된 왕이 누구인지 자신이 알고, 백성들이 알게 됩니다. 훗날 사울이 죽고 사울을 따르던 이스라엘 지파들이 다윗의 수하로 돌아와 그의 왕권이 확고해 질 때 북쪽 지파들이 이렇게 말합니다. "전에 곧 사울이 우리의 왕이었을 때에도 이스라엘을 거느려 출입하게 하신 분은 왕(당신)이셨습니다"(삼하 5:2). 새 실권자에게 하는 아부만은 아닐 것입니다.

다윗이 자기의 안전만 추구했더라면 생존이 더 쉬웠을까요? 다윗과 부하들은 사울로부터 달아난 탈영병 마인드로 살지 않았습니다. 오히려 권력을 찬탈한 사울로부터 백성을 지키는 망명정부의 자세로 움직였습니다. 그래서 때가 왔을 때 다윗은 준비된 왕으로 통치를 시작했고, 요압을 비롯한 부하들은 열방을 떨게 하는 강력한 정규군으로 활동하게 된 것입니다. 형편이 어려우면 이상을 양보해야 합니다. 그러나 자신이 누구인지, 무엇을 위해 부름받았는지 잊어버리면 형편이 호전돼도 회복되지 못합니다. 당신은 누구입니까?

적용하기

1. 내 자격과 능력을 인정해 주지 않는 환경에서는 어떻게 처신해야 할까요?
2. 당신은 모험과 안전, 이상과 현실 사이에서 어느 쪽에 더 기울어지는 편입니까?

오늘의 기도

사울에게 쫓기면서도 그일라를 구하려 블레셋과 싸웠던 다윗처럼, 오늘 저를 두신 자리에서 저의 사명을 놓치지 않도록 도우소서.

사무엘상 23:15-29

찬송가 543장

전령이 사울에게 와서 이르되 급히 오소서
블레셋 사람들이 땅을 침노하나이다_삼상 23:27

사울의 군대가 포위망을 좁혀오고 있습니다. 그일라 구출 작전 이후만 따져도 광야 요새, 십 근처 산골로, 다시 숲 속으로, 마온 광야 아라바로, 마온 황무지로 계속해서 사울을 피해 도망합니다. 다윗의 이동로를 파악한 사울의 군대는 수적 우세를 살려 마온 주변 산을 둘러 포위망을 쳤습니다. 이른바 독 안에 든 쥐 신세가 된 다윗이 잡히는 것은 시간문제입니다. 절체절명의 순간이 임박했는데, 돌발 상황이 생겼습니다. 블레셋 군대가 이스라엘을 침공한 것입니다. 상황이 급박한 것을 안 사울은 포위망을 풀고 군대를 돌려 블레셋과 싸우러 나갑니다(26-28절).

이스라엘을 늘 괴롭혀 온 주적 블레셋이지만, 이 일로 인해 이스라엘의 진정한 왕 다윗의 목숨을 살리고 의도하지 않은 공을 세우게 됩니다. 하나님께서 사랑하시는 자들에게는 모든 것이 합력하여 선을 이룹니다(롬 8:28). 블레셋 국가대표 골리앗을 죽여 영웅이 되고, 블레셋 군인 이백 명의 포경을 잘라 사울의 사위가 되었으며, 블레셋 정벌 전에 여러 차례 출격해 타격을 줬던 다윗을 블레셋이 도왔다는 것은 참으로 역설적인 상황입니다. 구사일생 목숨을 부지한 다윗이 생각해 보니 있을 수 없는 일이 일어났기에 가까이 있는 바위에 '셀라-하마느곳' 즉 분리하는 바위라 명명함으로써 하나님의 기적적인 개입을 기억하고자 했습니다.

오늘 본문은 다윗의 20대를 관통하는 도주자의 삶의 단면을 보여 줍니다. 피가 말랐을 이런 시간들을 다윗은 어떻게 견뎌낼 수 있었을까요? 다윗이 이 상황을 생각하며 지은 시편 54편은 이렇게 노래합니다. "낯선 자들이 일어나 나를 치고 포악한 자들이 나의 생명을 수색하며 하나님을 자기 앞에 두지 아니하였음이니이다 / 주께서는 내 원수에게 악으로 갚으시리니 주의 성실하심으로 그들을 멸하소서"(시 54:3, 5). 다윗과 같은 유다 지파이면서 혹시라도 자신들에게 피해가 갈까 다윗을 밀고한 십 사람들을 향한 다윗의 감정이 묻어납니다.

살다 보면 별 이유 없이, 자기가 얻을 것도 없어 보이는데, 나를 괴롭히는 사람을 만나기도 합니다. "도대체 왜?"라고 아무리 물어도 알 수 없을 때, "하나님, 주의 성실하심으로 그들을 멸하소서…"라고까지 기도하기는 마음에 부담이 됩니다. 원수도 사랑해야 하니까요. 하지만 전쟁이 하나님의 것이듯 복수도 하나님의 몫입니다. 우리가 하나님 뜻 안에 있으면, 주께서 모든 일이 합력하여 선을 이루도록 하십니다. 그리고 그분의 성실하심으로, 복수해 주십니다.

적용하기
1. 다윗을 밀고한 십 사람들을 하나님의 이름으로 축복한 사울의 모습을 보며, 신앙생활의 기만성이라는 위험에 대해 토론해 보십시오.
2. 당신에게 십 사람들과 같은 존재가 있었습니까? 어떻게 대응하셨습니까?

오늘의 기도
전쟁도 주의 것, 복수도 주의 것, 내 생명 내 미래도 주의 것입니다. 의지합니다 주님.

사무엘상 24:1-15
찬송가 586장

여호와께서 나를 위하여 왕에게 보복하시려니와
내 손으로는 왕을 해하지 않겠나이다_삼상 24:12

블레셋의 침공으로부터 그일라를 지켜낸 다윗은 다시 사울을 피해 숨차게 달려 엔게디에 머뭅니다. 정보를 손에 넣은 사울은 삼천 명 추격대를 이끌고 엔게디에 왔다가 변을 보러 동굴 속으로 들어갔습니다. 공교롭게도 그곳은 다윗과 부하들이 숨어 있던 동굴이었습니다. 볼 일에 집중한 사울의 긴 옷자락 끝을 다윗이 칼로 베어냅니다. 옷이 아니라 목을 베어 버리자는 부하들을 말리면서입니다. 그렇게 사울을 살려 보낸 다윗이 등 뒤로 소리칩니다. "다윗이 왕을 해하려 한다고 하는 사람들의 말을 왕은 어찌하여 들으시나이까"(9절). 우리는 듣고 싶은 것을 듣고 듣기 싫은 것을 차단하는 사람들입니다.

다윗에게 적개심과 의심을 품은 사울의 귀에는 다윗이 역모를 꾸민다는 말은 그러면 그렇지 하는 확신으로, 다시 반드시 다윗을 잡아 없애야 한다는 결의로 이어주는 재료가 되기 충분했을 것입니다. 다윗은 사울의 거짓 확신을 깨도록 촉구합니다. 어찌하여 들으시나이까. 무슨 근거로... 참으로 안타까운 일입니다. 신자들 중에도 터무니없는 이단의 거짓 사설에 너무 쉽게 넘어가는 이들이 늘어만 가는 현실입니다. 거짓에게 엮이고 미망에 이끌려 주께서 주시는 풍성한 삶을 누리지 못하는 사람들의 불행한 모습을 보며 "진리를 알지니 진리가 너희를 자유롭게 하리라"(요 8:32) 하신 주님의 간절한 마음을 짐작하려 애써 봅니다.

다윗은 사울에게 쫓겨 다녔지만 자유를 누렸습니다. 사울을 죽일 수 있었지만 '여호와의 기름 부음을 받은 자'이기에 살려 보냅니다(10절). 이것은 다윗의 진심입니다. 사울의 옷자락만 베어내고도 그의 마음에 가책이 일었기에 "여호와께서 나를 위하여 왕에게 보복하시려니와 내 손으로는 왕을 해하지 않겠나이다"(12절)라고 호소할 수 있었던 것입니다. 자신은 제왕 앞에서 죽은 개나 벼룩 같은 미천한 존재이니 자신의 편을 들어줄 분은 하나님밖에 없다고 호소하는 다윗은, 사실 하나님 앞에서 진정한 왕입니다. 자존심과 억하심정대로라면 할 수 없었을 간절한 호소가 마침내 사울의 마음을 움직이게 됩니다.

우리는 하나님의 역사를 믿기에 더더욱 자신의 몫을 행할 때 최선을 다해야 합니다. 하나님 앞에 죄스럽지 않기 위해서 말입니다. 다윗의 시대에나 우리 시대에나 맡은 자들에게 구할 것은 충성입니다(고전 4:2). 다윗은 밤새워 기도했고, 숨이 차도록 달렸으며, 최선을 다해 설득했습니다. 그렇게 다윗은 훗날 다윗 왕이 되었습니다.

적용하기
1. 억울함이 차오를 때 어떻게 대처하십니까?
2. 기도의 능력을 얻고 더 성실히 일하게 된 경험이 있으십니까?

오늘의 기도
나의 엔게디가 주어졌을 때 베어야 할 것을 베고 베지 말아야 할 것은 놓아 줄 수 있는 성숙한 믿음을 주소서.

사무엘상 24:16-22
찬송가 455장

나는 너를 학대하되 너는 나를 선대하니 너는 나보다 의롭도다
_삼상 24:17

다윗의 격정적인 호소를 들은 사울도 격앙되어 화답합니다. "나는 너를 학대하되 너는 나를 선대하니 너는 나보다 의롭도다"(17절). 우리 어감으로는 "너는 정의롭고 나는 사악하구나" 정도는 해야 맞을 것 같지만, 히브리어 구조상 "너는 나보다 의롭도다"는 단순 비교보다는 "너는 의롭고 나는 아니다" 정도의 강한 어감을 갖습니다. 계속해서 사울은 다윗의 관용에 감탄하며 하나님께서 다윗을 선대하시도록 축복합니다(20절). 정서의 기복이 심하고 충동적인 데다가 오랫동안 다윗을 극히 미워해 온 사람의 말이긴 하나 이번만큼은 사울의 반응에 각별한 점이 있습니다.

앞서서 요나단은 십 광야에 도피중인 다윗을 만났을 때 자기 아버지 사울도 다윗이 이스라엘 왕이 되리라는 것을 안다고 말했습니다만(23:17), 오늘 사울은 놀라운 요청을 합니다. "보라 나는 네가 반드시 왕이 될 것을 알고 이스라엘 나라가 네 손에 견고히 설 것을 아노니 그런즉 너는 내 후손을 끊지 아니하며 내 아버지의 집에서 내 이름을 멸하지 아니할 것을 이제 여호와의 이름으로 내게 맹세하라"(20-21절). 사실 염치없는 요구이지요. 자기는 다윗의 목숨을 끊으려 사단 병력을 풀어 추격하고, 다윗을 도와준 놉 땅의 제사장 85명을 학살한 마당에 자기 후손은 지켜 달라 합니다. "내 후손을 끊지 아니하며…" 이때만큼은 자기 아들 요나단을 걱정한 것일까요? 살아온 행보는 생

각 않고, 자신이 다윗에게 끼친 해악과 고통을 진심으로 뉘우치거나 사죄하지도 않은 채 선대해 달라니요.

그런데 다윗은 실제로 그렇게 합니다. 그러마고 사울에게 맹세해 주고 피차 헤어져 갈 길을 갑니다(22절). 단지 싸움을 멈추기 위해서가 아니라 진심으로 마음에서 사울을 향한 쓴 마음을 지웠던 것으로 보입니다. 다윗은 심성이 격정적인 사람입니다. 술수와 책략에도 능한 정치인입니다. 어쩌면 그렇기에 더더욱 사울을 궁지에서 놓아주고, 자기 마음에서도 놓아주었는지 모릅니다.

훗날 사울의 죽음을 애도한 다윗의 조가를 들으면 사울이 만고의 영웅이자 성군처럼 보일 지경입니다. "사울과 요나단이 생전에 사랑스럽고 아름다운 자이러니 죽을 때에도 서로 떠나지 아니하였도다 그들은 독수리보다 빠르고 사자보다 강하였도다"(삼하 1:23). 다윗이 사울을 향해 복수심을 품었더라면 그가 열두 지파 이스라엘을 품어 한 나라로 이끌지 못했을 것입니다. 다윗의 선택은 사울을 살리고 자신을 살리고 이스라엘을 살리는 선택이었습니다.

적용하기

1. 누군가에게 복수심을 품어보셨습니까? 그것이 나 자신에게 어떤 결과를 가져왔는지요?
2. 사울과의 전쟁을 멈춘 다윗의 심정을 생각해 보십시오. 이 이야기는 오늘날 그리스도인의 의사 결정에 어떤 방식으로 연결할 수 있을까요?

오늘의 기도

참을 수 없는 상황에서 참을 수 있게, 용서할 수 없는 이를 용서할 수 있게 하시는 주님을 바라봅니다. 주님의 의를 이루고자 하오니 나를 도와주소서.

사무엘상 25:1-13
찬송가 454장

그 여자는 총명하고 용모가 아름다우나
남자는 완고하고 행실이 악하며_삼상 25:3

사울의 추격이 그치고 평화가 오는가 싶더니 이번에는 사무엘의 죽음이 닥쳐옵니다. 세상에서 가장 든든한 후원자를 잃은 다윗의 아픔은 컸습니다. 다윗을 기름 부어 왕으로 선언한 사무엘이야말로 여전히 권력을 놓지 않는 사울의 지배가 부당하고 다윗이 참다운 왕이라는 진실을 지켜줄 가장 강력한 증인이었기 때문입니다. 영적 아버지를 잃은 온 이스라엘 사람들이 모여들고 애도하는데 다윗은 바란 광야로 옮겨갑니다. 육신의 아버지는 외국 땅 모압에 피신시키고 영적인 아버지는 조문도 못하는 처지에서 마음의 짐과 슬픔이 얼마나 컸을지 짐작하기도 어렵습니다.

이 일 이후 다윗이 아비가일과 아히노암 두 아내를 연이어 취한 것은(25장) 사무엘을 잃은 다윗의 허전함과 슬픔을 반영하는 듯합니다. 뜻을 함께하고 의지할 분이 있다는 것은 참으로 귀합니다. 그러나 한편으로 우리는 의지하고 기댈 대상을 떠나보내고 난 후 더욱 성장하는 존재이기도 합니다. 다윗이 정서적으로 매우 취약한 시점에서 닥친 마온의 부호 나발의 도발은 그래서 다윗의 위기이자 성장의 계기가 됩니다. 나발은 이름 풀이가 암시하듯(25절) 우매하고 '불량한'(악한) 사람입니다(17절). 우매함은 고집과 완고함을, 악함은 비뚤어진 가치관과 선택을 전제합니다. 같이 사는 아내와 늘 그의 지시를 받는 집사(종)가 내린 평가가 그 지경이니 나발의 패망은 예기된 수순이었습니다.

사건은 나발의 양털을 깎는 날 일어났습니다. 양털 채취는 농사의 탈곡과 같이 수확하는 집안은 물론 이웃들에게도 음식을 돌리고 잔치를 벌이는 축제일이었습니다. 육백여 명의 부하를 거느린 다윗이 근처에 주둔하며 보호벽이 되어준 덕에 나발의 양떼는 좀도둑이나 깡패들의 피해를 입지 않았었습니다(15-16절). 얼마든지 큰 도둑 큰 깡패가 될 수 있었던 다윗이, 인심이 후해질 축제일에 나발에게 정중히 인사하며 후원을 요청한 것은 온당한 행동이었던 셈이지요.

그러나 나발은 다윗의 청을 거절할 뿐 아니라 그를 '근본도 모를 도망친 도둑놈' 취급을 합니다. 그가 이새의 아들 다윗으로 사울에게 버림받았지만 국가적 영웅이었다는 것을 잘 알면서도 말이지요. 체면과 손 대접이 중요한 이스라엘의 풍습으로 보나 모세의 율법에 명시된 내용으로나 나발은 죄를 지었습니다. 심한 모욕감을 느낀 다윗은 나발을 응징하기로 정하고 군사 400명에게 출정 준비를 시킵니다. 이제 나발은 죽은 목숨이나 다름없습니다. 과연 이 위기를 막을 방법은 무엇일까요.

적용하기
1. 우매하고 완고한 성품으로 인해 패망한 사람을 알고 계신가요?
2. 나보다 힘 있는 존재의 흠결로 인한 어려움이(오너 리스크 같은) 닥칠 때 내가 할 수 있고 해야 할 일을 어떻게 판단할 수 있습니까?

오늘의 기도
주님, 저 자신도 약하고 어리석으나 은총을 베푸셔서 제 주위의 나발들로 인한 재앙을 막을 수 있는 사람이 되게 하소서.

사무엘상 25:14-22

찬송가 320장

그런즉 이제 당신은 어떻게 할지를 알아 생각하실지니
_삼상 25:17

다윗이 나발을 치러 군사를 꾸리는 사이 나발의 집에서는 긴박한 대화가 오갑니다. 나발의 하인 하나가 주인 나발이 다윗의 전령을 모욕해 돌려보낸 경위를 안주인 아비가일에게 보고합니다(14-17절). 이후에 전개된 상황에서 물론 아비가일의 역할이 절대적입니다만, 애초에 이 일을 알리고 조언을 곁들인 이 종의 지혜로운 처신도 빛납니다. 인사가 만사라 했는데, 물론 자신과 자신의 식구들을 걱정해서도 그랬겠지만, 이 종은 나발 일가와 식솔들을 살리는 공신이 되었습니다. 그뿐만 아닙니다. 이 종의 증언은 하나님 나라의 구원 역사에도 큰 기여를 했습니다.

그가 귀찮아서 혹은 두려워서 아비가일에게 보고하지 않았더라면, 15-16절에 있듯 그간의 경위와 자신의 의견을 전달하지 않았더라면, 역사가 어떻게 되었을까요? 다윗이 주변 부자에게 삥을 뜯으려 하다 실패하자 사병을 풀어 그 집을 약탈한 것이 되어 장차 이스라엘의 왕이자 하나님 백성의 지도자가 될 다윗의 행로에 큰 오점을 남겼을 것입니다. "그런즉 이제 당신은 어떻게 할지를 알아 생각하실지니(17절)…." 종이 할 수 있는 일은 적었습니다. 그는 사태를 호전시킬 수 있는 적절한 방법을 궁리했고, 명목상 우두머리이지만 일을 그르칠 존재 나발 대신 슬기로운 안주인과 의논함으로써 선한 결과를 이끌어냈습니다.

우리는 거대 조직 속에서 작은 부품에 불과한 내가 할 수 있는 일이 없다는 식의 무력감에 빠지지 말아야 합니다. 우리 하나님께서는 우리 능력을 키우셔서 일하시기도 하시지만 대체로 우리 능력의 크기와 상관없이 우리가 처한 환경에서 가장 적절하고 유의미한 행동을 하도록 이끄십니다. 이름이 알려지지 않은 이 종도 그런 '히어로' 중 한 사람이라 하겠지요. 아비가일이 상황이 긴박함을 알아채는 데는 긴 시간이 필요치 않았습니다. 그녀는 '급히' 다윗의 무리에게 전달할 선물을 마련해 보내고 그 뒤를 따랐습니다(18-19절).

본문은 이 시점에서 통렬한 한 문장을 남깁니다. "그의 남편 나발에게는 말하지 아니하니라"(19절). 우리가 농담 삼아 "넌 아무것도 안 하는 게 도와주는 거야" 하는, 딱 그런 상황입니다. 나귀를 몰아 언덕을 내려간 그녀는 반대편에서 내려온 다윗 일행과 마주쳤습니다(20절). 참으로 식은땀이 흐르는 장면입니다. 조금만 늦어서 다윗 무리가 나발 집으로 들이닥쳤더라면 기회는 없었을 것입니다. 하나님의 긍휼로 아비가일은 자신과 온 집안의 명운이 달린 호소에 나섭니다.

적용하기
1. '조금만 늦었더라면' 낭패했을 경험들을 나눠 보십시오. 그 타이밍을 돌아보고 때와 기회를 주장하시는 하나님께 감사합시다.
2. 위기 상황에서 신속하고 적절한 조언을 줄 사람들을 주위에 두고 계신가요? 나는 누군가에게 그러한 존재인가요? 어떻게 하면 그러한 관계를 만들고 발전시킬 수 있을까요?

오늘의 기도
이름 모를 나발의 종으로 인해 감사드립니다. 다 이해하지 못해도 오늘 나의 조그만 성실함과 책임감이 하나님 나라의 섭리를 이뤄가고 있음을 믿고 일하게 하소서.

사무엘상 25:23-31
찬송가 484장

여호와께서 내 주를 후대하실 때에 원하건대
내 주의 여종을 생각하소서 하니라_삼상 25:31

다윗을 만난 아비가일은 지체하지 않고 최상의 예를 갖추어 호소합니다. "아비가일이 다윗을 보고 급히 나귀에서 내려 다윗 앞에 엎드려 그의 얼굴을 땅에 대니라 그가 다윗의 발에 엎드려 이르되…"(23-24절). 그녀의 태도만으로도 그 진정성을 느끼게 해줍니다. 사람들 간의 일은 종종 논리가 아닌 감성에 의해 결정되곤 합니다. 인간은 감정의 동물이기에 친구나 부부간의 문제, 거래 협상이나 국가간의 외교도 이익으로만 설득할 수 없는 일을 감동을 주어 해결하는 경우가 많습니다. 오늘날의 시류는 형식과 예절보다는 진심과 솔직함을 강조하는 편입니다만, 솔직함이 무례함이 되거나 진정성이 상처를 안기는 부작용 역시 경계해야 할 것입니다.

성도가 궁극적으로 관심을 두어야 하는 것은 내 마음이 이해받고 내 자유가 보장되는 것보다는 지극히 작은 형제 한 사람이라도 나로 인해 상처받고 시험에 들지 않도록 하는 배려입니다(고전 8:13 참조). 그러니 우리의 언어와 행동을 훈련하는 일에 있어서는 '진심 대 형식'이라는 대비 구조보다 진심이 있으면 표현도 따라온다는 통합적 모델로 접근하는 것이 성경적입니다. 나발 사건이 그것을 보여 주는 좋은 예가 됩니다. 애초에 나발이 다윗의 청을 거절하더라도 모욕을 줄 필요는 없는 일이었습니다.

"유순한 대답은 분노를 쉬게 하여도 [진정시켜도] 과격한 말은 노를 격동하느니라"(잠 15:1), "온순한 혀는 곧 생명나무이지만 패역한 혀는 마음을 상하게 하느니라"(잠 15:4). 이런 말씀들은 나발이 택할 수 있었던 다른 방식을 가르쳐 줍니다. 그에 반해 아비가일은 지혜로운 사람의 말과 행동을 보여 줍니다. 적법한 왕이라는 다윗의 위치를 확인해 주고, 다윗의 투쟁이 '여호와의 싸움'이라 치하하며(28절), 다윗이 나발 가족을 몰살하면 왕의 존엄함에 누가 되리라는 적절한 경고도 전합니다(31절).

상황을 파악하고 적절한 행동 원칙을 정하는 것은 판단력의 문제이지만 그것을 제대로 전달하는 화법과 태도가 없으면 옳은 판단이 좋은 결과를 가져오지 못할 수도 있습니다. 아비가일은 다윗의 마음을 이해했고 적절한 부분을 지적하고 호소해서 다윗의 마음을 움직였습니다. "경우에 합당한 말은 아로새긴 은 쟁반에 금 사과니라"(잠 25:11). 이와 같은 적절한 말을 구사한 아비가일은 지혜롭고 유능한 여인(잠 31장)의 화신입니다. 아비가일에게 설득되어 나발의 집을 살려 준 다윗은 이후에 나발이 쇼크로 사망하자 아비가일에게 청혼해 아내로 삼음으로써 아비가일의 덕과 지혜를 알렸습니다.

적용하기
1. 지혜로운 처신으로 공동체의 어려움을 막아낸 경우에 대해 나눠 봅시다.
2. 아비가일의 처지와 행동을 오늘 우리 삶에 견주어 보고 따를 점들을 생각해 보십시오.

오늘의 기도
나발과 운명을 같이할 불행에서 자신과 가족을 건져낸 아비가일처럼 저도 가족과 직장, 교회와 나라를 위해 쓰임받기 원합니다. 도와주소서.

사무엘상 25:32-44

찬송가 195장

오늘 내가 피를 흘릴 것과 친히 복수하는 것을 네가 막았느니라
_삼상 25:33

지혜로운 아비가일은 자신과 가족에게 닥친 위험이 어떤 것인지를 깨닫고는 어리석은 남편 나발을 배제하고 다윗에게 화친과 복종의 뜻을 알려 일가족과 식솔들을 구했습니다. 아비가일이 움직이지 않았더라면 그날 밤으로 나발 집안의 남자들은 모두 죽음을 당했을 터였습니다(34절). 가슴을 쓸어내린 아비가일이 집에 돌아와 보니 남편 나발은 '왕의 잔치와 같은 잔치'를 벌이고 만취해 있습니다. "크게 취하여 마음에 기뻐하므로…." 어리석음의 극치를 보여주는 통렬한 풍자입니다.

나발은 다음날 아내의 설명을 듣고 전신이 마비되어 열흘 만에 죽고 맙니다. 나발의 병인이 무엇이었는가와 무관하게 성경은 나발의 죽음이 하나님의 직접적 개입에 의한 것이라고 말씀합니다. "아침에 나발이 포도주에서 깬 후에 그의 아내가 그에게 이 일을 말하매 그가 낙담하여 몸이 돌과 같이 되었더니 한 열흘 후에 여호와께서 나발을 치시매 그가 죽으니라"(37-38절). 어리석은 판단으로 자신을 망치는 자는 나발 말고도 많았겠습니다만 성경이 나발의 죽음을 하나님의 심판으로 명시한 이유는 그가 다윗을 근본 없는 자로 멸시하고 다윗의 신하들 앞에서 그의 왕권을 부인하고 조롱했기 때문입니다(9-11절).

주군 다윗을 이스라엘의 왕으로 알고 목숨 걸고 섬기는 신하들 앞에서 다윗에게 "어느 집 종놈이냐 근본을 알 길 없는 놈이로구나"라

고 말했으니 그것만으로도 어리석은 처신입니다만, 나발의 행동은 다윗이라는 자연인이 아니라 그를 택하시고 기름 부으신 하나님께 대한 반역이고 모독이 되었다는 뜻입니다. 말 한 마디로 천 냥 빚을 갚는다 하지만, 말 한 마디로 목숨을 잃기도 하는 것이 엄연한 현실입니다. 나발이 죽은 후 다윗은 아비가일에게 사람을 보내어 청혼하고 아비가일은 망설임 없이 따라나서 다윗의 아내가 됩니다.

연이어지는 보도 내용은 다윗의 또 다른 아내 아히노암과의 결혼(43절), 그리고 다윗을 도피시켰던 아내 미갈을 부왕 사울이 발디에게 재혼시킨 사건입니다(44절). 나발의 죽음과 두 번의 결혼 사이 시간이 얼마나 경과했는지, 중간에 어떤 상황이 있었는지 본문은 침묵합니다. 사울의 보복 조치임이 분명한 미갈의 재혼으로 인해 가졌을 낙망과 분노 같은 다윗의 감정들 역시 마찬가지입니다. 우리는 이 이야기들에 담긴 여백의 미학을 놓치지 말아야 합니다. 이야기의 빈자리에 자신을 애서 투영해 그 현장을 걸어가면 다윗과 나발과 아비가일의 세계가 우리에게 말을 걸어오는 것을 경험하게 될 것입니다.

적용하기
1. 상황은 긴급한데 결정권자가 무능력하다면 당신은 어떻게 행동합니까?
2. 아비가일과 다윗의 판단과 행동이 어떻게 하나님의 뜻을 반영하고 있나요?

오늘의 기도
하나님, 어리석은 이들이 힘을 갖는 부조리함 속에서라도 저의 할 일을 분별하고 수행할 판단력과 결단력을 주시되 주 앞에 기도하여 인도하심을 받아 일하게 하소서.

사무엘상 26:1-12

찬송가 460장

내가 손을 들어 여호와의 기름부음 받은 자를 치는 것을
여호와께서 금하시나니_삼상 26:11

다윗의 도피기는 극적인 에피소드들로 가득 차 있습니다만 오늘 사건은 각별히 놀랍습니다. 십 사람들이 사울에게 다윗의 행방을 제보합니다. 사울은 다윗을 찾으려고 '이스라엘에서 택한 사람' 삼천 명을 데리고 왔습니다. 몇 백 명을 넘지 않았을 다윗의 무리를 찾는 수색작전에 정규군 여단급 병력을 동원한 것이지요. 그런데 다윗의 정보망이 그들의 진을 정탐해 보니 경비 병력이 없습니다. "사울이 진영 가운데 누워 자고 창은 머리 곁 땅에 꽂혀 있고 아브넬과 백성들은 그를 둘러 누웠는지라"(7절).

사울이 늘 손에 가까이 하던 창을 손에서 놓고 무방비 상태로 잠들어 있습니다. 있을 수 없는 상황입니다. 천재일우의 기회, 하나님이 선사한 이 기회에 아비새는 '할렐루야!' 소리치고 싶은 심정입니다. "하나님이 오늘 당신의 원수를 당신의 손에 넘기셨나이다." 사울의 타겟은 물론 다윗이지만, 아비새를 비롯한 다윗의 부하들에게도 사울은 이가 갈리는 원수입니다. 애초에 사회 부적응자, 불만분자 혹은 '마음이 원통한' 사회제도의 피해자들이었으니(22:2) 오죽 했겠습니까. "두 번 찌를 것도 없습니다." 한 방에 보내버리겠다는 것이지요.

그러나 놀랍게도 다윗은 허락하지 않습니다. "죽이지 말라 누구든지 손을 들어 여호와의 기름 부음 받은 자를 치면 죄가 없겠느냐"(9절). 사울을 죽여 버리는 것이 도피생활을 끝내고 권력을 접수할 수 있는

가장 효율이 높은 솔루션입니다. 그러나 다윗은 그것을 '하나님이 금하시는' 일로 여깁니다. 목숨이 오가는 도피상황에서도 '여호와의 기름부음 받은 자를 치는 것'을 생각도 못할 금기사항으로 여기는 다윗의 태도는 집착에 가까울 정도입니다. 놀랍게도 사울의 몰락이 어떠할 것이라는 것은 다윗도 잘 알고 있습니다. "여호와께서 그를 치시리니 혹은 죽을 날이 이르거나 또는 전장에 나가서 망하리라"(10절).

하나님이 죽이실 때를 기다릴 뿐 자신은 손에 피를 안 묻히겠다는 것이지요. 자기를 발탁해 곁에 두고 고위직에 임명했던 주군이고, 동기는 불순했어도 딸을 주어 자기를 사위로 삼은 장인이라는 인간적 명분도 있겠습니다만, 다윗에게는 하나님이 택하신 자는 하나님께서 몸소 손대시지 않는 한 손대서는 안 된다는 원칙이 분명합니다. 사람이 살면서 크고 작은 실수와 죄를 범할 수밖에 없지만, 평생 절대로 넘어서는 안 되는 선을 지켜 낸 사람과 그렇지 못한 사람의 차이는 엄연히 존재합니다. 그것은 구원의 문제가 아니라 긍지와 품위의 문제입니다.

적용하기

1. 법의 문제가 아닌, 나의 내면에 있는 '넘어서면 안 되는' 금지선은 무엇입니까?
2. 이익이 따를 좋은 기회를 마음에 꺼려져서 포기한 경험이 있으신가요? 장기적으로는 그 결정을 어떻게 평가합니까?

오늘의 기도

하나님의 금도를 넘지 않고 성도의 품격을 지키며 주의 일을 감당하도록 주께서 함께하시고 능력을 부어 주소서.

사무엘상 26:13-25

찬송가 292장

오늘 왕의 생명을 내가 중히 여긴 것같이 내 생명을
여호와께서 중히 여기셔서_삼상 26:24

다윗의 간곡한 호소를 들은 사울이 외칩니다. "내가 다시는 너를 해하려 하지 아니하리라 내가 어리석은 일을 하였으니 대단히 잘못되었도다"(21절). 사울이 '진정으로', '철저하게' 회개했는지 우리는 알지 못합니다. 우리가 아는 것은 사울이 다윗에게 사과했고 다윗이 사울의 창을 돌려보냈다는 사실입니다. 창은 사울이 발작 증세가 있을 때면 아들도 사위도 아랑곳없이 공중에 날리던 폭압의 상징이었습니다. 사울이 실제로 던진 창을 피해본 다윗에게 그 창은 트라우마를 주는 물건, 악몽을 재연하는 몹쓸 물건입니다.

그러나 이번 만남에서 다윗은 그 창으로 사울의 숨통을 끊어 버릴 기회를 스스로 버림으로써 트라우마를 극복했습니다. 가난에 시달린 사람이 돈에, 외로움의 상처를 가진 이는 성에, 억압과 폭력의 희생자는 권력에 집착하는 것을 종종 봅니다. 결핍을 채우는 행동이고 일종의 복수이기도 하겠지요. 두 번에 걸쳐 사울을 살려주고 복수하지 않는 것은 온 이스라엘을 품는 진정한 군왕이 되기 위해서 다윗이 거쳐야 했던 통과의례였습니다. 힘을 가진 사람이 그 힘을 개인이나 정파의 원한을 푸는 데 쓰면 보복을 부르게 됩니다.

다윗이 사울을 죽이고 삼족을 멸하고 베냐민 지파를 억압하는 철권통치를 했더라면 이스라엘은 애초부터 두 조각 세 조각이 나고 자손대대로 복수가 복수를 부르는 미개한 부족국가로 회귀할 수도 있었을 일입니다. 그러나 다윗은 자신이 마땅히 누렸어야 할 명성과 부, 존경, 아니 싱그러운 청춘과 사랑스런 아내까지 앗아간 사울에게 복수하지 않음으로써 평화를 이루었습니다. 다윗이 사울을 '진정으로', '철저하게' 용서했는지도 판단할 길은 없습니다. 아마도 진정함이나 철저함은 우리가 함부로 사용할 단어는 아닐 것입니다. 내 자신의 회개와 믿음이 진정성 있고 철저하다고 자신할 수 없다면 말입니다.

다만 우리는 다윗이 사울을 살려준 뒤 자신의 너그러움을 뽐내거나 사울의 보답을 바라는 대신 여호와 하나님의 은혜를 구했다는 사실에 주목합니다. "오늘 왕의 생명을 내가 중히 여긴 것같이 내 생명을 여호와께서 중히 여기셔서 모든 환난에서 나를 구하여 내시기를 바라나이다"(24절). 나는 사울에게 베풀테니 하나님께서 갚아 주세요… 참으로 멋진 셈법 아닙니까. 가난한 이에게 주는 대출은 하나님 앞으로 계상됩니다(잠 19:17). 호의를 주고받을 파트너가 아닌 답례할 수 없는 사람들을 골라 잔치에 초대하라 하셨던 그리스도의 가르치심을 기억해 봅니다(눅 14:13-14).

적용하기
1. 자신을 지배하고 힘들게 하는 사람이나 사건을 극복하기 위해 어떻게 애쓰셨나요?
2. 누군가에게 베푼 호의를 하나님께서 갚아 주신 경험을 나눠 주십시오.

오늘의 기도
자비하신 아버지, 살면서 억울한 일이 많습니다만 아버지께서 갚아 주실 줄 믿고 놓아 보냅니다. 주님의 마음을 늘 품고 살아가게 도우소서.

사무엘상 27:1-28:2
찬송가 586장

아기스가 다윗을 믿고 말하기를 다윗이 자기 백성 이스라엘에게 심히 미움을 받게 되었으니 그는 영원히 내 부하가 되리라고 생각하니라_삼상 27:12

도피생활에 지친 다윗은 사울의 추격망을 벗어날 방법을 궁리하다가 블레셋의 아기스 왕에게 부탁해 변방 요새 시글락을 얻어 정착합니다. 모양으로는 정치 망명이지만 사실은 전투에 소환되는 용병부대가 된 것입니다. 덕분에 "사울이 이스라엘 온 영토 내에서 다시 나를 찾다가 단념하리니 내가 그의 손에서 벗어나리라"(1절)는 계획은 성공했습니다. 사울이 다윗의 행방은 알았지만 국경을 넘어 블레셋으로 추격대를 보낼 수는 없었던 것이지요(4절). 이렇게 해서 다윗 일행은 1년 4개월 간 사울의 추적을 받지 않게 되었습니다. 육백여 명에 이르는 다윗의 군대와 그 가족들 수천 명이 사울의 군대를 피해 다니며 정찰과 도주를 거듭한다는 것은 상상하기 어려운 고역이었을 것입니다.

그러니 다윗의 정략적 선택은 일행에게 꿈같은 휴식을 주어야 했습니다만⋯그들은 제대로 평화를 누리지는 못했습니다. 세상에 공짜란 없는 법, 다윗은 부하들을 데리고 그술, 기르스, 아말렉 족들의 마을을 돌며 약탈해 아기스에게 바쳐야 했습니다. 사울과의 오랜 각축을 통해 다져진 다윗 부대의 실력은 블레셋의 인정을 받기 충분했고, 아기스왕은 다윗을 "영원히 내 부하가 되리라"고 기대했습니다. 고향 땅은 잊고 강대국 블레셋에서 대접받으며 사는 것도 나쁘지 않았겠지요. 돈도 벌고 집도 사고 아이들도 국제학교 보내면서 직업군인으로 블레셋에 정착한다면….

그러나 그것은 다윗이 원했던 그림이 아니었습니다. 어차피 기름 부음 받은 이스라엘 왕으로서 이스라엘 영토를 떠나 적국 블레셋에 오래 있을 수는 없었기에 다윗은 미래를 준비합니다. 하나님의 심판을 받아야 할 아말렉 같은 적들을 진멸한 뒤 유다 지역을 쳤다고 거짓 보고를 합니다(8-10절). 자신이 동족들을 약탈함으로써 이스라엘의 공적이 되고 있다는 인상을 주기 위한 것이었습니다(11절). 아기스는 그 보고를 믿고 다윗이 이제는 블레셋에 있을 수밖에 없는 처지가 되었다고 생각했습니다(12절).

아기스의 신뢰는 다윗의 작전이 성공했다는 증거이지만, 이 성공은 역설적이게도 훗날 블레셋이 이스라엘 정벌에 나서면서 다윗과 다윗 왕권의 정당성을 위기로 몰아가는 계기가 됩니다(28:1). 우리는 다윗이 블레셋 이주에 대해 하나님께 기도하거나 인도함을 얻었다는 힌트가 전혀 없다는 것에 주목해야 합니다. 유능한 지도자가 하나님의 승인 없이 일을 벌였을 때 자신과 공동체를 위험에 빠뜨리는 현상은 이스라엘 왕정사의 반복되는 패턴입니다. 우리 시대는 예외일까요?

적용하기
1. 스마트한 계획을 세워 성공했지만 마음속으로 후회한 경험이 있으신가요?
2. 대의를 위해 얼마만큼까지 '작은' 불의를 용납하실 수 있습니까?

오늘의 기도
하나님, 내 인생의 갈림길에서 영리함과 순전함 중에 골라야 한다면 언제나 순전함을 택할 수 있도록 내 믿음을 굳세게 하소서.

사무엘상 28:3-14

찬송가 255장

> 사울이 여호와께 문자오되 여호와께서 꿈으로도, 우림으로도, 선지자로도 그에게 대답하지 아니하시므로_삼상 28:6

 오늘 본문은 독자의 기억에서 25장 1절을 소환합니다. 사무엘의 죽음으로 슬픔에 빠진 가운데 다윗과 사울의 행보가 갈라집니다. 다윗은 광야 길을 가면서 나발의 도발을 처리하고 아비가일과 아히노암 두 아내를 얻습니다. 그리고는 자신을 죽이려 한 사울을 한 번 더 살려주고 잠정적이나마 화친을 맺은 뒤 블레셋으로 이주해 용병생활을 하며 군대를 양성하고 이스라엘의 적들을 정리해 나갑니다. 모든 면에서 다윗은 성장하고, 왕으로서의 역량을 키워가고 있습니다.

 반면 사울은 이전보다 더 추락한 모습으로 본문에 등장합니다. 블레셋과의 전쟁에 겁을 먹고는 신접한 무당을 찾는 것은 그의 퇴행적 행보를 단적으로 보여 주고 있습니다. 사울은 처음부터 기골이 장대한 용사로 등장해 왕위에 올랐습니다. 수많은 전쟁을 이끌어 승리한 맹장이기도 합니다. 그런데 그는 골리앗을 죽인 소년장군 다윗의 등장 이래 두려움에 사로잡혔습니다. 다윗에 대한 시기와 의심이 그 시작이었지만 무절제하게 악심을 발하면서 점점 더 통제불능 상태가 됩니다.

 더군다나 제사를 드릴 때까지 길갈에서 기다리라는 사무엘의 명령에 불복종하고(삼상 13장), 아말렉을 진멸하라는 명령을 받고도 품질 좋은 가축을 따로 빼돌림으로써 왕위를 빼앗긴 후에는(삼상 15장) 다윗의 상승을 극도로 두려워하여 다윗을 죽여 버리기 위한 노력으로 인생의 10년 이상을 낭비하게 됩니다. 두려움은 인식을 왜곡하고 판단을 마비시킵니다. 정작 사울을 두려워해야 할 다윗은 도피생활의 험악함 속에서도 주옥같은 시편들을 연이어 지었는데, 모든 것을 가진 사울은 그것을 빼앗길까 전전긍긍 두려움 속에 매일을 지냈으니 인생의 역설이 아닐 수 없습니다.

사울이 여쭈어도 하나님께서는 "꿈으로도, 우림으로도, 선지자로도 그에게 대답하지" 않으십니다(6절). 이미 버림받은 사울의 미련에 연민이 입니다. 전쟁은 치러야 하고 하나님은 대답하지 않으시는지라 사울은 무언가 다른 방법을 간구해야 했습니다. 그러나 안타깝게도 거기까지여야 했습니다. 하나님의 뜻을 억지로라도 분별해 액션을 취해야 한다는 강박을 내려놓았더라면… 하나님께서 정죄하셨고 자신이 이미 금령을 내렸던(3절) 신접한 자를 찾아가지 않았더라면… 우리는 알지 못합니다. 오직 사울이 하나님의 뜻을 알 수 없게 되자 신접한 여인을 찾았고, 자신의 비극적 운명을 통보받았다는 것만이 역사 속에 일어났던 사실입니다.

적용하기
1. 성공할 수 없는 일에 미련을 갖고 매달려 본 경험이 있으신가요?
2. 반복되는 죄행을 뉘우치고 청산할 기회가 제한되어 있다고 생각하십니까?

오늘의 기도
거룩하신 아버지, 우리에게 베푸신 인자하심이 크다는 이유로 우리 죄를 뉘우치고 주께 순종하기를 미루지 않도록 회개의 영을 허락하소서.

사무엘상 28:15-25
찬송가 264장

여호와께서 너를 떠나 네 대적이 되셨거늘 네가 어찌하여 내게 묻느냐
_삼상 28:16

영매를 통해 사무엘의 영을 불러 하나님의 뜻을 알아보겠다는 사울의 발상이 어이없습니다. 애초에 율법이 엄격히 금하는 일인 것은 차치하더라도 자신이 이미 전국에서 신접한 영매들을 이스라엘에서 추방했는데(2절) 이제 부하들을 시켜 신접한 여인을 찾아내라 합니다. 어쨌든 왕명이니 부하들이 수소문해 엔돌에 있는 영매를 찾아냈습니다. 사울이 신분을 감추려 변장을 하고 여인을 만났지만, 막상 '사무엘'을 본 영매는 자신을 찾아온 사람이 사울임을 알아챕니다(12절). 여인이 본 것을 설명하자 사울은 그 '영'이 사무엘이라 단정하고 그 앞에 엎드려 절합니다(14절).

오늘 본문에서는 사무엘로 간주된 이 개체가 사울에게 직접 말합니다(15절 이하). 하나님께서 사울을 이미 버리셨고, 다윗을 왕으로 세우셨으며, 사울의 불순종으로 인해 진노하신 하나님께서 다음날로 사울과 아들들의 생명을 거두시리라는 내용이었습니다. "내일 너와 네 아들들이 나와 함께 있으리라"(19절). 이 '예언'은 정확히 실현되었습니다. 사울과 요나단, 그리고 다른 두 아들이 한 날에 죽은 것입니다. 사실 여인이 '본' 것이 물리적 실체인지는 알기 어렵고, 사무엘의 영인지 그를 빙자하는 다른 영인지를 확인할 직접적 증거는 없습니다.

중요한 것은 사울이 하나님과의 소통이 막히자 신접한 여인을 수소문했고, 영매가 행하는 사교의 제의에 나아가기 위해 만 하루를 금

식할 만큼(20절) 다급했다는 것입니다. 살아계신 하나님 전능자 여호와의 명을 받드는 일에는 소홀했던 사울이, 이제 자신의 때가 다한 줄 직감하면서도 하나님께 호소하기 위해 사무엘을 불러보겠다고 그렇게나 애쓰고 있습니다.

그러나 때는 이미 늦었습니다. 사울을 오래 참아 주신 하나님께서 사울의 사형 집행을 다음 날로 잡으신 것입니다. 자신의 운명이 확고하게 고정된 것을 알게 된 사울은 두려움에 눌리고 맥이 빠져 쓰러집니다(20절). 처형이 임박했음을 알아챈 사형수처럼 자신에게 닥쳐온 일을 직감하자 정신줄을 놓은 것입니다.

그러자 평소에는 감히 왕을 쳐다보지도 못했을 영매 여인이 사울을 불쌍히 여기고 정성스런 밥상을 차려 사울에게 대접합니다(24-25절). 사울이 왕위에 오를 때는 사무엘이 친히 준비시킨 극상품 고기로 만찬을 베풀었는데(9:22-24), 이제 왕위에서 내려오는 사울은 그 자신이 추방했던 이교도의 무녀에게 접대를 받고, 전쟁에 나가 목숨을 잃습니다. 고상하고 겸손했던 한 사람의 상승과 몰락을 바라보며 드는 비애란….

적용하기
1. 우리는 미래를 알고 싶은 호기심이 강합니다. 당신의 미래에 있을 일들을 알려준다는 약속에 어떻게 반응하십니까?
2. 오늘날 예언의 은사나 예언기도 사역을 어떻게 이해해야 합니까?

오늘의 기도
주님, 늦기 전에 영적인 욕구를 키우고 품성의 훈련을 견뎌내게 하소서.

사무엘상 29:1-11
찬송가 386장

이제 너는 평안히 돌아가서 블레셋 사람들의 수령들에게 거슬러 보이게 하지 말라_삼상 29:7

블레셋 도시국가 연합군이 출정을 합니다. 아벡(아펙) 평원에 군대를 결집시키고 상대를 노려봅니다. 건너편에는 이스라엘이 진을 칩니다. 블레셋과 이스라엘 간에 전면전이 일어난 것입니다. 이 전쟁으로 인해 다윗은 진퇴양난의 처지가 되었습니다. 아무리 블레셋에 고용된 용병대장 노릇을 하고는 있지만 귀환한 것도 아닌 터에 이스라엘을 치는 전쟁에 따라나설 수는 없는 노릇이었습니다. 다윗은 이스라엘의 왕이니까요. 게다가 이스라엘 군대는 사울의 지휘를 받고 있습니다.

행여 다윗이 전투에 참가하고 사울이 상하기라도 하면 다윗이 그토록 금기시했던 "하나님께서 기름 부으신 자에게 손을 대는" 결과가 올 수도 있었습니다. 다윗은 반드시 이 전쟁에서 뒤로 빠져야 했습니다. 그러나 어떻게 그럴 수 있습니까? 아기스가 다윗을 더없이 신뢰해 곁에 두고 경호실장으로 삼고 있는 형편입니다. 본문은 언급하지 않지만, 우리가 아는 다윗이라면 이 일을 놓고 하나님께 간구했을 것입니다. 방법은 하나님께서 찾으실 줄 믿었겠지요.

행군이 시작됩니다. 아기스는 여태 아무 말이 없습니다. 다윗은 혹시 하나님께서 길을 여실까 기대하며 뒤를 따릅니다(2절). 그런데 블레셋 연합군의 다른 방백들이 아기스에게 항의합니다. 이 방백들은 개별 도시국가들의 왕이자 지휘관들입니다. 블레셋 연합군은 아기스가 통수권을 갖긴 했어도 방백들이 의기투합해 요구하는 것을 거절하기는 어려운 구조였습니다. 방백들의 저항은 단순합니다. 다윗을 믿을 수 없다는 것이지요. 만에 하나 다윗이 사울의 호의를 얻으려 다시 돌아가고 싶다면 자기들을 죽이는 게 제일 쉽지 않겠느냐고 설득력 있게 주장합니다.

그들이 오래 전에 다윗이 등장할 때 유행했던 노래를 인용하는 것이 흥미롭습니다. "사울이 죽인 자는 천천이요 다윗은 만만이로다" (5절). 소년 다윗이 골리앗의 머리를 베었던 쇼킹한 전투, 월등한 힘을 가졌다 믿었던 블레셋이 패퇴한 악몽의 기억이 생생했던 것입니다. 아기스는 다윗에게 미안해하면서 이번 전쟁에는 빠져 달라 부탁을 하고, 다윗이 굳은 얼굴로 내가 무슨 잘못이라도 있냐고 큰소리를 치는 장면은 참으로 코믹합니다(6-10절). 마침내 다윗은 블레셋 영토 안으로 이동하고, 사울의 최후를 가져올 전투에 엮이지 않게 됩니다. 다윗 승전가가 처음 유행했을 때 다윗은 사울의 질투로 곤경에 빠졌습니다. 이제 같은 노래가 다윗을 곤경에서 벗어나게 합니다. 하나님께서 쓰시는 도구들은 참으로 흥미진진합니다.

적용하기
1. 궁지에서 신기하게 벗어나고 하나님이 도우신 것을 깨달은 경험이 있습니까?
2. 다윗의 블레셋 이주 경험을 보면서, 우리 삶에서 위험요소를 최소화하기 위해 주의할 일들을 토론해 보십시오.

오늘의 기도
다윗의 길을 선하게 인도하시고 모든 일이 합력하여 선을 이루게 하신 아버지, 나에게도 같은 은혜를 내려주셔서 내 의도와 계산과 능력에 갇히지 않고 주님의 놀라운 세계를 경험하게 하소서.

사무엘상 30:1-8
찬송가 356장

다윗이 크게 다급하였으나 그의 하나님 여호와를 힘입고 용기를 얻었더라_삼상 30:6

시글락으로 귀환한 다윗의 군대는 경악스런 광경을 마주합니다. 야영지는 불타 버렸고 가족들은 온데간데없이 사라져 버린 것입니다. 수소문해 보니 아말렉인들의 짓이었습니다. 옛부터 아말렉인들은 용병 활동으로 이름난 족속이었습니다. 돈을 위해 싸우다 보니 수법이 악랄해 부녀자와 아이들도 공격했고, 특별히 이스라엘이 출애굽 할 당시 광야를 지나는 행군 대열 뒤편을 급습하는 야만스런 모습으로 하나님의 심판을 받은 이들입니다(출 17장).

다행스러운 것은 그들이 다윗 군대의 식구들을 죽이지 않고 사로잡아 끌어갔다는 사실이었습니다. 노예로 팔겠다는 계산이었겠지요. 백성들이 울기 시작합니다. 너나 할 것 없이 통곡하면서 흥분이 고조됩니다. 마침내 슬픔과 낙심이 임계점에 달하자 그들은 일의 책임을 물어 다윗을 돌로 쳐 죽일 마음을 먹습니다. 무언가가 한 사람의 행동을 촉발하면 다윗의 쓰러진 몸 위에 자갈 봉분이 생길 참이었습니다. 절체절명의 순간이자 사람의 중심에 있는 사람됨이 그대로 드러나는 순간이기도 합니다.

이때 다윗이 취한 행동을 요약하는 두 문장이 있습니다. "다윗이 크게 다급하였으나 그의 하나님 여호와를 힘입고 용기를 얻었더라"(6절), 그리고 "다윗이 여호와께 여쭈었다"(8절)가 그것입니다. 6절의 히브리어 표현을 직역하면 "다윗이 여호와로 인해 굳세어졌다" 혹은

"다윗이 여호와로 인해 견고히 섰다"입니다. 사울에게 쫓기는 처지에 다윗이 믿고 의지할 것은 자신을 둘러싼 600여 명이 전부였는데, 그들이 저마다 낙담과 분노에 차서 다윗을 쳐죽이자 하니 이제 누구를 의지해야 합니까? 천하의 다윗인들 사람인 이상 왜 두렵지 않았겠습니까?

그러나 그는 하나님을 바라보았고 그분을 붙들고 견고히 섰습니다. 기도는 간결했습니다. "갈까요?" "가라." 명령에 순종하니 약속을 주십니다. "반드시 따라잡고 도로 찾으리라"(8절). 우리는 이루고 싶은 목표를 정하고 그것을 이뤄 달라고 하나님께 구하곤 합니다. 그러나 오늘 다윗처럼 내 목표를 하나님께서 허락하시는지 여부를 묻는 것이 우선입니다. 아말렉은 이스라엘의 적 중에서도 하나님께서 반드시 제거하라고 말씀하셨던 족속입니다. 아말렉을 진멸하라는 하나님 명령에 불순종한 사울이 어떻게 되었는지를 우리는 잘 알고 있었습니다. 이제 아말렉 약탈자들을 공격하는 것은 개인적 보복이 아니라 하나님의 가나안 정벌 계획을 수행하는 일입니다. 사울이 떨어진 시험에 다윗이 다시 도전하고 있는 셈입니다.

적용하기
1. 한 가지 일을 성취한 후 닥친 실패나 재난으로 힘겨웠던 경험이 있으십니까?
2. 하나님 명령으로 아말렉을 정벌하는 것 같은 일이 지금도 일어난다고 생각하십니까?

오늘의 기도
인생의 위기에서도 믿음이 견고하게 하시고, 위기를 통해 오히려 주의 일을 이뤄 드리는 복을 누리게 하소서.

사무엘상 30:9-20
찬송가 542장

다윗이 또 양떼와 소떼를 다 되찾았더니 무리가 그 가축들을 앞에 몰고 가며 이르되 이는 다윗의 전리품이라 하였더라_삼상 30:20

다윗의 군대는 쉼 없이 달려 브솔 시냇가에 닿았습니다. 관록 있는 군인들 중에도 3분의 1이 낙오하는 행군이었습니다. 사백 명을 이끌고 추격을 계속한 다윗은 기진해 있는 애굽 소년 하나를 만나게 됩니다. 사흘을 꼬박 굶고 목이 말라 쓰러진 것을 떡과 물을 주어 회생시키고 보니, 적진의 이동 상황을 알고 있는 유용한 정보원이었습니다. 다윗은 그의 생명과 안전을 보장해 주고 광야에서 도움을 받아 아말렉 군대의 야영지를 습격합니다. 약탈물을 놓고 흐드러지게 잔치를 벌이던 아말렉인들은 다윗 군대의 공격에 추풍낙엽 신세가 되었고, 다윗은 빼앗겼던 가족들과 소유물을 고스란히 찾아올 수 있었습니다.

다윗이 에봇을 의지해 하나님께 기도했을 때 하나님은 추격 작전의 성공을 약속하셨습니다(8절). 그런데 다윗은 "내가 이 군대를 추격하면 따라잡겠습니까?"라고만 했지 "어떻게 따라갈까요?"를 묻지 않았습니다. 결과에 관한 질문이지 방법에 관한 것이 아닙니다. 하나님의 '예스' 역시 그 작전의 정당성과 성공에 관한 답입니다. 다윗은 달려갔고, 브솔을 건넜으며, 적들의 위치 정보는 들에서 마주친 그 소년에게서 얻었습니다. 세상 사람들은 애굽 소년을 우연히 만났다고 말하겠지만 다윗에게는 하나님의 응답에 포함된 사항입니다.

무슨 일을 하든 사전 조사와 계획은 중요합니다. 그러나 오늘 가족을 찾으려 달려가는 다윗 일행처럼, 하나님의 인도하심만 오롯이 믿고 달려 나가야 할 때도 있습니다. 가족을 재회하고 재산을 찾은 군대가 기뻐 소리 지릅니다. "이는 다윗의 전리품이라"(20절)! 자신들이 입에 쇳내가 나도록 달려와 목숨 걸고 싸운 결과인데, 다윗에게 영광을 돌립니다. 그런데 이들이 바로 전날 밤 자기 식구들이 잡혀간 것을 보고는 "다윗을 돌로 치자"고 소리 지르던 사람들 아니었던가요.

이 사건 후 이천여 년이 지나 다윗의 후손 한 사람이 다윗의 도성 예루살렘으로 들어옵니다. 사람들이 외칩니다. "호산나 우리를 구하소서. 다윗의 자손이여!" 그리고는 며칠 후 그들은 바로 그 사람을 십자가에 못 박으라고 거품을 물며 소리 지릅니다. 다윗의 자손 그리스도를 말입니다. 사람은 이렇습니다. 이들을 사랑하는 것은 덧없게 느껴집니다. 그러나 배신감과 허탈감으로 무력해지고 냉소하면 주의 일을 이룰 수 없습니다. 내가 이끄는 사람들, 내가 도와야 할 그들이 나를 돌로 치고 십자가에 달 수 있다는 것을 받아들여야 주의 일을 할 수 있습니다. 사람은 신뢰의 대상이 아니라 사랑의 대상이기에.

적용하기
1. 아브라함처럼 '갈 길을 알지 못하고' 믿음으로 걸었던 경험을 나눠 주십시오.
2. 남을 위해 일하고도 인정 대신 원망을 받는 경우 어떻게 행동해야 할까요?

오늘의 기도
주님의 마음으로 주님의 사람들을 사랑하게 하소서. 저로서는 못합니다. 성령님 도우소서.

사무엘상 30:21-30

찬송가 220장

전장에 내려갔던 자의 분깃이나 소유물 곁에 머물렀던 자의 분깃이 동일할지니 같이 분배할 것이니라_삼상 30:24

승리를 거두고 돌아오는 공격조를 브솔 시냇가에 남겨졌던 이백 명이 영접합니다. 같은 마음으로 떠났지만 체력이 달려 낙오되었던 처지인지라 치열한 전투를 치러 승전한 동료들에게 멋쩍고 미안했을 것입니다. 다윗은 그들을 반가이 대합니다. "다윗이 그 백성에게 이르러 문안하매"(21절). 심상해 보이는 이 행동이 사실은 대단한 것이, 전투에 투입된 이들 가운데 '악한 자와 불량배들'의 주장과 비교하면 분명해집니다. "그들이 우리와 함께 가지 아니하였은즉 우리가 도로 찾은 물건은 무엇이든지 그들에게 주지 말고 각자의 처자만 데리고 떠나가게 하라 하는지라"(22절).

피땀 흘리고 목숨 걸었던 자신들의 몫과 뒤에 남아 편히 지낸 이들이 어떻게 똑같이 대접받을 수 있느냐는 말입니다. 공정함의 잣대로 보면 자신들의 노력과 위험 부담을 인정해 달라는 주장도 일리가 있어 보입니다. 그러나 다윗의 정책은 단호하고 논리는 명료합니다. "나의 형제들아 여호와께서 우리를 보호하시고 우리를 치러 온 그 군대를 우리 손에 넘기셨은즉 그가 우리에게 주신 것을 너희가 이같이 못하리라"(23절). 승리의 공로는 지휘관인 자신도 일선 전투를 치른 병사도 아닌 여호와 하나님께 돌렸고, 전리품은 하나님이 주신 것이니 모두의 것이라 선언한 것입니다.

분배를 거절한 사람들을 본문이 '악한 자와 불량배들'이라 부른 것도 우리를 뜨끔하게 합니다. 성경은 이제껏 그들을 차별 없이 다윗의 군대로 불러왔는데, 그들이 자신의 특권을 주장한 순간 '악한 자와 불량배들'이라는 호칭이 주어졌다는 것에 숙연해지지 않을 수 없습니다. 신앙 공동체에서는 공로에 근거해 계급이 나뉠 수 없습니다. '목회에 기여도가 높은 성도' 따위를 내놓고 치하하고 높여 주는 행위는 참된 교회에 어울리지 않는 행동입니다. "헌금도 안 하는 주제에, 봉사도 안 하면서, 단기선교 한 번 안 간 사람이…"라고 말하는 그 사람이 영적으로 악당이요 불한당이라는 사실을 기억해야 합니다.

하나님의 공동체는 지극히 작은 자를 높이고, 별반 기여할 능력과 자원이 없는 구성원을 더 소중히 돌보는 가치 역전의 공동체이어야 합니다. 다윗의 엄중한 선언은 대대로 이스라엘의 율례와 규례가 되었습니다(25절). 다윗은 전리품을 그와 자기 사람들이 드나들던 열두 성읍에 두루 보내 치하하고 결속을 다집니다. 다윗은 이 사건과 후속 조치를 통해 자신이 유다의 왕임을 분명히 하고 있습니다. 그러나 그의 왕권이 제대로 작동하기까지 그는 더 오래 인내해야 했습니다.

적용하기
1. 내 노력과 수고를 인정받고 싶은 욕망을 이기려면 무엇을 기억해야 합니까?
2. 기여도와 무관한 사랑이 베풀어지는 공동체를 경험해 보셨습니까?

오늘의 기도
주님, 우리가 속하고 섬기는 교회가 참으로 주님의 몸임을, 형제자매의 연합임을, 기억하고 체험하게 하소서.

사무엘상 31:1-13
찬송가 447장

사울과 그의 세 아들과 무기를 든 자와 그의 모든 사람이 다 그날에 함께 죽었더라_삼상 31:6

마침내 블레셋과 이스라엘이 맞붙었습니다. 이스라엘은 패했고 사울의 세 아들은 이미 전사했습니다. 도주하던 사울은 활에 맞아 치명상을 입자 곁에 있던 무기든 자에게 자신을 찔러 죽이라고 명령합니다. "할례받지 않은 자들이 와서 나를 찌르고 모욕할까 두려워하노라"(4절). 과거에 힘으로 이길 수 없었던 삼손을 계략으로 사로잡아 눈을 뽑고 종으로 부리며 능욕했던 사람들이 바로 블레셋인들입니다. 사울은 적에게 잡혀 수모를 당하느니 차라리 그 자리에서 죽고 싶었던 것이지요. 하지만 사울의 부하는 무서워서 주저합니다. 시간이 없는 것을 안 사울은 스스로 칼날에 몸을 던져 죽고 부하도 마찬가지로 자결하고 맙니다.

사울을 의지하던 이스라엘인들은 모두 도주하고 블레셋인들이 와서 성읍들을 점령했습니다(7절). 왕은 죽고 백성들은 흩어지고 영토는 빼앗겨 버린, 쓸쓸한 파국입니다. 하지만 사울의 수모는 거기서 그치지 않았습니다. 전리품을 찾아 전장을 훑던 블레셋인들이 사울과 세 아들의 시신을 발견하고는 사울의 머리를 잘라내고 갑옷을 벗겨 블레셋 성읍들에게 회람시킨 후 시체는 벧산 성벽에 못 박아 걸어두고 갑옷은 아스다롯 신전으로 가져갑니다. 아스다롯(아세라)은 가나안 바알 종교에서 바알과 더불어 숭배되던 대표적인 여신입니다.

이방 종교를 청산하는 것이 이스라엘의 사명인데, 이스라엘 왕 사울은 효수되어 성벽에 전시되고 갑옷이 아스다롯 신당에 전리품으로 가 있으니 참담하기만 합니다. 아말렉을 진멸하라는 명령을 거부했던 사울은 이렇게 왕위를 잃고 목숨도 잃었습니다. 그래도 한 가닥 위로는 길르앗 야베스 주민들이 사울과 아들들의 시신을 거두어 자신들의 성읍에서 화장을 치러 준 것입니다.

　암몬 왕 나하스의 위협으로 질려 있던 길르앗 야베스를 구한 것이 사울의 첫 전투였음을 생각하면(삼상 11:1-11), 야베스 사람들이 40년 전의 고마움을 갚은 셈입니다. 이스라엘은 일반적으로 화장을 하지 않았지만, 목이 잘려나간 채 부패해 가는 시신을 제대로 수습할 수 없어서 그리 하지 않았나 추측합니다. 백성의 환호 가운데 영웅으로 등장했던 사울이 초라하게 몰락하는 동안, 다윗은 아말렉 진멸의 과제를 마무리하면서 이스라엘의 왕으로서 위상을 세워나갑니다.

적용하기
1. 주위에서 '사필귀정'에 해당하는 몰락을 목격한 경험이 있으십니까?
2. 오늘날 교회가 적에게 영토를 빼앗기는 것과 같은 일을 당하고 있다면 어떤 부분에서 그렇습니까? 영토를 탈환하기 위해 할 수 있는 일은 무엇일까요?

오늘의 기도
마땅히 받아야 할 벌을 받긴 했어도 사울의 몰락은 슬프고 무섭습니다. 우리에게 지혜와 경계의 마음을 주셔서 사울의 길을 걷지 않게 하소서.

사무엘하
2 Samuel

사무엘하 1:1-16

찬송가 465 장

> 네가 어찌하여 손을 들어 여호와의 기름 부음 받은 자 죽이기를
> 두려워하지 아니하였느냐_삼하 1:14

한 아말렉인이 시글락에 주둔한 다윗의 진을 찾았습니다. 다윗에게 절을 하고 자신이 이스라엘의 도망병이라며 사울과 요나단이 전사했다고 보고합니다. 다윗이 묻습니다. "사울과 그의 아들 요나단이 죽은 줄을 네가 어떻게 아느냐"(5절). 이 질문에 자신의 생사가 달려 있는 줄을 그 아말렉인은 알지 못했습니다. 정황을 볼 때 그는 사울의 죽음을 자기 공으로 돌려 무엇이든 얻어 보려 했던 것 같습니다. 사실 사울은 날아온 화살에 중상을 입어 회생 가망이 없자 스스로 칼날 위에 몸을 던져 목숨을 끊었습니다(삼상 31:4). 격전을 치르는 동안은 블레셋 군도 사울의 죽음을 알지 못하다가 다음날에서야 시신들에서 값나가는 물건을 거두려 뒤지던 중 사울을 발견한 것이 역사적 실상입니다(삼상31:8). 요즘 식으로 말하면 '유탄에 죽은' 사울을 두고 자신이 직접 죽였다고 말한 이 아말렉인은 사울의 죽음에 대한 목격담이나 소문을 듣고 각색해서 자신의 공을 자랑하려 했던 것이 틀림없습니다.

보통 때 같으면 그런 과장된 무용담은 흔해 빠진 것이고 문제될 것도 없었을 테지만, 지금은 상황이 다릅니다. 누울 자리를 보고 누우라는 말이 있는데, 이 아말렉인은 상대를 잘못 택했습니다. 온 세상에서 자기가 하려는 이야기를 절대로 해서 안 될 바로 그 사람을 골라 자랑질을 한 것입니다. 다윗이 누구입니까. 사울을 죽여도 될 이유를

가진 사람이 누구냐 묻는다면 세상에서 다윗만한 사람이 없었겠지요. 그래도 다윗은 절대로 '여호와께서 기름 부으신 자'의 몸에 손을 대고 생명을 노려 본 적이 없었습니다. 그런데 언약 밖에 있는 이 아말렉인이 감히 사울 왕에게 손을 댔다니 다윗으로서는 용납할 수 없는 일이었습니다. 아말렉인은 처형당했습니다. 다윗이 그 죽음에 대해 한 말은 의미심장합니다. "네 피가 네 머리로 돌아갈지어다 네 입이 네게 대하여 증언하기를 내가 여호와의 기름 부음 받은 자를 죽였노라 함이니라"(16절).

보상을 바라던 아말렉인은 의도와 반대로 죽음을 자청한 셈이 되었습니다. 극단적인 경우입니다. 그러나 원리는 분명합니다. 하나님께서는 다윗의 손을 통해 그 아말렉인이 자청한 죄목 즉 '하나님이 기름 부으신 종을 죽인 죄'에 합당한 벌을 내리신 것입니다. 단순한 거짓말에 대한 처벌로는 가혹하겠지만, 스스로에게 얹은 죄행의 처벌을 자초했다는 점에서 우리에게 경각심을 일깨워 줍니다. 악한 것은 흉내도 내지 말라는 말씀을(살전 5:22) 새롭게 기억해 봅니다.

적용하기
1. 불필요하게 나서서 화를 부른 경험이 있습니까? 하나님의 뜻을 알고 순종했더라면 결과가 달라졌을까요?
2. 말과 행동이 가볍지 않고 진실하기 위해 어떻게 훈련하고 있습니까?

오늘의 기도
어리석은 자의 죽음을 기록해 주신 하나님, 진실하고 정직한 언행을 훈련하도록 도우시고, 주의 뜻을 늘 분별하여 순종하게 하소서.

사무엘하 1:17-27
찬송가 269장

> 내 형 요나단이여 내가 그대를 애통함은 그대는 내게 심히 아름다움이라 그대가 나를 사랑함이 기이하여 여인의 사랑보다 더하였도다_삼하 1:26

사울과 요나단의 죽음을 받아들인 다윗은 깊은 고통을 담은 애도의 노래를 지어 헌정하고, 한발 더 나아가 이 애가를 자신의 개인적 소회가 아닌 유다 족속 전체의 고백이 되게끔 합니다(17-18절). 유다 지파는 다윗의 혈육이고 이스라엘의 진정한 왕이 나올 족속입니다. "유다야 너는 네 형제의 찬송이 될지라 네 손이 네 원수의 목을 잡을 것이요 네 아버지의 아들들이 네 앞에 절하리로다 / 규가 유다를 떠나지 아니하며 통치자의 지팡이가 그 발 사이에서 떠나지 아니하기를 실로가 오시기까지 이르리니 그에게 모든 백성이 복종하리로다"(창 49:8, 10).

이 오랜 약속을 품은 유다 지파 다윗을 가로막고 죽이려 한 사울은 '집안의 원수'입니다. 사울의 죽음에 잔치라도 열 법한 그들에게 다윗은 애가를 연습시킵니다. 어떤 해석가들은 이것이 지극히 정치적인 계산에서 나온 행보라고 말합니다만, 지금까지 성경의 기록을 따라온 독자라면 사울 부자를 향한 다윗의 '애증 관계' 속에 진실한 슬픔과 고마움이 담겨 있다는 것을 이해할 것입니다. 순수하기 어려운 '만물보다 심히 거짓되고 부패한' 우리 마음이지만 그 안에 진정성과 선량함, 고상함의 불씨는 남아 있습니다. 우리는 스스로를 위해 그리고 공동체를 위해 그 불씨를 보존해야 합니다.

욥기의 도입부에 보면 하나님께서 욥의 신앙을 칭찬하시자 사탄은 욥이 '까닭 없이' 하나님을 경외하겠느냐고 삐딱한 질문을 합니다. 인간은 순수하지 않다고, 이해관계 없는 선행이나 도덕·신앙·고상함 따위란 없다고 도전합니다. 그러나 하나님은 욥을 믿어 주십니다. 인간은 '떡고물' 없이도 사랑하고 희생할 수 있다는 믿음을 포기하지 않으십니다. 이러한 이해는 개신교, 특별히 개혁주의 신앙이 말하는 인간이 전적으로 타락했다는 교리와 충돌하지 않습니다.

다윗은 자신의 억울함을 내려놓고 사울과 요나단이 가졌던 최선의 것들을 주목할 수 있었습니다. 진심으로 말입니다. 사울이 자신의 장인이고 상관이었던 것도 이유였겠고, 요나단이 자신과 영혼의 교감이라고 할 만한 짙은 우정을 나눈 사이여서 그랬을 것입니다. 하지만 여전히 가장 중요한 것은 사울이 하나님의 명을 받든 종이고 주적 블레셋에 대항해 이스라엘을 보호하고 승리를 경험하게 했던 용장이며 왕이었다는 사실입니다. 비록 사울이 하나님께 불순종해 왕위를 내려놓게 되었지만, 그를 여전히 이스라엘의 용사요 아름다운 인생으로 기려지게 하신(22, 23, 27절) 다윗의 하나님, 우리 아버지 하나님은 너그러우십니다.

적용하기
1. 우리 스스로 혹은 남들이 우리를 보는 것보다 하나님께서 더 관대하게 보아 주신다는 것을 깨닫고 실감해 본 경험이 있으십니까?
2. 사람들이 나에게 친절하고 선하지 않았더라도 여전히 하나님 안에서 가치 있는 존재임을 기억하기 위해서 어떤 '마음의 훈련'이 필요할까요?

오늘의 기도
자비하신 하나님 아버지, 나를 향한 하나님의 긍휼하심에 감사드립니다. 나도 남들을 하나님의 눈으로 보고 하나님의 마음으로 대할 수 있게 해 주세요.

사무엘하 2:1-17

찬송가 449장

다윗이 헤브론에서 유다 족속의 왕이 된 날 수는 칠 년 육 개월이더라
_삼하 2:11

사울과 요나단의 죽음은 다윗에게 크나큰 고통을 안겼지만, 동시에 일말의 안정을 가져다주었습니다. 이제 더 이상 사울의 군대에 쫓겨 다닐 필요가 없어진 다윗은 따르는 이들과 함께 안착할 장소를 물색합니다. 하나님께 여쭈어 보니 헤브론을 지정해 주셨습니다. 다윗은 두 아내 아히노암과 아비가일을 비롯해 그간 고생을 함께 한 무리들을 모두 데리고 헤브론 각 성읍에 정착시킵니다. 유다 족속은 다윗을 환영하고 기름 부어 그들의 왕으로 세웁니다.

너무나 평온합니다. "이렇게 쉬운 일을 그간 사울이 방해했던가!" 분통이 터져도 당연할 것입니다. 그때 누군가가 길르앗 야베스 사람들이 사울의 시신을 수습해 장사했다고 다윗에게 알려줍니다. 그 사람은 다윗이 길르앗 야베스를 칭찬하리라 기대했을 것 같지는 않습니다. 본문에 명확히 설명되지 않았지만, 어쩌면 그 사람은 다윗의 '원수' 사울을 선대한 길르앗 야베스를 향해 다윗이 적대감을 가질 것으로 기대했는지도 모르겠습니다. 사울이 첫 전투에서 구해 준 성읍이고, 아마도 그 은혜를 기억해 위험한 전장을 누벼 사울의 시신을 수습해 준 길르앗 주민들 입장에서도 다윗의 즉위 소식은 불안을 일으킬 만했습니다(삼상 31:11-13).

그러나 다윗은 요나단을 사랑했고 사울을 존중했으며, 진심으로 그들의 죽음을 애도한 사람인 터라 길르앗 야베스 주민들에게 앙갚음 대신 축복의 메시지를 전합니다. "너희가 너희 주 사울에게 이처

럼 은혜를 베풀어 그를 장사하였으니 여호와께 복을 받을지어다. 너희가 이 일을 하였으니 이제 여호와께서 은혜와 진리로 너희에게 베푸시기를 원하고 나도 이 선한 일을 너희에게 갚으리니"(5-6절).

유다 지파에 힘입어 왕위에 오른 처지였지만 다윗은 길르앗을 사울 동조세력으로 규정하고 적대적으로 행동하는 대신 너그러운 칭찬을 전했습니다. 다윗의 삶에 매우 중요한 원칙인 '헤세드' 즉 신의와 충성, 의리의 덕목을 그들이 보였다는 것이지요. 사울에게 말입니다! 다윗의 반응이 계산적이었다고는 보이지 않지만 그의 행동은 지혜로웠습니다. 자신들의 주군(왕)에게 충성스러웠던 야베스 주민들을 적대세력으로 모는 것은 어리석은 행동일 터이며, 다윗이 그들의 덕성을 칭찬하고 마음을 산 것은 훗날 그들의 왕이 될 다윗으로서는 자신의 위치에 맞는 행동을 한 셈이었습니다. 비록 유다 지파를 제외한 온 이스라엘이 아직도 사울 편에 있었지만 그것은 강력한 권한을 가진 군사령관 아브넬이 사울의 아들 이스보셋을 왕으로 세우니 거역할 수 없어서이기도 했습니다(8-9절). 그러나 '사울의 집'이 '다윗의 집'에 밀려나는 것은 시간문제였습니다. 하나님의 뜻은 다윗에게 있었기에 그 필연적 흐름을 거스르는 세력은 고난과 파멸을 자초하게 될 터이니까요.

적용하기
1. 나의 소신이 하나님의 섭리를 거스르지 않으려면 무엇에 애써야 합니까?
2. 신앙의 이름으로 사람간의 덕목과 예절을 무시하면 어떤 결과가 옵니까?

오늘의 기도
인간의 생각과 행동을 모두 헤아리시는 하나님, 추상적 믿음에 갇히지 않고 행동으로 표현되는 산 믿음을 지켜내게 해 주옵소서.

사무엘하 2:18-32
찬송가 447장

> 그가 물러가기를 거절하매 아브넬이 창 뒤 끝으로 그의 배를 찌르니
> _삼하 2:23

수적으로 열세임에도 불구하고 다윗을 따르는 세력이 승리할 수 있었던 데는 요압, 아비새, 아사헬 삼형제의 공이 컸습니다. 치열한 육박전 끝에 이스라엘 군이 패퇴하고 지휘관 아브넬도 도주하는 처지가 되었습니다. 달리기 실력이 '들노루 같은' 아사헬이 아브넬을 바짝 추격해 갑니다. 아브넬은 젊은 아사헬에게 자신을 보내주고 다른 병사 하나를 잡으라고 권합니다. 자기 손으로 아사헬을 죽이기 싫다는 것이지요. "너는 나 쫓기를 그치라 내가 너를 쳐서 땅에 엎드러지게 할 까닭이 무엇이냐 그렇게 하면 내가 어떻게 네 형 요압을 대면하겠느냐"(22절). 아사헬이 주력은 좋지만 무술로는 관록 있는 아브넬을 당해낼 수 없었을 것입니다.

아브넬로서는 아사헬이 자신을 죽이게 둘 수도 없고 아사헬을 죽여 사나운 요압의 개인적 원한을 사기도 싫었는데, 추격자는 요지부동이고 거리는 점점 좁혀져 아사헬의 숨소리가 들려옵니다. 살다 보면 어쩔 수 없이 끌려들어가는 궁지라는 것이 있습니다. 아사헬이 젊은 패기에 원숙한 지혜도 겸비했더라면, 아니면 아브넬이 아사헬보다도 빨랐더라면… 아브넬은 뛰어가면서 창을 등 뒤로 뻗어 아사헬의 배를 관통시킵니다. 치명상을 입은 아사헬은 그 들판에 쓰러져 죽고 말았습니다.

아사헬보다 뒤쳐져 달려온 장수와 군인들마다 자기 부대 최선봉

에 섰던 아사헬의 주검 앞에 멈춰서 황망해합니다. 전쟁은 거칠고 냉혹합니다. 아사헬은 최고의 스프린터였지만 그 빠른 발이 생명을 재촉하고 말았습니다. 지혜의 스승 전도자의 음성이 쟁쟁히 들리는 듯합니다. "내가 다시 해 아래에서 보니 빠른 경주자들이라고 선착하는 것이 아니며 용사들이라고 전쟁에 승리하는 것이 아니며… 이는 시기와 기회는 그들 모두에게 임함이니라 분명히 사람은 자기의 시기도 알지 못하나니 물고기들이 재난의 그물에 걸리고 새들이 올무에 걸림 같이 인생들도 재앙의 날이 그들에게 홀연히 임하면 거기에 걸리느니라"(전 9:11-12).

그들을 추격하던 요압 군대는 아브넬 군과 한바탕 설전만 교환하고 그들을 놓아 보냅니다. 아브넬이 이끈 이스라엘 군은 360명의 전사자를 내고 고향으로 돌아갑니다. 전사자를 20명밖에 내지 않은 요압의 압승은 경축할 만한데 그의 마음은 기뻐할 수가 없었습니다. 전사자 스무 명 중 하나가 막내아우 아사헬이었기 때문입니다. 요압의 군대는 귀환하는 길에 아사헬을 가족 묘실에 장례 지내고 헤브론으로 복귀합니다. 요압은 이 일을 잊지 않았습니다. 아브넬의 직감이 옳았습니다. 결국 아브넬은 훗날 이 일로 인해 목숨을 잃게 됩니다(삼하 3:27).

적용하기
1. 패기가 지나쳐 패배하는 경우를 보셨습니까? 당신은 어떤 성향이십니까?
2. 재난을 스스로 불러들이지 않기 위해 생각해야 할 일들은 무엇일까요?

오늘의 기도
지혜로우신 아버지, 달릴 때 달리고 멈출 때 멈출 줄 아는 지혜를 내게 주옵소서.

사무엘하 3:1-16
찬송가 503장

다윗은 점점 강하여 가고 사울의 집은 점점 약하여 가니라
_삼하 3:1

난세는 영웅을 낳는다고들 하지만, 싸움이 계속되니 군인들이 힘을 키워갑니다. "사울의 집과 다윗의 집 사이에 전쟁이 있는 동안에 아브넬이 사울의 집에서 점점 권세를 잡으니라"(6절). 그 권세가 지나치게 커진 것이 곧 드러납니다. 이스보셋이 선왕 사울의 첩과 관계한 일로 아브넬을 나무라자 아브넬이 왕에게 욕설과 저주를 퍼부은 것입니다: "여호와께서 다윗에게 맹세하신 대로 내가 이루게 하지 아니하면 하나님이 아브넬에게 벌 위에 벌을 내리심이 마땅하니라 그 맹세는 곧 이 나라를 사울의 집에서 다윗에게 옮겨서 그의 왕위를 단에서 브엘세바까지 이스라엘과 유다에 세우리라 하신 것이니라"(9-10절). 이 한 마디로 사울왕권의 정통성을 근본적으로 부정해 버렸으니 홧김에 한 폭언치고는 지나친 말이었습니다.

선왕 사울을 왕위 찬탈자로 만들고 자신을 부역자로 만드는 이런 발언에도 이스보셋은 아브넬이 두려워 아무 말도 하지 못합니다. 아브넬은 아예 다윗에게 전령을 보내 다윗이 이스라엘 통일왕국을 접수하도록 돕겠다며 자신과 언약을 맺자고 요청합니다. 이스라엘 총사령관이 사울 집안을 배신한 것이지요. 다윗은 아브넬의 충성심을 보여 주는 증거로 한 가지를 요구합니다. 다윗이 일찍이 사울을 피해 도피했을 때 사울이 마음대로 남에게 재혼시켜 버렸던 아내 미갈을 돌려보내 달라는 것이었습니다(14절). 선왕 사울이 왕명으로 발디엘에게 보냈던 누이 미갈을 매형에게서 뺏어 다시 다윗에게 보낸다는

이런 일을 이스보셋이 달가워했을 리 없건만, 미갈의 송환은 지체 없이 이루어집니다(15절).

아버지 사울의 광기로부터 남편을 살리기 위해 기지를 발휘해 다윗을 도피시켰던 미갈. 다윗을 진심으로 사랑했던 미갈은 부왕 사울에 의해 강제로 재혼했다가 이제 다시 다윗에게로 돌려보내집니다. 큰딸 메랍뿐 아니라 작은 딸 미갈마저 다윗을 꼬이는 미끼로 쓰다가 다른 남자에게 주어 버리는 사울의 행동도 비정하고 비윤리적인 일이지만, 이제 와서 아내를 되찾는다고 오랜 세월 같이 살아온 남편 발디엘의 눈에서 눈물을 뽑게 하는 다윗의 폭압 역시 비난받아 마땅합니다.

자기가 왕이라고 주머니 속 사탕도 아니고 한 여인을 제 마음대로 남에게 주었다 뺏었다 할 수 있다는 관념도, 그것을 거래의 수단으로 여기고 실행하는 행위도 모두 악합니다. 단연코 성경이 이러한 행태를 정당화하지는 않습니다. 오늘 본문은 하나님을 사랑하고 따랐던 한 인간의 삶에 드러나 있는 모순과 죄성을 냉정히 보여 주는 보고서입니다. 믿음의 조상 아브라함도, 하나님 마음에 합한 사람 다윗도, 인간은 모두 교정과 구원이 필요합니다. 죄인 아닌 사람은 없습니다. 오직 아브라함과 다윗의 자손이신 그분 외에는.

적용하기
1. 보수적 신앙과 권위주의 성향은 동반자적 관계라고 생각하십니까?
2. 나의 신념과 소신 때문에 다른 이에게 고통을 준 일이 있습니까? 알게 된 이후 어떻게 처신하셨습니까?

오늘의 기도
죄인과 약자에게 긍휼을 베푸시는 하나님, 나의 소신과 행동이 혹시라도 누군가를 상하게 하지 않도록 성령님께서 주의시키시고 훈련해 주시길 원합니다.

사무엘하 3:17-27
찬송가 274장

이는 자기의 동생 아사헬의 피로 말미암음이더라
_삼하 3:27

다윗과 마음을 통한 아브넬은 군인다운 과감함으로 이스라엘 통합을 추진합니다. 장로들을 소환해 다윗의 즉위식을 준비하라 부추기고 유다 지파와 특별히 가까운 베냐민 지파의 지원을 확보한 뒤(19절) 상황 보고를 위해 헤브론으로 다윗을 찾아갑니다. 적진 한복판에 불과 이십 여 명의 부하를 데리고 간 것을 보면 이미 교감이 충분했던 것 같습니다. 다윗은 그를 위해 잔치를 베풀고 아브넬의 진심과 의지를 확인한 후 그를 평안히 전송합니다(21-22절). 마침 그때 전쟁에 나갔던 요압이 돌아와 다윗이 아브넬을 환대해 돌려보냈다는 말에 격노해 그를 간첩으로 몰아 체포해 헤브론으로 다시 데려옵니다. 그리고는 그와 대화하는 듯 속여 칼로 찔러죽이고 맙니다(27절).

물론 다윗 진영의 사령관 요압의 입장에서는 적성국 사령관이 주군을 은밀히 독대하고 돌아갔다는 것에 예민할 수 있고, 백보를 양보해 다윗이 추진하는 일이 좋지 않은 결과를 가져올 것이라 판단할 수도 있었을 것입니다. 그러나 요압은 다윗과 의논도 없이 아브넬을 살해했습니다. 요압의 이 행동은 온 이스라엘을 혼돈정국으로 몰아갑니다. 아브넬의 자발적 전향에 기대어 사울 집안과의 싸움을 마치고 평화롭게 이스라엘을 통일하려던 다윗의 꿈이 수포로 돌아가게 생겼습니다. 아브넬에게 절대적으로 의지했던 이스보셋 왕은 크게 낙담해 맥이 빠진 후 어이없이 암살당합니다. 아브넬을 믿고 따른 이스라엘 백성들은 다윗이 신사협약을 깨고 칼잡이를 보내 자기들의 총사령관을 암살해 버린 것으로 알고 불신하게 됩니다.

요압이 한 짓은 주군 다윗에게 누를 끼치고 이스라엘의 평화를 이루시려는 하나님의 섭리를 거스른 행동입니다. 일이 이렇게 된 근본 원인은 요압의 동기가 악했던 데 있습니다. 성경은 화해의 제스처로 아브넬을 속이고 죽인 요압의 행동에 대해 이렇게 말씀하십니다. "이는 자기의 동생 아사헬의 피로 말미암음이더라"(27절). 인간의 생각과 행동은 복잡합니다. 사람의 행동에 한 가지 동기만 있기는 어렵기에 우리가 남이 한 행동을 보고 그 사람됨을 판단할 때는 조심 또 조심해야 합니다.

그러나 하나님 말씀은 참으로 무섭습니다. 요압의 폐부를 꿰뚫어 보는 판단을 내립니다. 요압의 행동은 국익을 위한 공무가 아니라 사적 동기에 의한 사적 복수였다는 것을. 그 결과는 엄했습니다. 다윗은 요압의 행위를 범죄로 규정해 아브넬의 피를 요압과 그 자손들에게 돌리는 저주를 선포하고, 훗날 자신의 왕위를 계승하는 솔로몬에게 일러 요압을 심판하게 합니다(왕상 2:5-6). "만물보다 거짓되고 심히 부패한 것은 마음이라 누가 능히 이를 알리요마는 나 여호와는 심장을 살피며 폐부를 시험하고 각각 그의 행실대로 보응하나니"(렘 17:9-10).

적용하기
1. 사심으로 인해 공동체에 해를 끼치는 이를 어떻게 다루어야 합니까?
2. 자신의 취약점을 경계하기 위해 어떤 노력을 기울이고 있습니까?

오늘의 기도
용기와 충성으로 공을 세우고도 사심 때문에 화를 부른 요압의 자리에 가지 않도록 우리를 지켜 주소서.

사무엘하 3:28-39
찬송가 452장

이날에야 온 백성과 온 이스라엘이 넬의 아들 아브넬을 죽인 것이 왕이 한 것이 아닌 줄을 아니라_삼하 3:37

사울의 충신이었던 아브넬이 다윗에게로 돌아선 것은, 사울의 아들 이스보셋과의 악감정에서 시작되긴 했어도 크게 보아서는 일찍이 사무엘에 의해 선포되었던 다윗의 왕권을 되찾아 역사를 바로잡고 하나님의 섭리에 순종하는 일이 될 것이었습니다. 그 중대한 일을 다윗의 최측근으로 충신을 자처하는 요압이 그르쳐 버렸습니다. 이제 아브넬이 공들여 설득한 이스라엘 장로들과 백성의 마음이 다윗에게서 돌아설 처지였습니다. 특사를 죽여 버리는 나라를 신뢰할 수는 없지 않겠습니까.

다윗은 우선적으로 아브넬의 죽음의 책임이 요압 개인에게 있음을 공포합니다. "넬의 아들 아브넬의 피에 대하여 나와 내 나라는 여호와 앞에 영원히 무죄하니 그 죄가 요압의 머리와 그의 아버지의 온 집으로 돌아갈지어다 또 요압의 집에서 백탁병자나 나병 환자나 지팡이를 의지하는 자나 칼에 죽는 자나 양식이 떨어진 자가 끊어지지 아니할지로다 하니라"(28-29절). 저토록 '나와 내 나라'의 무죄를 힘주어 말하는 다윗의 심정이 어떠했을까요. 자신을 그토록 괴롭힌 사울의 죽음에 고통하며 애도했던 다윗인데, 자신에게 충성을 다한 요압을 향해서는 대대손손 극악한 저주를 퍼붓고 있으니 말입니다.

다윗은 아브넬 사태를 하나님 나라의 관점에서 보고 이스라엘 국민 전체의 마음을 헤아려 반응하고 있습니다. 아브넬을 죽인 것이 다윗의 지시에 의한 것이라면 이스라엘과 유다 지파 간의 전면전을 선포한 것과 다름없을 것입니다. 다윗은 이 사태가 개인적 원한에 의한 요압의 돌출적 행동이라는 것을 명백히 한 뒤, 힘을 다해 아브넬의 장례를 치르고 애도합니다. 스스로 상여를 따라가 통곡하며 국장 수준의 예우를 표하고, 사울과 요나단에게 했듯이 정중한 애가를 지어 바칩니다(33절).

온 백성이 애곡하는 가운데 석양이 되어 음식을 권하자 다윗은 엄한 맹세까지 동원하며 물리칩니다. 정치적 제스처가 아닌 진정한 애도의 심정을 읽은 백성은 마음을 풀고 다윗을 받아들입니다. "온 백성이 보고 기뻐하며 왕이 무슨 일을 하든지 무리가 다 기뻐하므로 이 날에야 온 백성과 온 이스라엘이 넬의 아들 아브넬을 죽인 것이 왕이 한 것이 아닌 줄을 아니라"(36-37절). 정치적 통합은 아직 시간을 필요로 했지만(삼하 5장 참조), '온 백성과 온 이스라엘' 즉 열두 지파 전부가 다윗을 통일 이스라엘의 왕으로 수용한 시점은 바로 이날 저녁일 것입니다. 뉘엿뉘엿 지는 햇살에 비친 다윗의 실루엣, 상여를 따르고 조사를 읊고 애가를 부르며 음식을 거절하던 다윗의 모습이야말로 나라를 위해 자신의 온몸과 마음을 다 쏟을 준비가 된 참된 군주의 상이었던 것입니다.

적용하기
1. 책임을 다하기 위해 정서가 고갈되도록 애쓴 경험에 대해 나눠 보십시오.
2. 내 진심을 받아 주지 않는 상대에게 어떤 방식으로 대해야 할까요?

오늘의 기도
역사를 주관하시는 하나님, 내가 감당하기 어려운 위기나 실패가 닥쳐올 때도 그 안에 여전히 작동하는 하나님의 섭리를 믿고 신뢰할 수 있도록 은혜를 주옵소서.

사무엘하 4:1-12
찬송가 328장

하물며 악인이 의인을 그의 집 침상 위에서 죽인 것이겠느냐
_삼하 4:11

이스라엘의 특사 자격으로 다윗과 독대했던 아브넬의 죽음은 이스라엘에 예측 불허의 상황으로 이끌 폭탄과도 같았습니다. 다윗이 신속하게 이 암살은 요압의 사적 복수임을 명백히 하고 아브넬을 위해 국장을 치르고 애가를 지어 추도하니 민심이 가라앉았습니다. 그러나 아브넬을 전적으로 의지하던 이스보셋은 맥이 풀려 주저앉고, 어수선한 틈을 타 이스보셋 수하의 군장교인 바아나와 레갑이 낮잠을 자고 있는 이스보셋을 암살합니다. 대낮에 경계병도 없이 침실에 들어와 죽였으니 아브넬의 죽음으로 군기가 엉망이 된 것이 틀림없습니다.

암살자들은 이스보셋을 칼로 찌르고 도망쳤다가 다시 돌아와 그의 머리를 잘라 다윗에게로 향합니다. 본래 암살의 동기가 무엇이었든지 이제 그의 머리를 들고 다윗에게 간 이상 그들은 보상을 바라고 주군을 죽인 자들이 되었습니다. 다윗 앞에 나아간 그들은 자신들의 행위를 하나님의 뜻을 받든 일로 돌립니다. "왕의 생명을 해하려 하던 원수 사울의 아들 이스보셋의 머리가 여기 있나이다 여호와께서 오늘 우리 주 되신 왕의 원수를 사울과 그의 자손에게 갚으셨나이다" (8절). 이 지점에서 독자들은 그들의 운명이 어떠하리라는 것을 이미 압니다. 사울과 그 후손에게 자기 손을 대지 않는다는 것이 다윗의 한결같은 원칙이었습니다.

엔게디 광야 동굴에서 사울을 죽일 수 있었지만 옷자락만 베어 보

낸 다윗이 사울에게 한 말 그대로입니다. "여호와께서 나와 왕 사이를 판단하사 여호와께서 나를 위하여 왕에게 보복하시려니와 내 손으로는 왕을 해하지 않겠나이다"(삼상 24:12). 다윗은 스스로 사울 집안을 공격하지 않은 것은 물론, 사울과 후손들이 해를 당할 때마다 애통해하고 그들에게 손댄 이들을 사형에 처했습니다. 이제 북쪽 지파들의 왕이었던 이스보셋이 죽은 이상 다윗의 왕권이 더욱 확고해질 터이니 자신에게나 이스라엘의 안정을 위해서나 좋은 일일텐데, 다윗은 여전히 애통하고 분노합니다. "하물며 악인이 의인을 그의 집 침상 위에서 죽인 것이겠느냐!"(11절).

다윗은 암살범 레갑과 바아나를 처형하고 시체를 매달아 경계를 삼습니다(12절). 자신이 수도로 삼은 헤브론에서 공개적으로 이스보셋을 애도한 것은 다윗의 순수한 성정에서 나왔겠지만, 정치적으로도 매우 슬기로운 행동이었습니다. 다윗은 수없이 많은 전쟁을 치르고 피를 흘렸지만 반칙과 배신을 미워했고 자신이 한 약속에 충실했습니다. 아브넬과 이스보셋의 죽음을 처리하는 과정은, 정적의 제거와 술수가 아닌 하나님의 섭리의 결과로서만 자신의 상승과 번영을 갖겠다는 다윗의 투철함과 긍지를 잘 보여줍니다.

적용하기
1. 당신이 어려워도 고집해 오고 있는 삶의 원칙은 어떤 것들이 있습니까?
2. 신앙 안에서 지혜의 역할과 한계는 무엇일까요?

오늘의 기도
하나님, 거친 세상에서 믿음의 원칙을 지키기가 참 어렵습니다. 오늘도 도와주셔서 주님의 사람으로 긍지를 갖고 주님이 기뻐하시는 모습으로 살아가게 하소서.

사무엘하 5:1-10

찬송가 347장

> 만군의 하나님 여호와께서 함께 계시니 다윗이 점점 강성하여 가니라
> _삼하 5:10

이스보셋을 애도하고 그 암살범들을 공개 처형한 다윗의 행보에 이스라엘 지파들의 마음이 움직였습니다. 사울 편에 있던 지파들이 모두 다윗 앞에 나아와서 말합니다. "보소서 우리는 왕의 한 골육이니이다 전에 곧 사울이 우리의 왕이 되었을 때에도 이스라엘을 거느려 출입하게 하신 분은 왕이시었고 여호와께서도 왕에게 말씀하시기를 네가 내 백성 이스라엘의 목자가 되며 네가 이스라엘의 주권자가 되리라 하셨나이다"(1-2절). 다윗이 사울의 왕권을 뺏은 것이 아니라 본래 하나님께서 다윗에게 주셨던 왕권을 사울이 찬탈하고 있었다는 역사인식의 고백이고 충성의 서약입니다.

이윽고 이스라엘 전체를 대표해 장로들이 모여 여호와 앞에서 언약을 맺고 즉위식을 갖습니다. 오래전 사무엘이 기름 부어 선포한 왕권이지만, 장로들이 붓는 기름은 또 다른 의미가 있지요. 다윗의 가슴이 어떠했을지 상상해 봅니다. 그 긴 광야의 시간 내내 그는 왕이었습니다. 왕이어야 했습니다. 그러나 그 왕권이 현실에서 작동하는 때가 이제야 온 것입니다. 그의 나이 삼십 세, 돌이켜보면 십대 후반과 이십대를 격랑 속에 떠나보냈습니다. 바닥에서 시작해 한 계단 한 계단 상승한 성공담이 아니라 처음부터 혜성같이 등장해 영광의 정점에 섰다 수렁으로 굴러 떨어진, 그리고는 상상하기 어려운 인고의 시간을 견뎌 다시 정상에 선 역전 스토리입니다.

세상에서는 역경을 이겨낸 사람에게 '골리앗을 이긴 다윗'이라 합

니다만, 정작 다윗의 인생을 생각해보면 '사울을 이긴 다윗'이 그의 인생을 더 잘 담아내는 표현이 아닐까 합니다. 본문은 다윗의 즉위식을 보도하고 곧바로 다음 프로젝트인 예루살렘 공성으로 넘어갑니다. 도시의 인프라와 축적된 네트워크는 곧 기득권을 뜻하기에 새 왕조가 새 수도를 세우는 것은 구 왕조의 질서를 대치하는 새 질서를 구축하는 방식이기도 합니다.

이스라엘 전체를 관장할 수도로 예루살렘을 눈여겨둔 다윗은 열두 지파 통합으로 한층 강해진 군대를 정비해 공략에 나섭니다. 당시 예루살렘은 여부스 족이 소유했던 땅이었습니다. 깊은 골짜기를 끼고 언덕 위에 자리한 천연 요새인 예루살렘 주민들은 다윗의 공격에도 코웃음을 쳤습니다. "네가 결코 이리로 들어오지 못하리라 맹인과 다리 저는 자라도 너를 물리치리라"(6절). 웃음은 오래 가지 못했습니다. "그들 생각에는 다윗이 이리로 들어오지 못하리라 함이나 다윗이 시온 산성을 빼앗았으니 이는 다윗 성이더라"(6-7절). 다윗의 이름으로 불리던 그 성은 이스라엘에게 찾아온, 그리고 영원히 있어야 할, 평화(샬롬)를 기원하는 예루살렘(예루샬라임)이 되었습니다. 다윗을 통해 이스라엘에게 평강이 온 것입니다. 다윗은 하나님이 함께 하시는 사람이었으니까요(10절).

적용하기
1. 나에게 적대적이었던 이들을 품어 한 팀을 만들고 합력해 보셨습니까? 그 일을 해내기 위해 무엇이 필요했습니까?
2. 당신이 승리의 순간을 누린 후 서둘러 착수해야 하는 일들은 무엇입니까?

오늘의 기도
하나님, 나에게도 다윗의 마음을 주셔서 약속하신 일이 이루어지기까지 믿음을 잃지 않고 인내하며 준비할 수 있는 지혜의 마음을 주옵소서.

사무엘하 5:11-25
찬송가 320장

다윗이 여호와께서 자기를 세우사 이스라엘 왕으로 삼으신 것과 그의 백성 이스라엘을 위하여 그 나라를 높이신 것을 알았더라_삼하 5:12

다윗이 시온 산성을 여부스족에게서 빼앗고 방호벽을 쌓으면서 그 성은 '다윗성'으로 불리게 됩니다. 수백 년간 외세의 공격을 물리쳐온 천연의 요새를 접수한 다윗의 명성은 높아져만 갔습니다. 새로운 맹주가 탄생한 것을 감지한 두로왕은 사절단과 건축 팀을 파송해 다윗에게 호의의 제스처를 보내고, 두로의 자랑거리인 백향목으로 다윗의 궁을 지어 줍니다. 다윗의 어깨에 힘이 들어갑니다. "다윗이 여호와께서 자기를 세우사 이스라엘의 왕으로 삼으신 것과 그의 백성 이스라엘을 위하여 그 나라를 높이신 것을 알았더라"(12절). 다윗의 상승을 알아본 이들이 또 있었습니다. 바로 블레셋입니다. 자신들 밑에서 일했던 다윗이 더 크기 전에 싹을 밟아야겠다 생각했던지 르바임 골짜기로 집결해 총공세를 펼칩니다(17-18절).

　다윗은 하나님께 여쭙니다. 하나님의 응답을 받고 싸우니 대승을 거듭합니다. 하나님께서 이스라엘보다 앞서 진군하시고 블레셋을 치셨으니 승리는 당연한 것이지요(24-25절). 블레셋인들이 우상을 버려두고 도주하자 다윗 일행이 치워 버렸습니다(21절). 하나님의 법궤는 블레셋 신전에 모셨지만, 블레셋의 우상은 쓰레기통으로 직행합니다! 사사기 시대를 지나며 늘 이스라엘을 괴롭혔던 블레셋이 마침내 지배력을 잃고 이스라엘 영토에서 온전히 쫓겨 나가는 통쾌한 순간입니다. 하나님께서 다윗을 높이시고 세상이 그를 알아주니 가슴이 시원한 상승의 경험이 이어집니다. 그래서 다윗은 처첩들을 더 들입니다(13절).

본문은 상당한 지면을 들여 다윗이 예루살렘에서 얻은 아들들을 소개합니다만 그것은 칭찬하기 위해서가 아닙니다. 처첩을 늘리는 것은 이스라엘 왕에게 걸맞지 않은 행동입니다. 이스라엘 백성들은 세상 왕들과 같은 왕을 원했지만, 하나님께서는 그들에게 세상 왕들과 다른 왕을 주시기 원했습니다. 일찍이 사무엘이 경고했던 것처럼 백성들의 것을 '취하고' 종으로 부리고 군림하는 왕, 왕과 왕실을 위해 재산을 축적하고 무기를 비축하고 힘을 과시하는 왕, 그리고, 처첩을 많이 두어 피붙이를 늘리는 왕은 이스라엘을 이스라엘답게 이끌 수 없기 때문입니다.

그동안 다윗은 하나님께 순종하며 사울의 박해를 견뎠습니다. 자신의 생명이 위협받는 하루하루를 살면서도 백성들의 곤고한 삶을 살피고 외적을 물리쳤습니다. 불쌍한 자들을 거두어 곁에 두며 '왕관 없는 왕'으로, 백성들에게서 빼앗기보다는 외적과 싸워 동족의 약자들에게 거둬주는 '베푸는 자'로 살아갔습니다. 마침내 사울이 권좌에서 밀려나고 다윗이 이스라엘의 왕위에 오른 것이 어제 같은데, 벌써 다윗도 많은 것을 '취하는 자'가 된 걸까요. 다윗과 이스라엘의 미래에 그림자를 깃들게 하는 전조가 보입니다.

적용하기
1. 누군가가 내 실력과 위치를 알아볼 때 우쭐했던 경험이 있습니까? 그러한 교류가 당신에게 어떤 결과를 초래했습니까?
2. 두로는 백향목 산지로만 아니라 바알 종교의 본산으로도 유명했습니다. 우리는 일상에서 어떻게 약과 독이 함께 주어지는 경험을 하게 됩니까? 그것에 대처하는 방법은 무엇일까요?

오늘의 기도
고마우신 주님, 나를 두신 사명의 자리를 영광의 권좌로 착각하지 않도록 분별력을 주소서.

사무엘하 6:1-15

찬송가 423장

다윗이 여호와 앞에서 힘을 다하여 춤을 추는데 그때에 다윗이 베 에봇을 입었더라_삼하 6:14

드디어 법궤가 바알레유다를 떠나 예루살렘으로 향하는 날입니다. 다윗은 무려 삼만 명의 이스라엘 백성을 대동하고 법궤를 영접하러 나갑니다. '그룹들 사이에 좌정하신 만군의 여호와의 이름으로 불리는' 법궤입니다. 하나님의 위엄을 강조하는 이 극존칭이 앞으로 전개될 상황의 엄중함을 짐작하게 해줍니다. 기대 가운데 시작된 행진이 비명과 함께 멈춥니다. 발단은 궤를 수레에 실은 것이었습니다. 모세의 율법에 의하면 법궤는 레위 지파 고핫 자손들이 어깨에 메어 운반해야 하는데(민 4:15), 지금 레위인이 아닌 아비나답의 두 아들 웃사와 아효가 법궤를 수레에 실어 끌고 나온 것입니다.

백성들이 각종 악기를 연주하며 따르는데, 수레가 덜컹거립니다. 나곤이라는 사람의 타작마당을 지나다가 소들이 갑자기 뛰어 수레가 흔들리자, 웃사가 손을 뻗어 하나님의 궤를 붙들고, 하나님의 징벌로 죽습니다. "여호와 하나님이 웃사가 잘못함으로 ... 치시니"(7절). 다윗은 충격을 받고 두려움에 사로잡혀 법궤를 예루살렘으로 옮기려던 계획을 취소하고 가드의 오벳에돔 집에 궤를 맡깁니다. 석 달이 지나는 동안 하나님께서 오벳에돔의 집에 큰 복을 내리시고 계신다는 보고를 듣고서야 기뻐하여 다시 궤를 옮깁니다.

이번에는 규정대로 궤를 어깨에 메고 출발합니다. 긴장 속에 여섯 걸음을 걸었습니다. 웃사의 사태가 반복되지 않을 것임을 안 다윗이 앞장서 제사를 드리고 하나님 앞에서 몸소 춤을 춥니다. 기쁨에 겨운 다윗의 춤사위는 이스라엘의 축제를 여는 신호가 되었습니다. "다윗과 온 이스라엘 족속이 즐거이 환호하며 나팔을 불고 여호와의 궤를 메어오니라"(15절). 지도자의 신앙과 가치판단은 공동체의 향방을 좌우합니다. "핵심은 경제라고, 바보야!"(It's the economy, stupid!)라는 1992년 선거구호로 승부수를 던진 빌 클린턴 대통령 후보는 임기 중 거듭해서 드러난 도덕적 흠결에도 불구하고 호황을 이끈 성공적인 대통령으로 평가받았습니다.

그러나 성경의 역사관은 다릅니다. 성경은 하나님의 말씀에 순종하고 이스라엘을 신앙으로 인도한 히스기야나 요시아 같은 이를 성공한 왕이라 부르고, 영토를 늘리고 부를 쌓아 백성들을 '잘 살게' 해 준 여로보암 2세나 므낫세 같은 왕은 실패한 왕으로 평가합니다. 다윗은 국력 증진과 신앙운동 모두에 공이 있지만, 성경이 칭찬한 다윗은 하나님과 가까운 사람, 시편의 저자와 예배 인도자라는 신앙의 모습이 압도적으로 강조되어 있습니다. 오늘 '여호와 앞에서 힘을 다하여 춤추는 다윗'은 그러한 다윗의 면모를 압축해 보여 주는 인생 샷과도 같습니다. 그러나 하나님이 보시는 다윗의 모습을 사람들이 다 좋아한 것은 아니었으니, 누군가는 다윗의 춤보다 그의 옷매무새를 눈여겨보고 있었습니다.

적용하기
1. 웃사의 경우처럼 하나님의 일을 한다지만 율법 혹은 윤리를 어기는 상황이 주변에도 있습니까?
2. 신앙의 기쁨을 '춤추는 다윗'처럼 표현해 본 경험이 있습니까? 그 느낌과 결과는 어땠습니까?

오늘의 기도
거룩하신 하나님, 주를 섬긴다는 명분으로 주님의 가르침에 불순종하는 일이 없게 하시고, 하나님을 가까이 하는 기쁨으로 힘껏 춤추는 순수한 믿음을 잃지 않게 하소서.

사무엘하 6:16-23
찬송가 27장

내가 이보다 더 낮아져서 스스로 천하게 보일지라도 네가 말한바 계집종에게는 내가 높임을 받으리라_삼하 6:22

다윗이 이끄는 이스라엘 백성들이 환호하며 법궤를 예루살렘으로 모셔 옵니다. 왕궁에 있던 왕비 미갈이 창으로 내려다보니 다윗이 뛰며 춤을 추는데 에봇 자락이 들리고 몸이 드러나 보이는 형편이었습니다. 왕의 체신에 맞지 않는 행동에 미갈이 눈썹을 찌푸립니다. "왕께서 친히 저렇게까지 할 것이 뭐람…." 미갈의 생각을 알 길 없는 다윗은 여전히 즐거워하며 궤를 모시고 입성해 미리 준비한 장막 가운데 궤를 안치합니다. 온 백성이 법궤를 둘러싼 가운데 다윗이 주도해 번제와 화목제를 여호와 앞에 드렸습니다. 감격의 순간입니다. 최고의 자재와 기술을 동원해 세상이 본 적 없는 멋진 성전을 지어드리는 것이 다윗의 소원이었지만, 그 꿈의 성취는 아들 솔로몬의 시대로 넘겨주어야 했습니다. 하나님의 뜻이 그러했기 때문입니다.

궤를 모신 장막 앞에 서서 생애 최고의 행복을 맛본 다윗은 나라잔치를 베풀고 온 백성에게 넉넉히 음식을 싸 보냅니다. 모두가 흐뭇해하며 집으로 돌아가고, 성소는 비었고 다윗은 침소로 들어갑니다. 남편을 맞으러 나온 미갈은 다윗에게 치하 아닌 면박을 줍니다. "이스라엘 왕이 오늘 어떻게 영화로우신지 방탕한 자가 염치 없이 자기의 몸을 드러내는 것처럼 오늘 그의 신복의 계집종의 눈앞에서 몸을 드러내셨도다"(20절). 본문의 흐름상 미갈은 온 국민이 기뻐 드리는 '법궤 안치 기념예배'에 동참하지 않았던 것으로 보입니다.

다윗을 사랑했던 미갈, 아버지와 남편 사이에서 마음이 찢어지는 고통을 경험했던 미갈, 아버지의 살의를 감지하고 기지를 발휘해 남편을 도피시키고, 망명 중인 남편을 그리워하며 아버지 사울의 눈칫밥을 먹던 미갈⋯ 그 아름다운 기억들이 무색하게 이날 미갈은 다윗과 분리되어 있었습니다. 사랑은 서로를 응시하는 것이 아니라 같은 방향을 바라보는 것이라 합니다. 미갈과 다윗은 서로 다른 방향을 바라보았고 다른 생각을 품었습니다. 하나님 앞에 몸이 드러나도록 춤춘 것이 다윗에게는 영광이었는데 미갈에게는 수치였으니, 그 거리감이 보는 이의 마음을 안타깝게 합니다.

남편이자 제왕인 다윗의 마음에 가장 소중한 것을 무시해 버린 그녀에게 돌아온 것은 다윗의 무시와 절교 선언이었습니다. "이는 여호와 앞에서 한 것이니라 그가 네 아버지와 그의 온 집을 버리시고 나를 택하사 나를 여호와의 백성 이스라엘의 주권자로 삼으셨으니 내가 여호와 앞에서 뛰놀리라 내가 이보다 더 낮아져서 스스로 천하게 보일지라도 네가 말한바 계집종에게는 내가 높임을 받으리라"(21-22절). 다윗이 사울을 '네 아버지'로 부른 그 날 이후 미갈은 영영 자식을 갖지 못했습니다. 그 행간에 담긴 쓰라림과 외로움을 독자는 짐작해 볼 뿐⋯.

적용하기
1. 상대에게 소중한 것을 무시하지 않는 배려심을 어떻게 키워갈 수 있을까요?
2. 사랑하는 이와 '같은 곳을 바라보기' 위해 어떤 노력을 하고 있습니까?

오늘의 기도
오 주님, 내 마음의 편협함을 불쌍히 여기셔서, 내 사랑하는 이들의 기쁨과 슬픔을 공유하고 멍에를 함께 메며 같은 곳을 바라볼 수 있도록 마음의 눈을 열어 주소서.

사무엘하 7:1-17
찬송가 410장

그는 내 이름을 위하여 집을 건축할 것이요 나는 그의 나라 왕위를 영원히 견고하게 하리라_7:13

식구들이든 친구든 좋은 관계를 유지하려면 피차 마음을 기울여 배려하는 노력이 있어야 합니다. 오늘 본문은 대단히 아름다운 방식으로 하나님과 인간 사이의 교감을 보여 줍니다. "여호와께서 주위의 모든 원수를 무찌르사 왕으로 궁에 평안히 살게 하신 때에"(1절). 어린 나이에 전쟁터에 들어가 원치 않는 싸움을 수없이 해온 사람이 다윗입니다. 자기 수하의 사람들을 거둬 살리기 위해, 이스라엘 백성들을 보호하기 위해, 이스라엘에게 약속해 주셨지만 조상들이 가져오지 못했던 땅을 접수하기 위해 인생을 바친 다윗을 위해 하나님께서 이제 평안을 주십니다.

이에 응답이라도 하듯 다윗이 선지자 나단에게 말합니다. "나는 백향목으로 지은 궁전에서 지내는데 하나님께는 집을 못 지어드려 마음이 아프다…" 나단이 격려합니다. "여호와께서 주군과 함께하시니 심중에 있는 대로 하시지요." 하나님께서 다윗과 함께하시는 만큼 다윗도 하나님 곁에 붙어 있습니다. 그 마음이 하나님의 마음을 읽고 반응하는 것이지요. 과연 그 밤에 하나님께서 오셔서 나단에게 메시지를 부탁하십니다. "출애굽 할 때부터 오늘까지 나는 한 번도 이동식 거처에 불평한 적이 없다. 내게 집을 지어주느라 마음을 쓰니 고맙다만, 집은 내가 너를 위해 지어주마"(11절).

하나님께서 다윗에게 주신 말씀의 깊은 의중은 나중에야 분명히 드러납니다. 하나님께서 다윗에게 지어주시는 집은 저택과 궁전이 아니라 다윗을 시조로 하고 그 명성을 이어갈 왕조였습니다. 그 왕조는 창성하고 빛날 것입니다. "내가 너를 목장 곧 양을 따르는 데에서 데려다가 내 백성 이스라엘의 주권자로 삼고 내가 가는 모든 곳에서 내가 너와 함께 있어 네 모든 원수를 네 앞에서 멸하였은즉 땅에서 위대한 자들의 이름같이 네 이름을 위대하게 만들어 주리라"(8-9절). 자식의 효도에 부모의 마음이 녹듯, 주시고 싶은 것이 많았던 하나님께서는 다윗의 당대를 넘어 아들 솔로몬을 후계자로 지명하시고 그가 당신의 집을 건축하리라 정해주셨습니다.

솔로몬과 하나님 간의 교감은 부자관계와도 같습니다. "나는 그에게 아버지가 되고 그는 내게 아들이 되리니"(14절). 고대근동에서 신전을 세우면 그 신은 신전을 짓는 자를 아들로, 자신을 어버이로 선포하는 관례가 있었습니다만, 본문에서의 부자관계는 그런 형식 이상의 따스함을 느끼게 해줍니다. 아버지가 아들에게 하듯 범죄를 징계하시지만 그에게 베푸신 은총을 거두는 일은 없을 것입니다(14-15절). 솔로몬이란 이름이 '그의 평화'를 뜻한다는 것이 얼마나 풍성한 의미를 갖는지요. 우리가 하나님을 '아바 아버지'라 부를 수 있다는 것이 얼마나 특별한 은혜인지를 깨달은 자에게 복이 있으리!

적용하기
1. 하나님께 드렸더니 더 주시더라는 소소한 경험들을 나눠 주십시오.
2. 우리가 죄 짓고 벌을 받긴 하지만 하나님 안에서 구원의 확신과 안도감을 놓칠 수 없다는 것을 어떻게 설명하고 계십니까?

오늘의 기도
우리가 주님께 드리는 것과는 비교할 수 없이 크신 주의 사랑을 감사 또 감사 드립니다. 주님을 향한 우리 마음이 식지 않도록 날마다 주를 의지하게 도와주소서.

사무엘하 7:18-29
찬송가 369장

주 여호와는 주의 종을 아시오니 다윗이 다시 주께
무슨 말씀을 하오리이까_삼하 7:20

다윗의 기도는 나단의 예언에 대한 응답이자 자신의 삶을 반추하는 고백입니다. "주 여호와여 나는 누구이오며 내 집은 무엇이기에 나를 여기까지 이르게 하셨나이까"(18절). 다시 옮겨 보자면 "주 여호와여 저같은 것이 뭐라고 이렇게 선대하십니까?"입니다. 이 문구에 다윗의 자기이해가 고스란히 녹아 있습니다. "내가 누구기에… 내가 누구기에 구원해 주셨나요. 내가 누구기에 사랑하는 가족을 주셨나요. 내가 누구기에 소중한 공동체와 존귀한 사명을 주셨나요. 내가 누구기에 날마다 도우시고 채워 주시나요, 주님!" 은혜를 아는 사람의 고백입니다. 이런 고백을 마음속에서 길어내는 사람은 복됩니다.

대단한 성취를 이루고도 겸손한 사람들은, 자기보다도 더 탁월한 이들을 의식하며 살아서 자기를 대단한 존재로 생각하지 않기에 그럴 수 있다 합니다. 하나님을 향해 고개를 들고 주님의 얼굴에 눈을 고정한 사람이 노래하는 주제곡이 "저같은 것이 뭐라고"인 것입니다. 결점이 많고 큰 죄를 지었어도 다윗이 하나님의 사랑을 입은 이유는 그가 늘 눈을 들어 주님을 바라보고 자신의 악함을 고백한 데 있습니다. 다윗의 기도는 또한 하나님을 높이는 찬가입니다. "주는 위대하시니 이는 우리 귀로 들은 대로는 주와 같은 이가 없고 주 외에는 신이 없음이니이다"(22절).

이제 다윗은 개인 다윗을 넘어 이스라엘의 왕으로서 찬양을 드리고 있습니다. 이스라엘을 구속하시고 인도하시며 수많은 적들 앞에서 위용을 드러내신 영광의 주를 높이고, 하나님의 선민으로서 이스라엘의 영광을 노래합니다. "땅의 어느 한 나라가 주의 백성 이스라엘과 같으리이까 … 주께서 주의 백성 이스라엘을 세우사 영원히 주의 백성으로 삼으셨사오니 여호와여 주께서 그들의 하나님이 되셨나이다"(23-24절). 하나님 백성으로서의 자의식이 깨어나니 하나님을 노래하고, 그분의 신실하심을 묵상하니 그 신실하심에 근거해 다윗 왕조와 이스라엘의 복을 비는 청원으로 자연스럽게 이어집니다. "여호와 하나님이여 이제 주의 종과 종의 집에 대하여 말씀하신 것을 영원히 세우셨사오며 말씀하신 대로 행하사… 주의 종 다윗의 집이 주 앞에 견고하게 하옵소서"(25-26절).

우리 자신의 필요를 아뢰는 것은 저급한 기도가 아닙니다. 하나님 아버지께서 자녀 된 우리의 행복을 원하시기 때문에도 그렇지만, 우리가 하나님의 뜻을 이루는 도구이기에 더욱 그러합니다. 하나님께서 나단을 통해 주신 약속을 되새기며 드리는 다윗의 기도는 매일의 필요를 주께 간구하는 우리에게 좋은 모범을 제시해 줍니다. "이제 청하건대 종의 집에 복을 주사 주 앞에 영원히 있게 하옵소서 주 여호와께서 말씀하셨사오니 주의 종의 집이 영원히 복을 받게 하옵소서"(29절).

적용하기
1. 구원의 감격과 부르심의 영광에 감격해 기도해 본 경험을 나눠 주십시오.
2. 일상의 필요를 하나님께 간구하는 일에 익숙하신지요? 이 면에서 당신의 기도생활은 진전하고 있습니까?

오늘의 기도
우리를 자녀 삼으시고 "아바, 아버지"라 기도할 수 있는 자격을 주신 하나님, 감사합니다. 매일의 필요를 따라 간구할 때 감격과 담대함을 갖고 기도하게 하소서.

사무엘하 8:1-18

찬송가 488장

다윗이 어디로 가든지 여호와께서 이기게 하셨더라
_삼하 8:14

하나님의 약속을 되새기고 감격의 기도를 드린 다윗은 주변 나라들의 정벌에 나서 연전연승을 거둡니다. 상대는 이전부터 이스라엘을 괴롭혀 왔던 강적들입니다. 특별히 당대 인접 지역의 맹주로 이스라엘을 사실상 속국으로 삼아왔던 블레셋은 다윗이 도피 시절 부하들로 용병부대를 꾸려 눈칫밥을 먹으며 지냈던 나라이기도 합니다. 그 블레셋을 다윗이 이제 무릎을 꿇게 한 것입니다. 탄력을 받은 다윗은 원수 모압을 응징해 속국으로 삼고, 유프라테스강 연안 정벌에 나선 소바 군대의 허리를 끊어 보급품을 징벌합니다. 소식을 듣고 달려온 동맹국 아람 군대 역시 물리치고 다메섹에 주둔기지를 두고 조공을 바치게 합니다.

지리멸렬하던 이스라엘이 다윗 휘하에서 거둔 이 눈부신 승리들을 설명할 방법은 단 한 가지입니다. "다윗이 어디로 가든지 여호와께서 이기게 하시니라"(6절). 우리 중에 이 문장 속 다윗의 자리에 자기 이름을 넣고 싶지 않은 사람이 있을까요. 살다 보면 하나님께서 우리 실력으로 이길 수 없는 싸움으로 내모실 때가 있습니다. 그때 우리는 하나님께서 이기게 해 주실 줄 믿고 나아갈 수밖에 없습니다. 다윗은 골리앗과 싸울 때 이 '거룩한 싸움'의 작동방식을 익혔습니다. 그는 이번에도 하나님께서 명하시는 상대와 싸웠고, 하나님께서는 그에게 능력을 부어 주셔서 이기게 하셨습니다. 신자에게 주어진 크나큰 특권이 이것입니다.

우리는 우리 힘만으로 살아남고 성공하라는 명령을 받지 않았습니다. 우리는 하나님 안에 있고 하나님의 뜻에 따라 살라는 명령을 받았습니다. 이것을 확실히 하면 우리도 다윗처럼 승리하는 인생을 살 수 있습니다. 열거하기에도 숨찬 정복전들을 성공리에 마친 다윗은 부하들을 불러 공직에 세웁니다. "정의와 공의를 행하다"는 표현은 각자의 몫을 공정하게 나누는 논공행상을 가리킵니다. 오랜 세월 다윗의 곁을 지키고 충성한 이들이 요직을 얻고 왕자들도 내각에 포진하게 됩니다. 광야를 떠돌아다니던 무리가 이제 당당한 정규 국가의 지도자들이 되었고, 자신들의 오랜 노고가 보답을 받는 것은 물론, 하나님의 약속이 이루어지는 것을 확인하고 왕조가 견고히 세워지는 현장의 증인이 되는 감격을 누렸습니다.

왕을 모시는 것은 힘겨운 일입니다. 부당한 찬탈자가 왕 노릇 하는 세상에서 참된 왕을 모시려면 더더욱 그렇습니다. 그러나 결국은 가짜가 밀려나고 진짜 왕이 보좌에 오르는 날이 옵니다. 그날에 충신들의 이름이 호명되고 영광스러운 직위가 수여될 것입니다…. 우리가 그런 사람들입니다. 그리스도께서 다시 오시는 날 그분은 '모든 백성에게 정의와 공의를 행하실' 것입니다. 주께서 영광의 보좌에 앉으실 때 칭찬받을 소망을 가졌다는 것은 얼마나 감사한 일인지요.

적용하기
1. 오랜 인내와 수고 끝에 하나님의 상급을 받은 경험이 있으십니까?
2. 하나님의 보상을 믿는 것이 우리 신앙생활에 어떤 영향을 주고 있습니까?

오늘의 기도
우리의 상급이 되시는 하나님, 우리에게 영적 안목과 믿음을 주셔서 영속하지 않을 것에 대한 집착을 버리고 영원한 나라의 상급을 알고 사모하며 살게 하소서.

사무엘하 9:1-13
찬송가 429장

내가 반드시 네 아버지 요나단으로 말미암아 네게 은총을 베풀리라
_삼하 9:7

공신들에게 상을 내린 다윗은 이제 사울의 집안을 살핍니다. "사울의 집에 아직도 남은 사람이 있느냐"(1절). 얼핏 사울 집안의 잔여 세력을 찾아 없애겠다는 의도로 읽힐 수 있는 말입니다. 그러나 다윗의 의도는 정반대였습니다. "내가 요나단으로 말미암아 그 사람에게 은총을 베풀리라." 요나단을 향한 깊은 사랑과 부채의식에서 나온 생각이기도 하지만 다윗은 실제로 요나단의 집안을 돌봐주기로 언약을 맺었기에 이제 그 언약을 지키려 행동을 취한 것입니다. 부하들이 사울의 집안을 돌봤던 집사 시바를 불러들이고, 왕은 시바에게 물어 요나단의 아들 므비보셋을 왕궁으로 데려옵니다.

므비보셋은 사울과 요나단이 블레셋과의 전투에서 전사했다는 소식에 왕족들이 급히 왕궁을 탈출할 때 유모의 실수로 땅에 떨어져 두 다리를 절게 된 불운한 사람이었습니다(삼하 4:4). 다윗에게 불려온 므비보셋이 떨었던가 봅니다. 다윗의 첫 인사가 "무서워하지 말라"였으니 말입니다. 이어지는 다윗의 말은 므비보셋의 두려움을 감격으로 바꾸어 놓았습니다. "다윗이 그에게 이르되 내가 반드시 네 아버지 요나단으로 말미암아 네게 은총을 베풀리라 내가 네 할아버지 사울의 모든 밭을 다 네게 도로 주겠고 또 너는 항상 내 상에서 떡을 먹을지니라 하니 그가 절하여 이르되 이 종이 무엇이기에 왕께서 죽은 개 같은 나를 돌아보시나이까 하니라"(7-8절).

사울 세력과 오랜 다툼을 거쳐 나라를 통합한 이 시점에서 사울의

재산은 이미 원천적으로 몰수되어 있었으리라 짐작됩니다. 정적의 후손에게 영지를 돌려주어 생계를 보장하고 왕자들과 함께 왕실에서 식사를 하게 한 것은 어떤 기준에 비추어도 파격적인 조치입니다. 자신의 약조를 잊지 않고 내정이 안정되고 논공행상이 끝나자마자 요나단의 후손을 돌본 것은 하나님의 성품인 헤세드 즉 신의를 실천한 것입니다.

스스로 한 약속이어도 형편이 바뀌면 지키기 어려운 것이 인생사입니다. 살다 보면 약속을 지킬 의사가 있기나 했는지 의심이 가는 거짓된 사람을 만나기도 합니다. 다윗이 훗날 우리아의 아내를 뺏고 그를 죽음으로 몰아넣는 극악한 죄를 저지른 것은 사실이지만(삼하 11장), 그 인격의 중심에는 하나님을 두려워하고 말씀에 순종하며 언약을 지키는 신실성이 있었습니다. 다윗이 지은 시편 15편은 성도의 특징을 이렇게 묘사합니다. "정직하게 행하며 공의를 실천하며 그의 마음에 진실을 말하며 그의 혀로 남을 허물하지 아니하고 그의 이웃에게 악을 행하지 아니하며 그의 이웃을 비방하지 아니하며 그의 눈은 망령된 자를 멸시하며 여호와를 두려워하는 자들을 존대하며 그의 마음에 서원한 것은 해로울지라도 변하지 아니하며"(시 15:2-4).

적용하기

1. 살면서 지키기 어려웠지만 힘들게 지켜낸 약속이 있다면 어떤 것들입니까?
2. 내 형편에 따라 잊기 쉬운 것들을 기억하기 위해 할 수 있는 일들은 무엇일까요?

오늘의 기도

신실하신 하나님, 받은 은혜 갚을 호의를 쉬이 잊어버리는 우리들입니다. 주님 마음을 우리에게 주셔서 감사할 일을 기억하며 돌봐야 할 사람을 살필 수 있게 하옵소서.

사무엘하 10:1-19
찬송가 401장

너는 담대하라 우리가 우리 백성과 우리 하나님의 성읍들을 위하여 담대히 하자_삼하 10:12

암몬 왕 나하스가 죽고 아들이 뒤를 이었습니다. 과거 나하스에게 신세진 적이 있던 다윗은 암몬에 조문단을 보냅니다. 암몬 관리들이 그들에게 스파이 혐의를 씌워 수염 절반을 밀어버리고 문상을 위해 갖춰 입은 예복을 가위질해 핫팬츠 꼴로 만드는 모욕을 가해 내쫓습니다. 선의를 악행으로 갚은 암몬 인들을 다윗이 손봐주려 하기도 전에 도둑이 제 발 저린다고 암몬인들이 먼저 용병 삼만 삼천 명을 고용합니다. 다윗은 병력이 집결한다는 정보를 입수하고 요압을 앞세워 전 병력을 출동시킵니다. 상대의 병력 운용을 살펴 본 요압은 정예군을 아람 군에 맞서 배치하고 암몬 군 방향에는 동생 아비새 예하의 병력을 내보냅니다.

요압의 지시는 단순했습니다. "만일 아람 사람이 나보다 강하면 네가 나를 돕고 만일 암몬 자손이 너보다 강하면 내가 가서 너를 도우리라 너는 담대하라 우리가 우리 백성과 우리 하나님의 성읍들을 위하여 담대히 하자 여호와께서 선히 여기시는 대로 행하시기를 원하노라"(11-12절). '형제는 용감했다'고 할 수도 있지만, 뒤집어 말하면 아람도 강하고 암몬도 강하면 피차 도울 길 없이 패배할 수밖에 없다는 이야기입니다. 천하의 강골 요압이 "조국을 위해 용기를 내자. 하나님의 뜻이 있기를…"이라고 비장하게 말한 걸 보면 객관적으로 승산이 적어 보였던 듯합니다. 하지만 막상 뚜껑을 열어보니 결과는 일방적 승리였습니다.

아람 군은 요압 군의 돌격에 질려 도주하고 암몬 군 역시 아비새 병력에 쫓겨 후퇴해 자신들의 성을 닫아걸었습니다. 퇴각하던 아람 군의 요청으로 '강 건너 쪽'에서부터 달려온 원군이 합류하자 다윗은 그들의 집결지에 이스라엘 병력을 총동원해 격파합니다. 사령관은 전사하고, 병력 사만 명을 잃고 병거 칠백 대를 탈취당하는 큰 손실을 입은 아람 군은 다윗의 위엄을 실감했습니다. 앞서 반복되던 문구 "다윗이 어디로 가든지 여호와께서 이기게 하시니라"가 다시 한 번 낭송될 만한 자리입니다.

다윗은 이 전쟁을 계획은커녕 예상조차 하지 않았습니다. 충돌할 이유가 없는 상황에서 하눈이 굳이 아버지의 손님을 모욕하고 상승 일로에 있는 이스라엘을 자극하는 어리석은 선택을 한 것은 다윗의 선의를 짐작할 수 없던 신하들의 말을 맹신했기 때문입니다. 자기 속이 저열하니 남들 역시 그런 줄로 안 것일까요? 결국 암몬은 상대를 저평가한 대가를 혹독하게 치렀습니다. 하눈의 경솔함은 다윗의 정중한 요구에 불필요한 모욕으로 응대했다가 온 가족을 위기에 빠뜨리고 자신은 충격으로 죽은 나발의 어리석음을 떠올리게 합니다(삼상 25장). 개인이나 사업체나 국가나 마찬가지입니다. 경솔하게 상대의 선의를 왜곡하고 모독하는 것은 제 무덤을 파는 행동입니다.

적용하기
1. 이유 없이 나에게 적대적인 사람은 어떻게 다루어야 할까요?
2. 승산이 적지만 싸우지 않을 수 없는 상황을 경험하셨습니까? 어떻게 그 싸움을 치르셨나요?

오늘의 기도
사람의 속마음을 아시는 주님, 내 마음이 탁하고 어리석어 남들의 선의와 진심을 곡해하지 않도록 고쳐 주시고, 주의 도우심을 입어 날마다 성숙하게 허락하소서.

사무엘하 11:1-13
찬송가 360장

다윗이 요압에게 기별하여 헷 사람 우리아를 내게 보내라 하매
_삼하 11:6

이스라엘이 전쟁에 나설 주기가 왔습니다. 여전히 용맹스런 요압은 암몬과 랍바를 공략하고 다윗은 후방에 머물러 있습니다. 그의 눈에 아름다운 여인의 자태가 들어왔습니다. 다윗이 행동을 취합니다. "다윗이 사람을 보내 그 여인을 알아보게 하였더니"(3절). 알아보면 안 될 일이었습니다. 호기심을 갖고, 상상하고, 상상을 실현하려는 의지를 끌어올리면 죄는 우리 속에서 힘을 발휘하기 시작합니다. 아담 이래 우리의 문제는 같은 뿌리에서 나왔습니다. "세상에 있는 모든 것이 육신의 정욕과 안목의 정욕과 이생의 자랑이니 다 아버지께로부터 온 것이 아니요 세상으로부터 온 것이라 이 세상도, 그 정욕도 지나가되 오직 하나님의 뜻을 행하는 자는 영원히 거하느니라"(요일 2:16-17).

지나가 버릴 정욕인 것을…. 다윗은 기다리지 못했고 보내 버리지 못했습니다. 여인이 누구인지 알아내고 다시 사람을 보내 여인을 궁에 들이고 그녀와 동침합니다. 욕구를 채우고 여인을 돌려보냈지만, 임신이라는 난감한 소식이 돌아왔습니다. 그 이후 일어난 일은 인간이 얼마나 교활하고 잔인하고, 그리고 누추해질 수 있는지를 적나라하게 보여 주는 역사로 남았습니다. 다윗은 그 여인의 남편을 호출해 특별휴가를 내립니다. 집으로 돌아가 부인과 좋은 시간을 가지라며 왕실의 상차림을 하사해 집으로 보냅니다. 아침에 확인해보니 우리아는 아내가 아닌 병사들과 시간을 보냈습니다. 다윗의 잔꾀가 효험을 보지 못했습니다.

다윗은 포기하지 않습니다. 우리아를 하루 더 자기 궁에 두고 만취하게 합니다. 우리아가 집으로 돌아갑니다. 다윗의 얼굴에 화색이 돌았을 것입니다. "이제는 계획대로 되겠구나. 술에는 장사가 없지…." 그런데 우리아는 달랐습니다. 취해서 나갔는데 부인이 아니라 다시 부하들에게 갑니다. 그의 충성심과 책임감은 인격의 심층부에 자리잡았던 것입니다. 음주 운전, 취중 폭언, 폭행 등 술과 관련된 범죄를 놓고 사회적 논란이 많습니다만, 사람은 술김에 이상한 짓을 하는 게 아니라 술김에 속내가 나오는 법이지요. 술 취해서 보이는 모습이 진짜 그 사람입니다. 우리아는 참 군인, 참 애국자입니다. 헷 족속인데도 말입니다.

이방인 출신 우리아의 흠결 없는 정신과 행동은 순도 백 퍼센트 유대인인 다윗을, 그리고 우리를, 부끄럽게 합니다. 그 밤의 선택으로 인해 우리아에게 닥칠 일을 알아챈 독자라면 이 사람의 고결하고 우직한 모습을 보며 가슴이 아프지 않을 수 없습니다. 올바른 생각과 노력이 성공이나 행복을 보장하지 못하지만 어쩌겠습니까? 옳은 일은 옳고, 그른 일은 그른 것입니다. 우리의 선택이 불러올 결과와 상관없이, 옳은 일을 선택한 사람은, 아니 그런 사람만이, 잠을 편히 자고 눈을 편히 감을 수 있습니다.

적용하기
1. 우리아의 처지를 보며 격하게 공감되는 개인적 경험이 있으신가요?
2. 본문에 그려진 다윗의 모습에서 본받을 점 혹은 피해야 할 점은 무엇입니까?

오늘의 기도
나의 반석과 요새가 되신 아버지, 세상의 격랑이 무서워 보여도 천지를 지으시고 다스리시는 주님의 섭리를 믿고 선한 싸움을 싸워 이기게 하소서.

사무엘하 11:14-27
찬송가 274장

다윗이 행한 그 일이 여호와 보시기에 악하였더라
_삼하 11:27

밤이 지나갔습니다. 아마도 우리아가 지상에서 보낸 마지막 밤이었을 것입니다. 다윗에게도 마지막 밤이었습니다. 최소한의 양심과 회개의 기회가 아직 있었던 마지막 밤 말입니다. 남편이 집에 돌아오리라 왕실로부터 통보받았을 밧세바에게는 그날 밤이 어떤 밤이었을까요? 시간은 무심히 흐르고 사건은 진행됩니다. 다윗은 야전사령관 요압에게 편지를 써서 우리아에게 들려 보냅니다. 그 내용은 온전히 인용할 가치가 있습니다. "너희가 우리아를 맹렬한 싸움에 앞세워 두고 너희는 뒤로 물러가서 그로 맞아 죽게 하라"(15절).

이런 야비한 내용을 지면에 옮기다니! 그 글을 피해자 손에 들려 보내다니! 놀라울 뿐입니다. 욕망에 눈이 멀자 부하들과 백성들을 아끼던 다윗은 오간 데 없고, 비열하고 잔인한 권력자만 우리 눈앞에 있습니다. 안타깝게도 다윗은 더 이상 고민하지 않아 보입니다. 편지를 보냈고, 요압은 알아듣고, 우리아는 죽습니다. 몇 사람의 동료도 함께, 명분도 실리도 없는 사악한 '작전'의 부산물로 생명을 빼앗겼습니다. 우리아를 불러 전장의 형편을 묻고 위로하는 다윗의 위장된 다정함(7-8절), 왕 앞에서의 보고 요령을 전령에게 숙지시키는 요압의 건조한 태도(19-21절), 보고를 들은 다윗의 근엄한 훈계에드러난 인간의 거짓됨은(25절) 우리를 잠시 낙담하게 만듭니다. 이렇게 해서 다윗의 악행이 덮였다면 말입니다.

그러나 진실은 가둘 수 없습니다. 요압이 알고 전령이 알고, 밧세바와 다윗 당사자들이 압니다. 무엇보다도, 하나님께서 아십니다. 아무도 다윗의 악행을 막지 못했고 하나님도 다윗을 그저 내버려두신 듯 보이지만, "다윗이 행한 그 일이 여호와 보시기에 악하였더라"라는 문장은 무력한 사후평론이 아닙니다(27절). 그것은 하나님께서 인간의 행동뿐 아니라 내면의 동기도 살피고 계시며, 우리가 의식하든 않든 하나님 아버지의 불꽃 같은 눈을 피할 수는 없다고 알려주는 강력한 선언인 셈이지요.

다윗의 시로 알려진 시편 139편은 이렇게 노래합니다. "여호와여 주께서 나를 살펴보셨으므로 나를 아시나이다 / 주께서 내가 앉고 일어섬을 아시고 멀리서도 나의 생각을 밝히 아시오며 / 나의 모든 길과 내가 눕는 것을 살펴보셨으므로 나의 모든 행위를 익히 아시오니… 내가 주의 영을 떠나 어디로 가며 주의 앞에서 어디로 피하리이까 / 내가 하늘에 올라갈지라도 거기 계시며 스올에 내 자리를 펼지라도 거기 계시니이다… 하나님이여 나를 살피사 내 마음을 아시며 나를 시험하사 내 뜻을 아옵소서 / 내게 무슨 악한 행위가 있나 보시고 나를 영원한 길로 인도하소서"(시 139:1-4, 7-8, 23-24). 다윗은 언제, 무슨 일을 겪고 이 시를 썼을까요.

적용하기
1. 자신의 악을 덮으려는 인간의 집요함에 경악해 보셨습니까? 나는 어떠합니까?
2. 개인들을 죄로 끌어들이는 악한 시스템(조직, 제도, 집단)을 실체적으로 경험하고 계십니까? 우리는 어떤 방식으로 그것과 싸워야 할까요?

오늘의 기도
거룩하신 하나님, 나는 사악하고 누추한 죄인입니다. 나의 죄를 은폐하기 위해 필요하면 남을 해칠 수 있는 인간이오니 꾸짖고 고치사 바른 길을 가게 하소서.

사무엘하 12:1-15

찬송가 420장

> 너는 은밀히 행하였으나 나는 온 이스라엘 앞에서 백주에
> 이 일을 행하리라 하셨나이다_삼하 12:12

밧세바는 우리아를 위해 애도한 뒤 다윗의 왕비가 됩니다. 시간은 무심히 흘러 왕자가 태어납니다. 그렇게 사건은 마무리되고 모든 일은 잊혀가는 듯했습니다. 그러나 하나님은 잊지 않으십니다. 나단이 다윗을 찾아왔습니다. 어느 마을에 사는 부자와 가난한 이 사이에 있었던 일을 들려줍니다. 소와 양이 헤아리기 어려울 만치 많은 부자가, 가난한 이가 딸같이 사랑하던 단 한 마리 새끼 양을 빼앗아 손님을 대접했다는 이야기입니다. 다윗은 분노했습니다. 저런 죽일 놈, 내가 다스리는 이 나라에 그 따위로 사는 악당이 있단 말인가!

다윗은 그 사람을 정죄합니다. "여호와의 살아 계심을 두고 맹세하노니 이 일을 행한 그 사람은 마땅히 죽을 자라 그가 불쌍히 여기지 아니하고 이런 일을 행하였으니 그 양 새끼를 네 배나 갚아 주어야 하리라"(5-6절). 여호와의 살아 계심을 두고… 맞습니다. 하나님은 살아 계셨습니다. 그 사람은 마땅히 죽을 자라… 옳습니다. 다윗은 죽을 죄를 졌습니다. 나단이 선언합니다. "당신이 그 사람이라"(7절). 모든 것이 멈추고 침묵하는 순간입니다. 꾸짖음이 이어집니다. "어찌하여 네가 여호와의 말씀을 업신여기고 나 보기에 악을 행하였느냐"(9절). 다윗이 시인합니다. "내가 여호와께 죄를 범하였노라"(13절).

다윗이 밧세바에게, 우리아와 그 가족들에게, 부하들과 온 이스라엘 백성에게는 죄지은 바가 없다고 말하는 것은 아닙니다. 지극히 개

인적인 죄라 해도 모든 죄는 타인을 해칩니다. 더군다나 이번처럼 대담하고 노골적으로 충신의 아내를 빼앗고 생명마저 앗아간 범죄야 더 말할 필요가 없겠지요. 다윗은 다만 자신의 죄가 근본적으로 하나님과 멀어진 데서 연유했고, 자신의 죄가 궁극적으로 하나님께 누를 끼치는 행동임을 고백한 것입니다. 나단의 즉답 역시 그 점을 짚어 줍니다. "여호와께서도 당신의 죄를 사하셨나니." 죄를 회개하면 사함을 받습니다. 그러나 죄의 결과는 남습니다. 다윗의 집안에 칼이 떠나지 않겠고(10절), 반란을 당해 다윗의 아내를 빼앗길 것이며(11절), 이 범죄로 태어난 아이는 죽게 될 것입니다(14절).

그리고 이 모든 일들은 만천하에 공개될 것입니다. "너는 은밀히 행하였으나 나는 온 이스라엘 앞에서 백주에 이 일을 행하리라"(12절). 다윗은 왕위를 지켰지만 품위는 잃었습니다. 자신의 죄성을 성찰하는 고통, 하나님으로부터 멀어진 영혼의 아픔을 다윗은 시편 51편에 이렇게 기록했습니다. "주의 얼굴을 내 죄에서 돌이키시고 내 모든 죄악을 지워 주소서 / 나를 주 앞에서 쫓아내지 마시며 주의 성령을 내게서 거두지 마소서"(시 51:9, 11).

적용하기
1. 죄를 짓고도 직면하기를 싫어하는 상태에서 어떻게 벗어날 수 있습니까?
2. 예언자의 시대가 아닌 오늘날, 당신의 삶에 나단의 역할을 하는 이는 누구입니까?

오늘의 기도
우리의 크고 작은 죄악은 거룩하신 하나님을 멸시하는 일임을 기억하게 하시고, 주를 경외하는 마음이 우리를 떠나지 않도록 말씀과 기도에 붙들리게 하소서.

사무엘하 12:15-23
찬송가 550장

혹시 여호와께서 나를 불쌍히 여기사 아이를 살려 주실는지 누가 알까
_삼하 12:22

나단이 떠나자 예언이 응하기 시작합니다. "우리아의 아내가 다윗에게 낳은 아이를 여호와께서 치시매 심히 앓는지라"(15절). 왕비도 아니고 밧세바도 아닌 '우리아의 아내'가 낳은 아이라니요. 성경기자의 매서운 필치 뒤에 있는 하나님의 엄중함에 등골이 서늘해집니다. 아이가 아픕니다. 애가 무슨 죄가 있습니까? 다윗도 밧세바도 아픕니다. 아이의 생명을 거두시는 하나님 역시 마음이 아프십니다. 죄는 그런 것입니다. 한 사람의 잘못으로 여럿이 고통당하는 것, 잠시 동안 웃음을 주고 오랫동안 눈물을 흘리게 하는 것이 죄의 셈법이요 악마의 거래방식입니다. 이 사실을 잊는 사람은 언젠가 오늘 다윗의 처지를 경험할 것입니다.

본문은 아이의 죽음을 우연이나 불행으로 치부하지 않고 명확하게 하나님에게로 귀책합니다. "여호와께서 치시매." 우리는 하나님께서 때로 우리에게 질병, 재난, 사고 등의 불행을 주신다는 사실을 회피할 수 없습니다. 따라서 하나님의 섭리를 믿는 성도가 불행에 대해 하나님께 호소하는 것은 신앙 안에서 정당한 일입니다. 물론 세상만사 팔자소관 식의 숙명론은 성경적 세계관과 맞지 않습니다만, 우리에게 닥쳐오는 일들을 하나님과 무관하게 인간의 손으로 모두 해결하려는 만용도 틀렸습니다. 대부분의 일이 그렇듯이 정답은 양 극단 사이 어딘가에 있기에, 변화무쌍한 환경 속에서 그 '정답'의 구체적 내용을 찾는 일은 하나님 앞에 선 독립된 인격체로서 우리 각자가 씨

름해야 할 과제입니다.

　그런데 다윗은 지금 우리처럼 생각할 여유가 없었습니다. 아이의 생명을 간구하며 금식하고 뒹군 지 칠일. 아이는 죽었습니다. 아이의 죽음을 알릴 엄두를 못 내고 눈치를 보는 신하들에게 다윗이 묻습니다. "아이가 죽었느냐?" "죽었습니다." 그 말을 들은 다윗의 반응이 놀랍습니다. "다윗이 땅에서 일어나 몸을 씻고 기름을 바르고 의복을 갈아입고 여호와의 전에 들어가서 경배하고 왕궁으로 돌아와 명령하여 음식을 그 앞에 차리게 하고 먹은지라"(20절). 아이가 살았을 때는 하나님의 긍휼을 바라며 금식했지만 이제 아이가 죽은 이상 모든 것을 받아들이고 일상으로 복귀했던 것입니다.

　우리는 흔히 불행을 당할 때 황망해하다가 상황이 종료된 후 오래도록 그것을 반추하며 괴로워합니다. 그러나 다윗은 달랐습니다. 범죄했고 불명예를 안았지만, 다윗의 명성은 허명이 아니었습니다. 우리도 어려움이 닥치면 아직 기회가 있을 때 하나님께 매달려야 합니다. 혹시 여호와께서 불쌍히 여겨 주실지 모릅니다. 그러나 상황이 종료되면 미련을 버리고 하나님의 뜻을 구하며 일상을 살아내야 합니다. 죽은 사람은 살아나지 않고 잃어버린 시간은 돌아오지 않으니까요.

적용하기
1. 이미 끝나 버린 상황인 줄 알면서도 오래 집착했던 일이 있습니까? 그 경험을 통해 무엇을 알게 되었습니까?
2. 응답되지 않은 기도는 어떻게 정리하고 전진해야 할까요?

오늘의 기도
하나님, 우리에게 베푸시는 은혜가 크시지만 허락하신 기간이 유한함을 기억하게 하시고, 나를 두신 자리에서 오늘 주의 뜻을 받들 수 있는 신실함과 지혜를 주옵소서.

사무엘하 12:24-31

찬송가 295장

선지자 나단을 보내 그의 이름을 여디디야라 하시니
이는 여호와께서 사랑하셨기 때문이라_삼하 12:25

기대와 아픔을 동시에 주었던 불륜의 자식, 이름도 가져보지 못한 그 불행한 아이의 죽음으로 다윗의 범죄에 대한 심판이 일단락됩니다. 성경기사는 여기서 처음으로 밧세바를 다윗의 아내라 호칭합니다. "다윗이 그의 아내 밧세바를 위로하고 그에게 들어가 그와 동침하였더니 그가 아들을 낳으매 그의 이름을 솔로몬이라 하니라"(24절). 솔로몬은 히브리어로 쉴로모, '그의 평화'를 뜻하며 샬롬(평화)은 모든 것이 제 자리에 있는, 본래의 목적을 이루고 질서와 조화를 유지하는 상태를 가리킵니다. 훗날 다윗의 왕위를 계승할 솔로몬의 출현은 이처럼 다윗 가정만 아니라 이스라엘의 치유와 회복을 가리키는 신호기와도 같았습니다.

다윗의 생애는 끝없는 전쟁과 갈등으로 점철되었습니다. 성전을 짓는 것이 평생의 소원이었던 다윗에게 하신 말씀은 그래서 아픕니다. "너는 전쟁을 많이 한 사람이라 피를 많이 흘렸으니 내 이름을 위하여 성전을 건축하지 못하리라"(대상 28:3). 하나님은 다윗의 아들 솔로몬에게 그 과업을 맡기십니다. "네 아들 솔로몬 그가 내 성전을 건축하고 내 여러 뜰을 만들리니 이는 내가 그를 택하여 내 아들로 삼고 나는 그의 아버지가 될 것임이라"(대상 28:6). 하나님의 성전은 그의 임재가 가져다주는 샬롬을 나타내야 했기에 그 샬롬을 구현할 사람으로 다윗의 아들을 택하시고 솔로몬(쉴로모)이라는 이름을 주셨던 것이지요. 하나님께서는 선지자 나단을 보내어 솔로몬에게 또 다른 이름 여디디야('야웨의 사랑받은 자')를 주심으로써 다윗 왕조의 언약(삼하 7장)을 계승할 상속자의 역할을 확증해 주셨습니다.

한편 요압은 또 한 번의 전쟁기를 맞아 암몬 지배하의 랍바를 공격합니다. 요압은 최고의 명장답게 랍바 성을 접수하게 되는데, 급히 전령을 보내 다윗에게 군대를 이끌고 출정해 최후의 정점이 되는 순간을 직접 처리하라고 양보합니다. 무술로 최정상에 올랐고 정치 감각도 그에 못지않았던 요압은 다윗을 위해서라면 자기 목숨도 바칠 만큼 충성스러운 사람이었습니다. 다윗은 장수요 모사인 요압 덕에 랍바를 점령해 백성들을 노예로 삼고 호사스런 노략물을 탈취해 옵니다. 이렇게 해서 사무엘하 10장에서 시작했다가 밧세바 강탈과 후속 사건들로 인해(10-11장) 중단되었던 암몬 정벌이 재개됩니다. 다윗이 밧세바에게 한눈을 팔던 때 최전선은 모압 땅 랍바였고, 오늘 다윗의 업적 역시 랍바의 정벌인 것은 우연이 아닙니다. 전쟁이 한창인데 후방 수도에 머물다가 눈에 띈 여인과 스캔들이나 일으키는 왕으로 추락되었던 다윗이 오늘 본문에서 암몬을 철저히 붕괴시키고 다시금 지혜롭고 용맹한 통수권자로 지위를 회복한 것입니다.

적용하기
1. 당신은 누구에게 충성합니까? 당신에게 충성하는 사람은 누구입니까? 충성은 어떤 의미에서 기독교의 가르침과 상통하며 어떤 면에서 차이를 보입니까?
2. 큰 어려움을 겪은 후 회복의 표지(sign)라 할 만한 일 혹은 사람을 만난 경험이 있으십니까?

오늘의 기도
엄위하시고 자비로우신 아버지 하나님, 다윗에게 내리신 심판과 회복처럼 우리의 죄를 향한 아버지의 손길 속에서 우리의 심판과 회복의 조짐을 보게 하여 주소서.

사무엘하 13:1-14
찬송가 569장

암논에게 요나답이라 하는 친구가 있으니
그는 다윗의 형 시므아의 아들이요 심히 간교한 자라_삼하13:3

"그 후에 이 일이 있으니라." 무심히 지나칠 수 있는 연결구이지만 그 앞서 일어난 일들이 워낙 심각하기에 긴장감이 입니다. "다윗의 아들 압살롬에게 아름다운 누이가 있으니 이름은 다말이라 다윗의 다른 아들 암논이 그를 사랑하나"(1절)…. 비극의 무대가 설정됩니다. 암논의 욕망은 강렬했고 그것을 채울 길은 없어 보였습니다. 암논은 홧병이 들어 신음했습니다. "그는 처녀이므로 어찌할 수 없는 줄을 알고 암논이 그의 누이 다말 때문에 울화로 말미암아 병이 되니라"(2절). 넘어서는 안 될 선을 넘어보려 궁리한 결과입니다. 죄와 유혹의 모습이 참으로 리얼하게 묘사됩니다. 우리가 죄의 유혹에 맞서 씨름할 때 스스로만의 힘으로 어려우면 도움을 받아야 합니다.

우리는 다 연약하기에 좋은 본을 보여 주고 흔들릴 때 붙들어 주는 이가 필요한데, 안타깝게도 암논의 곁에는 그러한 사람이 없었을 뿐 아니라 오히려 그를 유혹과 범죄로 이끄는 자가 있었습니다. 바로 요나답입니다. 암논에게 사촌뻘이 되는데 성정이 '심히 간교한 자'(3절)였습니다. 여기 간교하다는 번역이 실감납니다만 원어로는 그냥 지혜롭다는 단어를 쓰고 있습니다. 목적이 잘못되면 지혜는 간교함이 됩니다. 똑똑한 사람이 나쁜 일을 하면 더 빈틈없고 철저히 잘하겠지요. 지혜는 동일해도 그 목적과 지향점의 차이가 결국은 동과 서처럼 큰 차이를 가져오기 마련입니다.

요나답이 나쁜 꾀를 냈지만 그것을 실행한 것은 암논이니 누구를 탓하겠습니까. 요나답의 잔꾀대로 암논은 병간호를 핑계로 다말을 침실로 불러들입니다. 그리고는 우려할 만한 일이 실제로 일어나고 맙니다. 그런데 본문은 암논의 충동성과 요나답의 교활함뿐 아니라 다윗의 수동성에도 주목합니다. 애초부터 요나답의 제안은 다윗 왕을 계산에 넣지 않고는 실행 불가능한 계획이었습니다. "침상에 누워 병든 체하다가 네 아버지가 너를 보러 오거든… 그(다말)의 손으로 먹여 주게 하옵소서 하라"(5절).

천하의 다윗이 불량배의 계산대로 아들의 만행을 도우려 움직입니다. 다말에게 사람을 보내 암논에게 가서 음식을 차리라고 왕명을 내린 것입니다(7절). 결과는 참담했습니다. 암논에게 저항하는 마지막 순간에 다말은 호소합니다. "이제 청하건대 왕께 말하라 그가 나를 네게 주기를 거절하지 아니하시리라"(13절). 그러나 다말의 목소리는 묻히고 암논은 힘으로 누르고 다윗은 영영 아무런 역할도 하지 않습니다. 훗날 다윗의 온 가족과 왕실, 나라를 뒤흔드는 대란의 씨는 이렇게 뿌려졌습니다. 악을 꾸미고, 실행하고, 방관하는 이 사람들은 모두 하나님 백성을 섬겨야 할 지도자들입니다. 하나님을 두려워하지 않는 자들이 이끄는 세상은 끔찍하기 마련입니다.

적용하기
1. 당신을 선한 방향으로 이끌어줄 사람을 곁에 두고 있습니까? 어떻게 해야 그런 관계를 시작하고 유지할 수 있습니까?
2. 그저 닥쳐온 인생이 아니라 능동적으로 펼치는 인생이 되려면 무엇을 소중히 여기고 애써야 할까요?

오늘의 기도
우리를 의의 길로 인도하시는 아버지, 주의 음성을 듣고 따르는 일에 실패하지 않게 하소서.

사무엘하 13:15-29

찬송가 289장

> 다윗왕이 이 모든 일을 듣고 심히 노하니라
> _삼하 13:21

제발 이러지 말라고 애원하는 다말을 덮쳐 욕정을 채우고 나자 암논의 마음은 급속히 냉각되고 맙니다. 15절 말씀은 독자의 가슴에 충격을 줍니다. "그리하고 암논이 그를 심히 미워하니 이제 미워하는 미움이 전에 사랑하던 사랑보다 더한지라". 상사병이 걸려 어쩔 줄 몰라 하던 사람의 마음이 이렇게 표변하니 정말 믿을 수 없는 것이 사람입니다. 나가라고 떠미는 암논에게 다말이 항의하지만 소용이 없습니다. "나를 쫓아 보내는 이 큰 악은 아까 내게 행한 그 악보다 더하다 하되"(16절). 암논은 다말을 내쫓고 등 뒤로 문을 걸어 잠그는 악행을 보여 줍니다.

성경기자는 다말이 입고 있던 '출가하지 않은 공주'의 채색옷에 주목합니다. 애통하는 다말 자신의 손에 찢겨버린 그 채색 옷은 다말의 찢겨진 인생을 상징합니다. 이제 다말은 결혼할 수도 없는 처량한 신세가 되어 오빠인 압살롬 집에 얹혀삽니다. 이 모든 일을 전해들은 다윗은 격노했습니다(21절). 그리고 아무 일도 하지 않았습니다! 이태가 지나 압살롬이 암논을 죽이고 외국으로 망명하는 사태가 오기까지 말입니다. 자신들의 힘이 부치기 때문이고 아버지에게 말해 봐야 압살롬에게 정당한 벌을 내릴 것 같지 않아서였을까요? 압살롬은 다말에게 지금은 잠잠히 있으라 말합니다. 누이에게는 다독임이고 자신에게는 다짐이었습니다.

압살롬은 두 해 동안 원한을 감춘 채 복수를 준비합니다. 그리고 자신의 영지에서 양털을 깎는 날을 골라 왕자들을 모두 초청합니다. 양털 깎는 날은 추수만큼 흥겹게 동네잔치를 벌이는 것이 풍습이었습니다. 압살롬은 부왕 다윗도 초청했지만 다윗은 끝내 사양합니다. 압살롬은 부왕 대신 왕세자 암논을 특별히 주빈으로 모시겠다 고집합니다. 다윗은 여전히 그럴 필요가 있냐며 만류하다 아들의 고집을 꺾지 못하고 왕자들을 모두 동원시키고 맙니다. 아마도 압살롬은 다윗이 불참할 것을 예측하고 이를 빌미로 심리적 압박을 주어 형 암논이 꼭 참석하게 만든 것으로 보입니다.

드디어 기회가 왔습니다. 사전에 모의한 대로 압살롬의 부하들은 암논이 만취하기를 기다려 그를 죽였고, 나머지 형제들은 뿔뿔이 흩어지고 말았습니다. 왕자들이 왕궁을 비우고 흩어졌다는 것은 상징적으로 말해 나라의 미래가 위협받고 있다는 뜻입니다. 그릇된 욕정을 다스리지 못한 암논은 다말의 인생을 파괴하고 다윗 가문과 나라를 어지럽게 한 뒤에 왕위 계승자의 신분을 지닌 채 목숨을 빼앗기고 맙니다. 아들의 성범죄를 알고도 방치한 다윗은 무력하며 무책임한 아버지입니다. 밧세바와의 간음이 원죄가 되어 그를 옭아맨 것일까요? 죄는 한 사람의 인생뿐 아니라 그의 가족과 이웃, 신앙공동체를 오염시킵니다.

적용하기
1. 암논의 변심을 통해 우리가 스스로에게 경계해야 할 거짓말은 무엇일까요?
2. 부모, 상사, 지도자로서 우리가 무기력해지지 않기 위해서는 무엇을 해야 할까요?

오늘의 기도
거룩하신 아버지, 죄의 간교함을 깨닫게 하셔서 죄에게 속지 않고 죄의 유혹을 이기게 하소서.

사무엘하 13:30-39

찬송가 255장

다윗 왕의 마음이 압살롬을 향하여 간절하니
_삼하 13:39

사고나 재난의 소식은 종종 과장됩니다. 압살롬의 서슬에 놀란 왕자들이 도망치자 압살롬이 형제들을 모조리 죽였다는 소문으로 와전되어 다윗을 충격에 빠뜨립니다. 입은 옷을 찢는 것은 이스라엘에서 애도의 표시로 의례 보는 관행이지만 다윗은 신하들 앞에서 땅에 드러 눕기까지 해 슬픔의 강도를 보여 줍니다. 모든 신하들이 옷을 찢고 왕의 눈치만 보고 있는 상황입니다. 이때 등장해 다윗을 진정시킨 사람이, 다름 아닌 요나답이었습니다! 암논에게 사악한 계획을 속삭여 다말의 인생을 파괴한 자, 그 결과로 암논을 시신으로, 압살롬을 살인범으로 만든 것이 요나답인데 바로 그 사람이 다윗에게 말합니다.

"내 주여 젊은 왕자들이 다 죽임을 당한 줄로 생각하지 마옵소서 오직 암논만 죽었으리이다 그가 압살롬의 누이 다말을 욕되게 한 날부터 압살롬이 결심한 것이니이다 그러하온즉 내 주 왕이여 왕자들이 다 죽은 줄로 생각하여 상심하지 마옵소서 오직 암논만 죽었으리이다 하니라"(32-33절). 그의 말대로 압살롬의 동생들은 살아 돌아왔고 모두가 한 덩어리로 눈물바다를 이룹니다. 그 와중에 살인범 압살롬은 국경을 벗어나 그술로 도피하고 삼 년이 흘러갑니다. 세월은 무정해서 암논을 아까워하던 다윗의 슬픔은 잦아들고, 요나답을 그리워하는 심정이 깊어갑니다. 정의보다는 인정에 치우치는 다윗이 답답하고, 문제의 진원지인 요나답은 가증스럽습니다.

성경에는 이 일 이후 요나답이 어떻게 되었는지 기록이 없습니다.

여전히 세 치 혀를 놀려 사람들을 농락하면서 잘 지냈는지, 어느 시점에서 하나님의 책망이나 심판을 받았는지 우리는 알지 못합니다. 그러나 중요한 것이 있습니다. 사람들이 몰랐어도, 혹 다윗이 속아 넘어갔어도, 사기로 억만금을 모았더라도 요나답이라는 사람의 가치는 올라가지 않습니다. 성경이 그의 악행을 지울 수 없는 기록으로 담았기 때문입니다. 한 인간의 최종 가치를 매기는 것은 전적으로 하나님의 일인데, 하나님의 판단을 기록한 성경이 요나답의 본성과 악행은 물론 그 동시대인들은 볼 수 없었을 내면의 품성까지 세미하게 보여 주신다는 것이 얼마나 감사한지요!

우리가 코람 데오 즉 하나님 앞의 삶을 살아야 하는 이유도 이것입니다. 세상이 알아주든 말든 우리 삶의 지극히 작은 일조차도 하나님께서 보시고 아신다는 것을 의식하면서 일할 때, 하나님께서 정말로 우리를 알아주십니다. 우리 삶은 주님 앞에 펼쳐진 책입니다. 그 책장마다 오늘도 하나님께서 기뻐하시는 것들이 기록되기를 원합니다. 만일 우리가 주님의 눈을 멀리하고 제멋대로 살아간다면, 아무리 사람들에게 잘 보이더라도, 우리는 요나답 같은 사람으로 주의 생명책에 기록될 것입니다.

적용하기
1. 오래 숨겨 왔던 비밀이 결국 세상에 드러나는 일들을 겪으면 어떤 생각을 하게 됩니까?
2. 보이지 않으시는 하나님께서 나를 보고 계시다는 사실을 마음에 더 강력하게 새기기 위해서는 무엇이 필요합니까?

오늘의 기도
내 속에 있는 악한 성정과 교활한 마음을 애써 부인하지 않게 하시고, 그것을 제압하고 멸하시는 성령님을 의지하여 성령의 열매가 내 마음을 지배하게 도와주소서.

사무엘하 14:1-11
찬송가 375장

왕께 들어가서 그에게 이러이러하게 말하라고 요압이 그의 입에
할 말을 넣어 주니라_삼하 14:3

다윗의 기색을 살피는 데 누구보다 능한 요압이 왕의 심중을 읽었습니다. 암논을 향한 애처로움이 식은 만큼 압살롬을 향한 노여움도 가라앉은 것을 간파하고는 발 빠르게 움직입니다. 드고아 출신인 한 여인을 고용해 슬픔을 당한 상주로 꾸미고, 모종의 민원 채널을 통해 왕의 접견을 허락받아 들여보냅니다. "왕이여 구원하소서!"로 시작하는 그녀의 호소는 단순하고 강력했습니다. 과부인 자신의 두 아들이 들에서 싸우다가 한 아들이 다른 아들을 쳐 죽였다 합니다. 대번에 가인과 아벨을 연상시키는 이 정황은 '있을 수 없는' 일이면서 주변에서 '늘 일어나는' 일이기도 한, 가족 내 갈등관계의 원형(archetype)입니다.

   보좌에 묻혔던 다윗의 몸이 앞으로 향합니다. 여인이 선처를 간청합니다. 온 족속이 작은 아들을 사형으로 다스려야 하니 내놓으라고 요구하는데, 율법대로라면 그래야겠으나 그랬다가는 '참 과부'(5절)인 자신은 천지간에 아무도 없는 처지가 된다고 호소합니다. 다윗은 이 여인의 말에 빠져들었습니다. 차남이 장남을 죽이는 어처구니없는 상황을 자신도 겪었고, 사형감인 압살롬을 살려둔지라 공감도 백 퍼센트랄까요, 사실관계 확인도 없이 여인의 청원을 들어주겠다고 약속해 버립니다. "내가 너를 위하여 명령을 내리리라…누구든지 네게 말하는 자를 내게로 데려오라 그가 다시는 너를 건드리지도 못하리라"(8, 10절). 위험을 무릅쓰고 압살롬에게 베팅한 요압은 상황을 살피

며 안도의 한숨을 쉬고 있었을 것입니다.

다윗의 맹세는 흔히 쓰는 상투구이지만 본문의 맥락에서는 묘한 암시를 던져 줍니다. "여호와께서 살아계심을 두고 맹세하노니 네 아들의 머리카락 하나도 땅에 떨어지지 아니하리라"(11절). 다윗은 자기도 모르는 사이에 자기 아들 압살롬의 지위 회복을 약속하고 있는데, 이스라엘의 국보급 미남인 압살롬은 길고 풍성한 머리카락으로 유명했습니다(삼하 14:25-26). 훗날 민심을 업고 쿠데타를 일으켜 아버지를 몰아냈다가 정규군과의 전투에서 패해 도주하던 압살롬의 생명을 앗아간 것이 바로 그 눈부신 머리털이었다는 것이 아이러니하지요(삼하 18:9-10).

예수님께서 산상수훈 중에 맹세하지 말라 하시면서 하늘로도 맹세하지 말고 자기 머리(털)로도 하지 말라 하신 것을 떠올리게 합니다(마 5:33-37). 다윗은 만나 본 적도 없는 한 청년의 머리털을 지켜주겠노라 하나님의 사심을 걸고 호언장담했지만, 실은 아들 압살롬의 머리털도 보호하지 못하는 존재인 것입니다. "사람이 장래 일을 알지 못하나니 장래 일을 가르칠 자가 누구이랴 바람을 주장하여 바람을 움직이게 할 사람도 없고 죽는 날을 주장할 사람도 없으며 전쟁할 때를 모면할 사람도 없으니"(전 8:7-8).

적용하기
1. 상황을 과소평가하고 호언장담했다 낭패한 경험이 있으신가요?
2. 내 스펙과 자랑거리이지만 위기상황에서 내 발목을 잡을 수도 있는 '압살롬의 머리털'이 있다면 무엇인가요? 그것을 어떻게 처리하시렵니까?

오늘의 기도
하나님, 하늘로도 땅으로도 내 목숨과 이름과 재산으로도, 그 무엇으로도 맹세하고 호언하지 않도록 나에게 겸손을 가르쳐 주소서.

사무엘하 14:12-24

찬송가 378장

왕이 이르되 그를 그의 집으로 물러가게 하여 내 얼굴을 볼 수 없게
하라 하매 압살롬이 자기 집으로 돌아가고 왕의 얼굴을 보지 못하니라
_삼하 14:24

드고아 여인은 왕의 마음을 움직여 '살인을 저질렀지만 죽어서는 안
될 아들'이라는 존재를 다윗의 마음에 각인시키는 데 성공했습니다.
이제 남은 것은 여인의 아들 이야기로 운을 뗀 그 자리에 압살롬을
대입시키는 작업입니다. 현인의 고장 드고아 출신답게 여인은 능란
하게 이야기를 이어갑니다. 한 말씀 여쭙겠습니다. 말씀하신 대로라
면 전하께서는 왜 '그 내쫓긴 자'를 집으로 불러오시지 않으시는 겁니
까?(13절) 여인은 대담하게도 '그 내쫓긴 자'를 방치하는 왕의 행동은
스스로 정죄한 범죄행위에 해당한다고 암시하면서, 죄인을 용서하고
다시 한 번 기회를 주는 것이 하나님의 성품이라 역설합니다. "우리
는 필경 죽으리니 땅에 쏟아진 물을 다시 담지 못함 같은 것이오나 하
나님은 생명을 빼앗지 아니하시고 방책을 베푸사 내쫓긴 자가 하나
님께 버린 자가 되지 아니하게 하시나이다"(14절).

다윗은 대답하지 않습니다. 여인이 너무 나갔다고 생각하다가 여
인의 진의를 감지하지 않았나 싶습니다. 여인이 자신이 왕 앞에 나온
경위에 대해 수다스럽게 설명하기 시작합니다. 많은 학자들은 15절
에서 17절까지의 내용이 현재 위치에 어울리지 않는다고 봅니다만,
여인이 다윗의 반응에 초조하고 두려움을 느껴서 자기 이야기가 사
실에 근거한 것이라 변명하려 했다면 현재 본문의 형태야말로 이야
기를 잘 전달하는 구조를 갖추고 있습니다.

여인은 '하나님의 사자같이 선과 악을 분간하시는' 왕을 칭송하고 축복하며 청원을 마칩니다(17절). 그러나 다윗은 진실을 알아챘습니다. 여인에게 틈을 주지 않고 정곡을 찌릅니다. "거짓말하면 안 된다…요압이 시킨 일이지?" 여인은 정신이 아득해질 지경이었겠지만 지혜자답게 왕의 말씀대로라고 자백하면서도 왕의 지혜를 칭찬하는 것을 잊지 않습니다. "내 주 왕의 지혜는 하나님의 사자의 지혜와 같아서 땅에 있는 일을 다 아시나이다"(20절). 다윗은 여인도 요압도 나무라지 않고 그들의 의도대로 압살롬을 데려오라고 지시합니다(22절).

마침내 압살롬이 요압의 보위 하에 예루살렘으로 복귀합니다. 그러나 다윗은 압살롬을 불러오고도 접견하지는 않습니다. 요압과 드고아 여인이 벌인 일은 다 아들을 보고 싶은 다윗의 마음이 노출되어 벌어진 일이건만, 막상 압살롬을 왕궁으로 들이려 하니 생각이 복잡해졌던 모양입니다. 한껏 기대에 부풀어 왕궁으로 돌아온 압살롬에게는 매우 실망스러운 일이었을 것입니다. 기대가 크면 실망도 큰 법, 압살롬의 마음에는 부왕에 대한 서운함이 자라나고 있었습니다. 살려준 것만 해도 감사해야 마땅하겠지만… 받은 은혜는 잊고 받을 호의만 마음에 두는 것은 압살롬만의 문제는 아닐 것입니다.

적용하기
1. 어려운 사람에게 어려운 부탁을 할 때 우리는 어떤 접근법을 써야 할까요?
2. 요압, 드고아 여인, 그리고 다윗의 대화로부터 우리가 하나님 뜻을 분별하고 실행하는 일에 대해 어떤 점을 찾아낼 수 있습니까?

오늘의 기도
요령이 득세하는 세상이지만, 진리이신 아버지를 의지하여 진리 가운데 행하며 주님 뜻을 펼칠 수 있도록 도와주소서.

사무엘하 14:25-33
찬송가 379장

요압이 왕께 나아가서 그에게 아뢰매 왕이 압살롬을 부르니
그가 왕께 나아가 그 앞에서 얼굴을 땅에 대어 그에게 절하매
왕이 압살롬과 입을 맞추니라_삼하 14:33

예루살렘으로 복귀하고도 이년 가까이 아버지에게 외면당하자 압살롬의 속이 타들어갑니다(28절). 요압을 지렛대 삼아 부왕의 마음을 움직여 보고 싶은데 요압도 연락을 받지 않고 무시하자 열불이 난 압살롬은 종들을 풀어 요압의 보리밭에 불을 질러 버립니다. 압살롬의 성정을 보여 주는 이 거친 행동은 그의 앞날은 물론 다윗 가문과 온 이스라엘에 닥칠 폭풍을 예고하는 듯합니다. 본문은 이 일화 바로 앞에 압살롬의 용모에 대한 묘사를 덧붙입니다. 전설적인 머리털과 완벽한 용모에 대한 긴 묘사가 이야기의 흐름상 생뚱맞아 보였지만, 암논을 죽이기 위해 2년을 준비했던 치밀함, 연락을 안 한다고 남의 밭에 불을 지르는 폭력성, 그리고 이후에 보여 줄 '이스라엘 사람의 마음을 훔치는' 계산된 교활함이 수려한 용모와 결합되면 우리 앞에 괴물이 드러나게 됩니다.

'얼굴이 아름다운' 자기 외딸에게 죽은 누이와 같은 이름 다말을 지어 준 것도 그의 복수심과 집착에서 온 행동은 아니었는지… 악행이 복수를, 비극이 참극을 부르는 이 악의 증식 현상을 막아설 사람이 없다는 현실이 우리의 마음을 무겁게 합니다. 어찌 되었든 압살롬의 방화는 자신이 원한 결과를 가져왔습니다. 요압이 압살롬을 찾아오고, 압살롬의 요구를 다윗에게 보고하고, 다윗이 마침내 압살롬을 궁에 들여 접견합니다(31-33절). 압살롬이 왕 앞에 굽혀 절하고, 왕이

아들과 입을 맞추었다는 건조한 묘사 뒤에 어떤 교감이 있었는지는 독자의 상상의 몫입니다만, 적어도 불을 지른 데 대한 요압의 항의에 답하는 압살롬의 말만 보아도 그가 진정한 뉘우침과 근신을 경험하지 못했다는 것은 분명해집니다. "내가 일찍이 사람을 네게 보내 너를 이리로 오라고 청한 것은 내가 너를 왕께 보내 아뢰게 하기를 '어찌하여 내가 그술에서 돌아오게 되었나이까 이때까지 거기에 있는 것이 내게 나았으리라' 하려 함이로라 이제 네가 나로 하여금 왕의 얼굴을 볼 수 있게 하라 내가 만일 죄가 있으면 왕이 나를 죽이시는 것이 옳으니라"(32절).

내가 만일 죄가 있으면… 무서운 말입니다. "날 죽이려면 죽이든지, 이렇게 처박아 놓으려면 데려오질 말든지…." 다윗도 아버지의 정으로 압살롬을 살려두었고 데려왔지만 압살롬의 완고한 자기중심성을 알기에 그의 지위를 온전히 회복시키고 궁내에 둘 수 없었을 것입니다. 회개하지 않은 마음에 악이 싹트고, 악이 자라 범죄와 죽음을 불러오는 비극을 보노라면 일찍이 나단을 통해 주셨던 엄중한 말씀을 떠올리게 됩니다. "네가 나를 업신여기고 헷 사람 우리아의 아내를 빼앗아 네 아내로 삼았은즉 칼이 네 집에서 영원토록 떠나지 아니하리라"(12:10).

적용하기
1. 내 안에 숨겨진 악한 성향들을 얼마나 잘 파악하고 있습니까? 어떻게 대응하고 있는지요?
2. 누군가의 어려움을 보고 그(녀)가 과거 악행의 대가를 치른다고 느껴졌던 경우가 있습니까? 그런 상황으로부터 우리는 무엇을 배울 수 있습니까?

오늘의 기도
성령님 우리를 다스리시고 빚으셔서 속사람이 강건하게 하시고 예수님의 성품이 나의 성품이 되도록 날마다 도와주소서.

사무엘하 15:1-12

찬송가 251장

이스라엘 사람의 마음을 압살롬이 훔치니라
_삼하 15:6

"반역하는 일이 커 가매 압살롬에게로 돌아오는 백성이 많아지니라"(12절). 이 문장은 압살롬을 둘러싼 비극의 중간 보고서이자 다가올 재난의 예고편입니다. 수년 동안 백성의 마음을 훔쳐 온 압살롬의 행보는 연예인급 왕자의 자아도취적 행동을 넘어선, 철저히 계산된 정치 행보였습니다. 그 한 가지 증거는 그가 일찍이 전략의 천재 아히도벨을 포섭한 일입니다(12절). 오늘 본문은 간단히 이름만 언급하지만 아히도벨은 당대 최고의 모사로 다윗도 그의 말을 하늘의 음성과 다름없이 여겼다고 할 정도입니다(삼하16:23).

부왕 다윗의 사람 아히도벨을 자기 수하로 들이기 위해 압살롬이 무엇을 주고 약속했는지는 모르나 계산이 철저한 아히도벨이 자기 인생을 건 도박을 한 것으로 보아 압살롬의 야심과 실행력의 크기를 짐작하게 해줍니다. 압살롬이 사람들의 원성을 들어주고 다정한 스킨십을 하는 동안은 사람들의 눈에 그의 야심이 보이지 않았습니다(4-5절). 사람들이 어리석어서이지만, 하나님의 때가 이르지 않아서이기도 합니다. 마침내 그날이 오면 모든 사람들이 알게 될 일인데 말입니다. 모든 재난은 갑작스럽게 닥치는 듯해도 복기해 보면 전조가 있기 마련입니다. 훗날 압살롬의 반역은 부왕 다윗과 궁중 사람들을 충격에 빠뜨리게 되지만, 사실 이스라엘 백성의 마음은 이미 오랫동안 다윗을 떠나 있었습니다.

압살롬이 예루살렘으로 복귀해 야금야금 이스라엘 사람의 마음을 훔쳐가는 동안 다윗이 딱히 백성의 미움을 받을 일을 한 기록은 없으니, 그 4년은 유별나게 싸우지도 않으면서 멀어지는 부부처럼 왕과 국민들 간에 정이 식어간 쓸쓸하고 슬픈 기간이었습니다. 성경이 명시하지는 않았어도 그 같은 냉각 작용에는 밧세바와 통간하고 충신 우리아를 죽게 한 다윗의 범죄가 큰 역할을 했으리라 짐작해 봅니다. 이스라엘을 떠들썩하게 한 그 일로 다윗을 향한 사람들의 존경심은 낮아졌고 다윗 역시 스스로 영이 서지 않는 위축감을 지닌 채 왕의 직분을 수행하고 있었던 것입니다.

아들을 향한 다윗의 애정이 각별했다 해도, 왕세자이자 친형인 암논을 죽여 커다란 내분을 일으킨 압살롬을 그냥 두어서는 안 될 일이었습니다. 더구나 그를 왕궁으로 불러들인 후에도 4년간 내란을 준비하도록 방치한 것은 다윗의 무능과 무책임을 보여 주는 증거입니다. 분명 다윗은 회개했고 하나님의 용서는 선포되었습니다. 그러나 죄에 수반되는 부작용과 고통은 천천히, 오래오래 죄인과 주변인을 괴롭게 하는 법입니다. 암논이 딤나를 범하고, 압살롬이 암논을 죽이고, 다시 압살롬이 다윗에게 반역하게 되는 고통스런 과정은 우리에게 죄의 무서움을 가르쳐주는 교과서가 되었습니다.

적용하기
1. 알면서도 죄가 우리 인생을 좀먹도록 방치하는 이유가 무엇일까요?
2. 자신과 가정을 해치는 죄들을 막아내기 위해 어떤 수고를 하고 있습니까?

오늘의 기도
거룩하신 주님, "내가 거룩하니 너희도 거룩하라" 하신 말씀을 진심으로 순종하기 원합니다. 성결케 하시는 성령님의 능력을 덧입혀 주소서.

사무엘하 15:13-23
찬송가 393장

너도 돌아가고 네 동포들도 데려가라 은혜와 진리가 너와 함께 있기를 원하노라_삼하 15:20

산전수전 다 겪은 용장 다윗이 상황을 제대로 파악도 하지 않고 이토록 허둥대는 것이 의아스럽습니다. 아마도 다윗은 밧세바의 일로 나단에게 들은 심판의 내용을 마음에 담아두고 이런 날을 두려워하며 살아왔는지도 모릅니다. "보라 내가 너와 네 집에 재앙을 일으키고 내가 네 눈앞에서 네 아내를 빼앗아 네 이웃들에게 주리니 그 사람들이 네 아내들과 더불어 백주에 동침하리라"(삼하12:11). 다윗이 부인들은 피난길에 동행시키면서 후궁 열 명을 남겨두고 간 뜻이 그것이라면 참으로 섬뜩한 일입니다(16절). 후에 압살롬이 왕궁을 접수하고 제일 먼저 한 일이 남겨진 부왕의 후궁들을 공개된 침상에서 그 후궁들과 동침한 것이니까요(삼하16:20-22).

다윗이 의도했든 아니든 상황은 그렇게 전개되었습니다. 나단의 선언에서 들었던 '이웃들'이 바로 자기 아들 패거리인 것을 알았을 때 그의 마음이 어땠을지, 짐작하기조차 어렵습니다. 신하들이 왕의 뜻을 따르기로 약속하자 다윗은 가족을 데리고 피난길에 오릅니다. 이 때 가드 사람 잇대가 다윗에게 특별한 충성심을 보여 줍니다. 블레셋 출신으로 이스라엘에 귀화한 터라 왕의 피난길에 모른 척해도 무방할 텐데 위험 부담을 지면서 다윗과 동행하려 합니다. 다윗은 그를 만류하고 곁에 도열한 가드 출신 육백 명과 함께 본국으로 돌아갈 것을 권합니다. 압살롬이 권세를 잡으면 다윗에게 충성했던 그들의 명운이 좋을 리가 없을 것을 생각해서였습니다.

그러나 잇대는 그럴 수 없다고 고집합니다. "여호와의 살아 계심과 내 주 왕의 살아 계심으로 맹세하옵나니 진실로 내 주 왕께서 어느 곳에 계시든지 사나 죽으나 종도 그곳에 있겠나이다"(21절). 잇대의 충성은 모압에서 시모 나오미를 따라오겠다 고집하던 룻을 연상하게 합니다(룻 1:16-17). 룻은 고향 모압으로 돌아가 정착하라고 권하는 나오미를 꾸짖다시피 하면서 시어머니의 하나님께 충성을 맹세합니다. 나오미를 통해 믿게 된 여호와 하나님을 향한 신실함(헤세드)이고, 남편도 아들도 없이 홀몸이 된 시어머니와 남은 삶을 함께하겠다는 의리(헤세드)였습니다.

위험천만한 피난길을 떠나는 다윗에게 자신에게 손해가 될 수 있을 역할을 자청한 잇대는 룻이 그랬듯이 헤세드를 소중히 여긴 사람이었습니다. 결국 잇대는 피난길에 다윗의 경호를 감당하고, 다윗은 훗날 왕위에 복귀한 뒤 그를 군 최고지휘관 세 사람 중 하나로 세워 지근 거리에 둡니다(18:1-5). 변화무쌍한 이 세상에서 앞서 가는 것은 이기적이고 약삭빠른 계산으로 움직이는 사람들일 것처럼 보이지만, 하나님 나라는 신실함을 소중히 하는 이들이 서로에게 베푸는 신실한 행동들과 그에서 비롯되는 상승 작용을 통해 이루어져갑니다.

적용하기
1. 하나님의 신실하심을 구체적으로 경험한 사례를 나눠 보십시오.
2. 어떤 사람(들)과의 관계에서 당신의 신실함(헤세드)을 실천하려 하십니까?

오늘의 기도
식언하지 않으시는 신실하신 아버지, 당신의 신실하심이 희미하게라도 내 삶에 나타나기를 원하니 깨우치시고 인도해 주소서.

사무엘하 15:24-37
찬송가 363장

왕이 사독에게 이르되 보라 하나님의 궤를 성읍으로 도로 메어가라
만일 내가 여호와 앞에서 은혜를 입으면 도로 나를 인도하사
내게 그 궤와 그 계신 데를 보이시리라_삼하 15:25

왕이 피난길에 오르려 하자 사독과 아비아달 제사장이 법궤를 옮겨 다가 대기하고 있습니다(24절). 충성스런 행동이자 법궤를 귀하게 여기는 신앙의 표현이기도 한데, 다윗은 거절하고 법궤를 예루살렘에 되돌려 주라고 명령합니다(25절). 하나님의 임재를 사유화하지 않겠다는 의지와 더불어 예루살렘에 궤를 두고 자신이 돌아올 수 있기를 바라는 기대감도 엿보입니다. "만일 내가 여호와 앞에서 은혜를 입으면 도로 나를 인도하사 내게 그 궤와 그 계신 데를 보이시리라"(25절). 통크고 멋진 말입니다만 현실은 긴박합니다. 다윗은 머리를 가리고 신발을 벗어 애곡하며 걷습니다. 다윗도 울고 백성들도 웁니다(30절).

과연 희망은 있는 걸까요. 압살롬이 다윗의 모사인 아히도벨을 포섭했다는 소식이 들려옵니다. 다윗은 즉시 기도합니다. "여호와여 원하옵건대 아히도벨의 모략을 어리석게 하옵소서"(31절). 전설적인 모략가 아히도벨의 능력을 누구보다도 잘 아는 사람이 다윗이고, 아히도벨이 압살롬 편에 섰다는 소식에 가장 맥이 풀릴 사람도 바로 다윗입니다. 다윗이 예배처에 채 닿기도 전에 또 다른 책사 후새가 그를 찾아옵니다(32절). 참으로 빠른 기도 응답입니다! 그곳의 이름이 '하나님을 경배하는 마루턱'으로 기록된 것이 의미심장합니다. 옷을 찢고 머리에 흙을 덮어 애통의 예를 갖춘 후새는 다윗을 따라 세상 끝까지 갈 기세였지만 다윗은 그를 만류합니다.

후새의 진정한 가치는 다른 데 있었던 것입니다. "네가 만일 나와 함께 나아가면 내게 누를 끼치리라 그러나 네가 만일 성읍으로 돌아가서 압살롬에게 말하기를 왕이여 내가 왕의 종이니이다 전에는 내가 왕의 아버지의 종이었더니 이제는 내가 왕의 종이니이다 하면 네가 나를 위하여 아히도벨의 모략을 패하게 하리라"(33-34절). 다윗을 팔아 압살롬의 신뢰를 얻은 후 아히도벨의 작전을 대신할 새 작전을 제시해 설득하라는 것입니다. '다윗의 친구'라는 호칭을 달고 사는 후새로서는(37절) 압살롬에게 의심을 사면 목숨이 날아갈 것이 뻔한 고육지책이었습니다.

현장 상황을 파악할 수 있도록 사독과 아비아달 두 제사장들, 다시 그 아들들인 아히마아스와 요나단을 거쳐 다윗에게 전달되는 연락체계도 갖추었습니다. 압살롬의 면전으로 다가가 위험천만한 작전을 수행할 후새가 성읍으로 접근합니다. 엄중한 책임이 어깨에 지워졌습니다. 압살롬도 예루살렘에 입성합니다. 의기양양한 지배자로서입니다. 누구도 넘볼 수 없어보이던 다윗의 권좌가 그의 눈앞에 있습니다. 그의 힘은 점점 강고해져 갑니다. 쿠데타의 숨가쁜 상황에서 압살롬의 위상은 높아가고 다윗의 위치는 시시각각 위태로워져 갑니다. 과연 후새는 다윗의 왕좌를 되찾도록 도울 수 있을까요?

적용하기
1. 내 힘으로는 감당할 수 없는 상황이어서 기도하게 된 경험이 있으신가요?
2. 살면서 다른 사람을 위해 큰 위험을 감수해 보신 적이 있는지요? 그 경험을 통해 당신의 삶에서 달라진 것은 무엇입니까?

오늘의 기도
제가 연약해도 주는 강하십니다. 주님의 능력과 지혜를 오늘 내게 덧입혀 주시고, 이 막막한 세상에서 주님 부끄럽지 않게 살아낼 수 있게 도와주세요.

사무엘하 16:1-14
찬송가 337장

혹시 여호와께서 나의 원통함을 감찰하시리니 오늘 그 저주 때문에 여호와께서 선으로 내게 갚아 주시리라_삼하 16:12

예루살렘을 빠져나온 다윗 일행을 므비보셋의 종 시바가 맞이합니다. 홀로 온 그에게 다윗이 므비보셋의 행방을 묻습니다. "네 주인의 아들은 어디 있느냐?" 시바의 대답은 충격적입니다. "예루살렘에 있는데 그가 말하기를 이스라엘 족속이 오늘 내 아버지의 나라를 내게 돌리리라 하나이다"(3절). 다윗이 요나단과의 우정과 언약을 지키기 위해 일부러 찾아 왕궁에 들이고 영지를 주어 후대해 주었던 사람이 므비보셋입니다. "이 종이 무엇이기에 왕께서 죽은 개 같은 나를 돌아보시나이까"(삼상9:8) 하며 감격해했던 사람이, 이제 다윗이 쫓겨나고 압살롬이 왕이 될 듯하자 '내 아버지의 나라'를 말하고 그 나라가 자기에게 돌아갈 것을 기대하고 있다니요. 다윗은 므비보셋에게 하사했던 재산을 몰수해 시바에게 준다고 선포합니다.

훗날 다윗이 성으로 돌아올 때 므비보셋이 마중 나와 시바가 자신을 모함했다고 변명하지만 다윗은 양자 간에 엄격한 판단을 내려주지 않습니다(삼하19:24-30). 진실이 무엇이든 다윗의 후의를 입어 왕자들과 함께 식사하던 므비보셋이 피난길에 합류하지 않은 것은 다윗으로서는 섭섭한 일이었습니다. 반란군이 들이닥치고 있다 해도 다윗은 여전히 왕입니다. 그러나 그의 수난은 계속되었습니다. 바후림이란 곳에 이르자 사울의 먼 친척인 시므이가 다가오며 다윗을 향해 돌을 던지고 저주합니다.

아무리 도주 중이지만 상대는 다윗왕입니다. 곁에는 요압을 비롯한 용맹한 군사들이 호위하고 있습니다. 시므이의 어이없는 행동에 아비새가 분해하며 가서 저놈의 머리를 들고 오겠다 합니다. 용맹한 아비새에겐 허락만 받았더라면 어렵지 않은 일이었겠지요. 그러나 다윗은 허락하지 않습니다. 그의 대답에 비애가 묻어납니다. "내 몸에서 난 아들도 내 생명을 해하려 하거든 하물며 이 베냐민 사람이랴 여호와께서 그에게 명령하신 것이니 그가 저주하게 버려두라"(11절). 과거 사울왕의 악행에도 불구하고 '하나님의 기름 부음 받은 자'를 해칠 수 없다는 자신의 소신을 끝까지 지켰던 다윗이 이제는 자신을 저주하는 자를 가리켜 '하나님이 시키셔서 하는 일이니' 내버려두라 합니다. 이것은 될 대로 되라는 숙명론자의 체념이 아닙니다. 다윗이 사울에게 손을 대지 않은 것은 하나님께서 지켜보시니 하나님께서 해결하시리라는 믿음이 있었기 때문입니다(삼상 26:9-10). 이제 시므이의 저주를 들으며 다윗은 여호와께서 자신을 불쌍히 여겨 선대하시기를 기대합니다(삼하 16:11-12). 이 마음을 알 리 없는 시므이는 다윗을 저주하고 돌을 던지며 먼지를 날립니다. 피곤한 걸음을 이어가던 다윗 일행은 노숙할 곳을 찾아 몸을 기댑니다. 이 고된 행군이 이끄는 곳은 어디일까요.

적용하기
1. 배신감은 매우 강력하고 독소적인 감정입니다. 배신당했을 때 스스로를 추스리고 상황을 처리하기 위해서는 어떤 노력이 필요할까요?
2. 억울한 상황을 하나님의 기억과 복수에 맡기는 훈련을 해 보십시오.

오늘의 기도
자비로우신 아버지, 나의 긍휼이 필요한 사람들이 있습니다. 아버지의 마음을 주셔서 미움과 멸시 없이 품을 수 있게 하소서.

사무엘하 16:15-23

찬송가 447장

압살롬이 온 이스라엘 무리의 눈앞에서 그 아버지의 후궁들과 더불어 동침하니라_삼하 16:22

드디어 압살롬과 그 지지자들이 예루살렘에 입성합니다. 모사 아히도벨이 압살롬 곁을 지키고 섰는데, '다윗의 친구' 후새가 압살롬 앞에 나아가 '왕이여 만세!'를 부릅니다(16절). 압살롬이 빈정댑니다. "이것이 네가 친구를 후대하는 것이냐 네가 어찌하여 네 친구와 함께 가지 아니하였느냐"(17절). 후새가 정색을 하고 말합니다. "내가 여호와와 이 백성 모든 이스라엘의 택한 자에게 속하여 그와 함께 있을 것이니이다"(18절). 후새의 말은 오묘하게 모호합니다. '압살롬 만세'가 아니라 '왕 만세'이고 '압살롬과 함께'가 아니라 '이스라엘의 택한 자와 함께' 있겠다 말했으니까요.

나르시스트 압살롬은 좋은 것은 다 자기 것으로 아는 사람인지라 후새가 자신에게 전향해 충성을 맹세하고 만세를 부른다고 생각해 버린 것 같습니다. 모사 아히도벨의 작전에 대해 평가를 부탁할 정도로 후새에게도 믿음을 준 것이 자신의 무덤을 파는 패착이 될 줄은 몰랐겠지요. "여호와께서 압살롬에게 화를 내리려"(삼하17:14), 작정하신 탓입니다. 압살롬이 아히도벨의 조언을 구합니다. "너는 어떻게 행할 계략을 우리에게 가르치라"(20절). 그의 작전 1호는 부왕 다윗의 후궁들과 공개 장소에서 동침하는 것이었습니다! 아히도벨이 권한 이 패륜적 작태는 정복자가 피정복자의 여인들을 접수함으로써 지배권을 분명히 하던 이방 풍습을 따른 것입니다.

하지만 그런 짓은 이스라엘 백성들 대다수에게도 혐오스런 일이었습니다. 본문은 아히도벨이 압살롬의 이러한 행동을 통해 다윗을 향한 압살롬의 적개심을 부각시키고 그 결과로 혁명의 동력을 강화할 수 있으리라 기대한 것으로 설명합니다(21절). 어쨌든 명령대로 사람들은 옥상에 장막을 쳐 사람들의 이목을 끌고 압살롬은 그 안에서 다윗의 후궁들을 범함으로써 자신의 권력을 과시합니다. 다윗이 궁을 떠나면서 남겨 두었던 열 명의 후궁이었겠지요(삼하15:16). 훗날 압살롬의 반군을 진압하고 궁으로 돌아온 다윗은 결국 그들과 더 이상 관계하지 않고 그들을 별채에 가두어 살게 합니다. "다윗이 예루살렘 본궁에 이르러 전에 머물러 왕궁을 지키게 한 후궁 열 명을 잡아 별실에 가두고 먹을 것만 주고 그들에게 관계하지 아니하니 그들이 죽는 날까지 갇혀서 생과부로 지내니라"(삼하20:3). 그 여인들이 무슨 죄가 있어서 이런 기구한 운명에 처해야 합니까. 이런 짓을 나라를 접수하는 전략으로 삼은 자들은 근본적으로 부도덕한 무리들입니다. 다윗과 압살롬 양측이 '하나님께 물어서 받은 말씀과 같은 것'으로 여겼다던 아히도벨의 모략이 이런 것이라면, 그에게 왕국을 걸고 인생을 건 압살롬의 앞날은 밝지 않아 보입니다.

적용하기

1. 유능한 이들을 가까이 하다 그 인격과 도덕성에 실망해 본 적이 있습니까? 그리스도인으로서 우리는 그런 상황을 어떻게 다루어야 할까요?
2. 기독교적 가치를 양보하지 않으며 일하기 위해 당신이 도움을 얻을 수 있는 '서포트 그룹'이 있으신가요?

오늘의 기도

나의 산성과 피난처이신 아버지, 세상에서 외롭지 않기 위해 악인의 무리와 함께하기 싫습니다. 주님나라와 의를 함께 추구할 경건한 이들과 함께하는 복을 허락해 주세요.

사무엘하 17:1-14
찬송가 93장

이는 여호와께서 압살롬에게 화를 내리려 하사 아히도벨의
좋은 계략을 물리치라고 명령하셨음이더라_삼하 17:14

아히도벨의 두 번째 계략은 다윗을 급습하자는 것이었습니다. 서둘러 도주한 다윗이 피곤에 지쳐 있을 그날 밤에 습격해 다윗만 죽이고 백성들을 해산시키자는 제안입니다. 큰 전쟁을 벌이고 살상을 키우면 민심이 흉해지겠지만, 도주 경로를 따라 다윗만 '정밀 타격'을 하면 다윗 지지자들 중 남은 세력은 쉽게 압살롬에게로 마음을 돌리리라는 계산이었지요. 압살롬도 이스라엘 장로들도 다 그 말을 좋게 여깁니다(4절). 그대로 나가서 실천했더라면 다윗의 미래는 없을 터였지만 현실은 달리 풀려 나갑니다.

압살롬의 반란이 일어난 직후 압살롬이 아히도벨의 지원을 확보했다는 소식을 들은 다윗은 즉시 기도했습니다. "여호와여 원하옵건대 아히도벨의 모략을 어리석게 하옵소서"(삼하 15:31). 기도하지 않을 수 없는 극강의 상대란 뜻입니다. 그러나 기도만 하는 다윗이 아닙니다. 피난길에 오르면서 후새에게는 압살롬에게 거짓 전향을 해 기회를 보다가 아히도벨의 모략을 망쳐놓으라 당부하고 정보 수집과 전달 방법까지 지시해 둡니다(삼하15:33-36). 드디어 때가 왔습니다. 압살롬은 이미 아히도벨의 '신속 타격' 작전에 맞장구 쳐놓고도 후새에게 논평을 요청합니다(6절). 후새는 우선적으로 "왕의 아버지와 그의 추종자들은 용사들이다"라는 논지를 폅니다.

절묘하게 다윗이라 하지 않고 부왕이라 부르며 압살롬이 평생 보아온 다윗의 여러 모습을 일깨웁니다. "그는 용사이고 전쟁 베테랑인

데다가 지금쯤이면 미행을 따돌리려 잠적해 있다가 소수의 추격병이 나타나면 그들을 죽여 이스라엘 백성들에게 겁을 줄 것이다…." 실제로 검증한 내용이 아니면서 불안감을 일게 하는 화법입니다. 압살롬과 측근들의 반응을 살피며 후새가 대안을 제시합니다. "단부터 브엘세바까지 바닷가의 많은 모래같이"(11절) 대군을 모아 압살롬이 직접 지휘하고 "이슬이 땅에 내림같이"(12절) 다윗을 치라 합니다.

대군을 직접 지휘하라는 말이 압살롬의 마음에 들었습니다. 사람들의 반응도 뜨거웠습니다. "압살롬과 온 이스라엘 사람들이 이르되 아렉 사람 후새의 계략은 아히도벨의 계략보다 낫다"(14절상). 실제로는 그렇지 않은 줄을 등장인물들이 알고 독자인 우리가 압니다. 다윗을 치려면 그가 급작스레 도주하느라 두려움에 싸이고 피로에 지친 상태일 때 신속히 해치웠어야 하는데, 압살롬과 참모들이 아히도벨보다 후새에게 귀와 마음을 준 것은 하나님께서 역사하신 결과였던 것입니다. "이는 여호와께서 압살롬에게 화를 내리려 하사 아히도벨의 좋은 계략을 물리치라고 명령하셨음이더라"(14절하). 악인의 계략이 성공하는 것 같지만, 하나님은 결국 의인을 통해 역사하십니다. "여호와는 악인을 멀리 하시고 의인의 기도를 들으시느니라"(잠 15:29).

적용하기
1. 실력과 신앙인격 중 어느 쪽이 더 갖추기 어렵습니까?
2. 하나님의 특별한 도우심으로 악인의 꾀가 좌초되는 것을 보신 경험이 있으신지요?

오늘의 기도
하나님, 내 인생에서 아히도벨과 압살롬 같은 이들을 두려워하지 않게 해 주시고, 후새 같은 이를 만나 승리하게 해 주세요.

사무엘하 17:15-29

찬송가 347장

아히도벨이 자기 계략이 시행되지 못함을 보고 나귀에 안장을 지우고 일어나 고향으로 돌아가 자기 집에 이르러 짐을 정리하고 스스로 목매어 죽으매 그의 조상의 묘에 장사되니라_삼하 17:23

압살롬을 설득해 공격 시기를 늦춘 후새는 은밀히 다윗 측근 사독과 아비아달에게 연락을 취합니다. 왕은 지체하지 말고 그 밤으로 요단강을 건너 몸을 피해야 한다는 메시지였습니다. 성 밖에 잠복했던 부하들이 다윗에게 전갈을 보내고 다윗은 긴급히 움직여 자신을 따른 무리들과 함께 무사히 강을 건넙니다. 소문난 모사답게 아히도벨의 정보망은 빨랐습니다. 압살롬 측이 어떤 행동을 취하기도 전에 자신의 작전이 실패로 돌아간 것을 깨닫고 조용히 압살롬 캠프를 떠나 자신의 고향집으로 돌아갑니다. "아히도벨이 자기 계략이 시행되지 못함을 보고 나귀에 안장을 지우고 일어나 고향으로 돌아가 자기 집에 이르러 집을 정리하고 스스로 목매어 죽으매 그의 조상의 묘에 장사되니라"(23절).

명성과 활약에 비해 참으로 쓸쓸한 결말입니다. 하나님께서 압살롬의 눈을 가리시지 않아 후새 대신 아히도벨의 작전이 채택되었더라면 어땠을까요. 이때쯤이면 다윗은 죽었고, 왕관을 쓴 압살롬 곁에서 일등공신 아히도벨이 흐뭇한 미소를 지으며 환호에 답하고 있었을 것입니다. 인간의 실력대로라면 그렇습니다. 참으로 사람이 계획은 세우지만 일의 성사는 하나님에게 달린 것이 맞습니다(잠19:21, 공동번역). 가까스로 위기를 넘긴 다윗은 강을 건너 마하나임에 머물고 압살롬은 요압이 떠난 자리에 아마사를 앉혀 총사령관을 삼습니다. 아마사는 요압과 이종사촌간이 되는 사람입니다.

다른 사정이 어떠하든 다윗의 심복 요압의 이종사촌을 반란군 총사령관에 앉혀 대결이 불가피한 구도를 만들어냄으로써 압살롬은 정치적 다툼에 가족사의 비극을 더하게 됩니다. 물론 친형을 살해하고 쿠데타로 부왕을 몰아내는 반인륜 막장드라마의 연출가 겸 주연배우 압살롬에게는 아무렇지 않은 일이었는지도 모를 일이긴 합니다만… 심신이 지쳐 무거운 발걸음을 떼던 다윗 일행에게 한 줄기 시원한 바람 같은 일이 벌어집니다.

다윗 일행이 마하나임에 도착하자 몇몇이 '침상과 대야와 질그릇과 밀과 보리와 밀가루와 볶은 곡식과 콩과 팥과 볶은 녹두와 꿀과 버터와 양과 치즈'를 가져다가 다윗 일행에게 바쳤습니다. 특별히 바라는 것도 없이 이런 호의를 베푼 이유는 그저 "백성이 들에서 시장하고 곤하고 목마르겠다"(29절) 생각해서였답니다. 참으로 귀한 일입니다. 타인의 고통에 공감할 수 있는 능력을 최고도의 정신활동이라고 합니다. 배고픈 자에게 먹을 것을 주는 소박한 선행은 예수께서도 심판의 기준으로 강조하신바 있습니다(마 25:31-46). 일찍이 도피생활 중에도 이스라엘 변방에서 약탈당하는 동족들에게 달려가 구해 주던 다윗이, 이제 왕좌를 내려놓고 도망치는 약자의 처지가 되었을 때 받은 이 도움은 마음에 큰 위로가 되었음이 틀림없습니다.

적용하기
1. 곤경에 처했을 때 누군가의 작은 친절로 큰 위로를 얻었던 경험을 나눠 보십시오.
2. 당신이 능력은 열세지만 명분을 가졌다면, 승리를 위해 무엇을 해야 할까요?

오늘의 기도
약한 자를 들어 강한 자를 부끄럽게 하시는 아버지, 오늘도 우리의 힘과 도움이 되셔서 주님과 주의 나라를 위한 저희의 수고가 열매 맺게 해 주세요.

사무엘하 18:1-15
찬송가 461장

요압의 무기를 든 청년 열 명이 압살롬을 에워싸고 쳐죽이니라
_삼하 18:15

두려움과 자괴감에 휩쓸려 경황없이 피난길에 올랐던 다윗은 요단을 무사히 건너 마하나임에서 숨을 고른 후 반란군 진압에 나섭니다. 오랜 측근인 요압과 아비새 형제에 가드 사람 잇대를 합류시켜 다윗을 따른 전군을 세 부대로 나눠 맡겼습니다. 다윗이 그들과 함께 출정하겠다고 공언하지만 백성들이 뜯어 말립니다. "왕은 나가지 마소서 우리가 도망할지라도 그들은 우리에게 마음을 쓰지 아니할 터이요 우리가 절반이나 죽을지라도 우리에게 마음을 쓰지 아니할 터이라 왕은 우리 만 명보다 중하시오니 왕은 성읍에 계시다가 우리를 도우심이 좋으니이다"(3절). "왕은 우리 만 명보다 중하시오니…." 눈물겨운 이야기입니다.

사람 목숨 값이 어찌 그리 다를 수 있겠습니까만, 왕은 자신의 몸을 아끼지 않고 왕을 우러러보는 백성들의 마음이 저러하니 압살롬을 따르는 이들보다 숫자가 작다 해도 서로를 든든히 지켜 주는 유다 지파에게서 승리의 기운을 예감할 수 있겠습니다. 결국 다윗은 후방을 지키고 세 지휘관을 따라 세 부대로 나뉜 백성들이 이스라엘을 공격하기 위해 출전합니다. 에브라임 숲에서 벌어진 전투로 이만 여 명이 전사하는 맹렬한 전투 끝에 다윗의 군대가 압살롬을 따랐던 이스라엘을 밀어내며 반란은 진압되었습니다.

'압살롬의 난'이 마무리되고, 이제 남은 것은 압살롬의 행방입니

다. 사무엘서의 렌즈는 이 때부터 모든 혼란의 중심인 압살롬에게 맞춰집니다. 압살롬은 도주 중입니다. 승부는 났는데 자신에게 닥칠 운명에 대해 그는 무슨 생각을 했을까요? 숲속으로 질주한 것을 보면 아히도벨처럼 수치를 못 이겨 죽을 생각은 없었던 모양입니다. 압살롬의 죽음을 부른 것은 놀랍게도… 그가 그토록 자랑스러워하던 탐스런 머리털이었습니다! 압살롬의 용모를 언급한 사무엘서는 그의 용모를 '조각 같은 미남' 정도가 아닌 '발바닥부터 정수리까지 흠이 없음'으로 묘사하고, 연례행사로 이발을 할 때면 잘라낸 머리털 무게가 무려 이백 세겔이었다고 세밀히 묘사하고 있습니다(삼하 14:25-26).

이 의외의 디테일은 압살롬의 몰락 장면을 극적으로 부각시키는 배경이라고 하겠습니다. 다윗의 진압군에 쫓겨 달아나던 압살롬의 머리가 늘어진 상수리나무 가지에 걸렸습니다. 정신없이 내닫던 노새는 나뭇가지에 대롱대롱 매달린 주인을 아랑곳하지 않고 달려갑니다. 이 광경을 목격한 다윗 군 병사 하나가 요압에게 보고하자 요압은 머뭇거린 병사를 꾸짖고는 달려가 자기 손으로 '상수리나무 가운데서 아직 살아 있는' 압살롬의 심장을 창으로 찔렀습니다. 야욕의 칼로 나라를 갈라놓았던 압살롬의 아름다운 육체는, 그가 그토록 의지했던, 그러나 결코 존중하지 않았던, 요압의 손에 찢기고 말았습니다.

적용하기
1. 요압은 왜 다윗의 마음을 알면서도 압살롬을 가차 없이 죽였을까요?
2. 숨 가쁜 위기의 시간에 패착을 두지 않으려면 어떤 훈련이 필요할까요?

오늘의 기도
하나님 아버지, 아름다웠던 인간 압살롬의 누추한 끝을 보며 기도드립니다. 지극히 작고 분별력 없는 저희들이지만 끝까지 신실할 수 있도록 은혜를 베풀어 주소서.

사무엘하 18:16-23
찬송가 313장

> 그 비석이 왕의 골짜기에 있고 이제까지 그것을
> 압살롬의 기념비라 일컫더라_삼하 18:18

압살롬을 살려두고 싶은 다윗의 의중을 알고 있었던 병사는 압살롬을 죽일 기회를 얻고도 두려워 손을 대지 않았습니다. 그러나 요압은 달려가 눈 한번 깜짝 않고 주군의 아들 요나단의 숨통을 끊어 버리고는 열 명의 부하를 시켜 확인 사살까지 합니다. 요나단의 죽음을 확인한 요압이 나팔을 불어 전투를 종결짓자 다윗의 군대는 도주하는 이스라엘 군대를 내버려 두고 본대로 귀환합니다. 압살롬을 따라 뭉쳤던 이스라엘 군중은 너나 할 것 없이 흩어져 버린 상황이었습니다. 요압은 '수풀 가운데 큰 구멍'을 파 압살롬을 묻고 '매우 큰 돌무더기'를 쌓아 덮어 버렸습니다. 아들이 없었던 요나단은 대가 끊길 것을 예상하고 일찍이 자신의 기념비를 만들어 두었던 바 있습니다.

요압이 압살롬의 시신을 그 비석 자리에 묻었는지는 분명하지 않습니다. 어찌 됐든 '왕의 골짜기'에 세워진 그 비석은 사무엘서가 기록된 '이제까지'(18절) 압살롬의 기념비로 알려져 왔습니다. 훗날 그곳을 찾는 사람들에게 압살롬의 이름은 무엇을 의미했을까 상념이 떠돕니다. 태생적 야심가, 실패한 반역자, 형을 죽이고 아버지를 죽이려 했던 패륜아, 마지막 전투에서도 치렁거리는 머리털은 포기할 수 없었던, 그래서 정말로 스타일과 목숨을 맞바꾼 어리석은 나르시스트…. 그 어느 것도 압살롬 자신의 계산에는 없었습니다. 역사의 평가, 하나님의 심판을 두려워하는 사람이라면 자신의 기념비를 미리 준비하는 만용을 부리지는 않았겠지요.

이렇게 압살롬의 인생은 스러지고 그가 일으킨 반란도 소멸되고 맙니다. 요압 곁에 있던 아히마아스가 요압에게 자신이 달려가 다윗 왕에게 이 모든 상황을 전하겠노라 자청합니다. 요압은 속으로 '이 덜 떨어진 친구…'라고 생각했겠지요. 아히마아스가 제사장 사독의 아들이어서인지는 몰라도 요압답지 않게 친절한 설명을 담아 아히마하스를 만류합니다. 다윗이 아들 압살롬의 생명을 구하고 싶어 한 것을 잘 알기 때문이었지요.

다른 날에 좋은 소식을 전하라 하고 곁에 있는 구스 사람을 불러 "네가 가서 본 것을 왕께 아뢰라"고 명합니다(21절). 구스인이 이미 떠난 후에도 아히마하스는 고집을 부립니다. 구스인의 뒤를 쫓아가겠다는 것입니다. 요압이 다시 한 번 만류합니다. 왜 굳이 가서 '이 소식'을 전하려 하느냐. "너는 왜 달려가려 하느냐"(23절). 그래도 아히마하스가 고집을 부리자 요압이 할 수 없어 허락합니다. 아히마아스가 쏜살같이 내달아 들판의 샛길을 가로질러 먼저 출발한 구스 사람을 앞지릅니다. 왕을 노엽게 할 나쁜 소식을 들고 가서는 죽도록 달린 끝에 정말 죽을 수 있다는 것을 아는지 모르는지….

적용하기
1. 자기도취에 빠져 자신과 남의 인생을 망친 사람들의 특징은 무엇입니까?
2. 나에게 '압살롬의 머리털'이 있다면 어떤 것들입니까? 어떻게 그것들을 다뤄 나가실 계획인가요?

오늘의 기도
중요한 것과 그렇지 않은 것을 구별할 지혜를 주시고, 겸손히 주와 동행하게 허락하소서.

사무엘하 18:24-33

찬송가 366장

내 아들 압살롬아 내 아들 내 아들 압살롬아 차라리
내가 너를 대신하여 죽었더면_삼하 18:33

예루살렘에서는 다윗과 신하들이 초조히 기다리고 있습니다. 망루에 선 척후병의 눈에 두 사람이 차례로 들판을 달려오는 것이 보입니다. 첫 주자의 달리는 품새가 남달랐습니다. "내가 보기에는 앞선 사람의 달음질이 사독의 아들 아히마아스의 달음질과 같으니이다." 왕이 반색을 합니다. "그는 좋은 사람이니 좋은 소식을 가져오느니라." 좋은 사람이 좋은 소식만 가져오는 것은 아닐 텐데, 다윗의 마음이 어떠한지를 짐작할 수 있습니다. 지금 무엇이 좋은 소식이고 무엇인 나쁜 소식인지조차 가늠하기 어려운 분위기에 모두가 압도됩니다.

그 사이에 한걸음에 달려와 왕 앞에 엎드린 이는 과연 아히마아스였습니다. 왕의 기대대로 그의 입에서는 좋은 소식이 나옵니다. "왕의 하나님 여호와를 찬양하리로소이다 그의 손을 들어 내 주 왕을 대적하는 자들을 넘겨 주셨나이다"(28절). 반란이 진압되었다는 말입니다. 반가운 소식입니다. 그러나 그 자리에 있는 모두가 알고, 독자인 우리도 압니다. 그 소식이 정말로 좋은 소식일 수 없다는 것을. 이 좋은 소식의 뒷면은 나쁜 소식일 수밖에 없다는 것을 말입니다. 마침내 다윗이 묻습니다. "젊은 압살롬은 잘 있느냐?"(29절). 묻지 않았더라면 모두가 편했을, 그러나 묻지 않을 수 없는 질문입니다. "압살롬 그 애는?" 누가 어떻게 대답을 할 수 있겠습니까?

불편한 정도가 아니라 고통스런 진실입니다. 게다가 다윗은 이미 사울과 요나단, 심지어 이스보셋의 사망 소식을 전한 자들을 처형했던 것을 모두가 기억하고 있습니다. 물론 그때는 소식을 전한 자들이 자신들의 공로를 자랑했고 그 책임을 졌던 것이긴 하지만, 강렬한 기억은 합리적 판단을 압도하는 법입니다. 상황을 잘 아는 요압이 아히마아스를 말렸던 것도 그래서였습니다. 그러나 그때 놀라운 반전이 펼쳐집니다. 아히마아스가 대답합니다. "요압이 왕의 종 나를 보낼 때에 크게 소동하는 것을 보았사오나 무슨 일인지 알지 못하였나이다"(29절). 불구덩이로 뛰어드는 바보로 보였던 아히마아스가 사실은 현명하다 못해 영악한 사람이었던 것이지요. 애매한 말로 악역은 피하고 미끈히 빠져 나갑니다.

그때 요압이 보낸 구스인이 뛰어 들어옵니다. 다윗이 동일한 보고를 받고 동일한 질문을 합니다. "압살롬 그 애는?" 이번엔 답이 달랐습니다. 나쁜 소식을 전하는 몫은 이 구스인의 것이었습니다. 다윗은 상실의 고통으로 신음합니다. "왕의 마음이 심히 아파 문 위층으로 올라가서 우니라 그가 올라갈 때에 말하기를 내 아들 압살롬아 내 아들 내 아들 압살롬아 차라리 내가 너를 대신하여 죽었더면, 압살롬 내 아들아 내 아들아"(33절). 자신의 전부를 잃은 심정으로 토해 놓는 이 절규는 의도하지 않았던 위기를 촉발하게 됩니다.

적용하기
1. 아히마아스의 계산된 행동을 어떻게 평가하십니까?
2. 본문의 다윗처럼 동료/부하들의 사기를 꺾는 상관을 모셔보았습니까? 어떤 방식으로 그분과 대면하셨나요?

오늘의 기도
우리 삶의 목표이신 주님, 사람을 위해서 울기보다 주와 주의 나라를 위해 울게 하소서.

사무엘하 19:1-8
찬송가 93장

오늘 내가 깨달으니 만일 압살롬이 살고 오늘 우리가 다 죽었더면 왕이 마땅히 여기실 뻔하였나이다_삼하 19:6

다윗이 통곡하고 있다는 보고가 요압에게 전달되고, 백성들에게도 소문이 퍼졌습니다. 백성들도 술렁이며 슬픔을 실어 나르니 너나 할 것 없이 마음이 무거워졌습니다. 승전의 공을 나누고 치하해야 할 진압군이 패전한 군인들처럼 어깨를 떨구고 조용히 성내로 복귀합니다. 왕의 기색을 살피러 온 요압은 다윗이 여전히 압살롬을 부르며 애곡하는 것을 보게 됩니다. "왕이 그의 얼굴을 가리고 큰 소리로 부르되 내 아들 압살롬아 압살롬아 내 아들아 내 아들아 하니"(4절). 요압이 마침내 직언합니다.

"왕께서 오늘 왕의 생명과 왕의 자녀의 생명과 처첩과 비빈들의 생명을 구원한 모든 부하들의 얼굴을 부끄럽게 하시니 이는 왕께서 미워하는 자는 사랑하시며 사랑하는 자는 미워하시고 오늘 지휘관들과 부하들을 멸시하심을 나타내심이라 오늘 내가 깨달으니 만일 압살롬이 살고 오늘 우리가 다 죽었더면 왕이 마땅히 여기실 뻔하였나이다 이제 곧 일어나 나가 왕의 부하들의 마음을 위로하여 말씀하옵소서 내가 여호와를 두고 맹세하옵나니 왕이 만일 나가지 아니하시면 오늘 밤에 한 사람도 왕과 함께 머물지 아니할지라 그리하면 그 화가 왕이 젊었을 때부터 지금까지 당한 화보다 더욱 심하리이다"(5-7절).

표현이 거칠고 평가가 조금 과장되었는지 모르지만 요압은 핵심적인 사실을 정확히 꿰고 있었습니다. 아무리 왕자여도 반란범을 인정에 매여 놓아줄 수 없고, 아무리 죽은 자라 해도 부왕을 몰아내고 그 첩들과 백주에 동침하여 부왕을 모독한 패륜아를 애도하는 것은 온당치 않은 일이었습니다. 다윗의 공개적인 애곡은 목숨을 걸고 반군과 싸운 군인들은 물론, 진압군 사령관의 책임을 다하느라 왕자의 목숨을 손수 빼앗아야 했던 요압 자신에게도 섭섭하기 그지없는 일이었습니다. 요압의 말을 들은 다윗은 정신이 들었습니다. 아들로 인해 감정에 휩쓸렸지만, 거칠고 위험한 전쟁터와 정치판을 헤쳐 지금의 자리에 온 다윗인지라 요압의 말을 알아듣습니다.

마침내 왕이 일어나 백성들과 대화하기 위해 성문 곁에 앉습니다. 대놓고 서운함을 표현한 요압을 달래야 함은 물론, 술렁이는 백성들의 마음을 제대로 풀어주지 못하면 자신의 지지 기반을 통째로 잃어버릴 수도 있는 위기의 국면입니다. 살면서 위기를 원천 봉쇄할 수는 없지만, 닥쳐온 위기를 잘 넘기면 그것이 전기가 되어 새로운 국면이 열리고 새로운 발전을 이루기도 하는 법입니다. 다윗에게 닥친 이 위기가 또 한 번의 전기가 될지… 본문은 "이스라엘은 이미 각기 장막으로 도망하였더라"라는 짤막한 평 외에는 그 전개 과정을 알려주지 않습니다. 행간을 읽어 채우는 것은 독자의 몫이라는 듯이.

적용하기
1. 요압과 부하 군인들의 심정에 공감하십니까?
2. 사적인 일로 인해 공동체를 힘들게 하는 이들을 어떻게 돕고 인도할 수 있을까요?

오늘의 기도
나의 환경과 내면의 일들이 주님의 백성 하나님 나라에 걸림돌이 되지 않기를 간절히 원합니다.

사무엘하 19:9-15
찬송가 325장

왕이 돌아와 요단에 이르매 유다 족속이 왕을 맞아
요단을 건너가게 하려고 길갈로 오니라_삼하 19:15

이제 다윗은 왕정을 재건해야 했습니다. 다행히 그를 떠나간 이스라엘 지파들은 자신들의 행동을 후회하고 있었습니다. 용모와 잔꾀에 속아 압살롬을 왕으로 추어주고 다윗을 배신했던 이들이 이제 제 위치를 찾겠다고 나섭니다. "이스라엘 모든 지파 백성들이 변론하여 이르되 왕이 우리를 원수의 손에서 구원하여 내셨고 또 우리를 블레셋 사람들의 손에서 구원하셨으나 이제 압살롬을 피하여 그 땅에서 나가셨고 우리가 기름을 부어 우리를 다스리게 한 압살롬은 싸움에서 죽었거늘 이제 너희가 어찌하여 왕을 도로 모셔 올 일에 잠잠하고 있느냐 하니라"(9-10절).

민심은 천심이라는 말이 있지만 이럴 때 보면 민심은 참 변덕스럽습니다. 모세도 여호수아도 사무엘도 다윗도, 목숨을 바쳐 섬긴 이스라엘 백성들의 원성과 미움을 받는 가슴 아픈 시간들을 보내야 했으니, 요동치는 여론은 사명에 따라오는 패키지로 여겨야 할 듯합니다. 다윗은 이스라엘의 반응을 인지했지만 그들과 접촉하는 대신 먼저 유다 지파를 움직이기 위해 사독과 아비아달 제사장들을 통해 장로들을 설득합니다. "온 이스라엘이 왕을 왕궁으로 도로 모셔오자 하는 말이 왕께 들렸거늘 너희는 어찌하여 왕을 궁으로 모시는 일에 나중이 되느냐 너희는 내 형제요 내 골육이거늘 너희는 어찌하여 왕을 도로 모셔오는 일에 나중이 되리요"(11-12절).

다윗은 이스라엘의 변심을 깊이 신뢰하지 못했던 것으로 짐작됩니다. 압살롬의 선동에 넘어간 것은 유다 지파도 마찬가지인데도 지금 이스라엘의 구애를 제쳐 두고 유다를 설득하려 애쓰는 이유일 것입니다. 장로들을 설득하며 다윗은 유다 지파를 설득하는 또 하나의 카드를 내놓습니다. 아마사에게 전갈을 보내 그를 전군의 지휘권을 가진 요압의 후임자로 삼겠다고 약속한 것입니다(13절). 반군 총사령관을 사면하고 중용함으로써 민심을 얻겠다는 의도는 물론, 아들 압살롬에게 직접 창을 꽂은 것도 모자라 애통하는 자신을 대놓고 비판한 요압에 대한 서운함 역시 작용했을 것입니다.

다윗의 제안에 유다 사람들의 마음이 움직였습니다. 다윗의 귀환을 환영하고 충성을 맹세하러 언약의 현장인 길갈로 모여듭니다(14-15절). 회복의 시작입니다만 아직도 이스라엘 지파들의 충성은 확인되지 않습니다. 주위를 호령하던 천하의 다윗은 아들의 반란에 어이없이 도주했고, 견고해 보이던 다윗의 나라도 취약함을 드러낸 마당에, 다윗에게 패해 영토를 내어주고 조공을 바치던 이방 세력들을 앞으로도 제어할 수 있을 것인지, 나단 선지자를 통해 주셨던 영원한 다윗 왕조의 비전이 어떻게 실현되어갈지, 거룩한 역사를 믿는 독자들의 마음에 궁금증을 일게 하는 일들이 이어집니다.

적용하기
1. 책임을 맡아 섬겼던 공동체의 행동에 배신감을 느끼고 좌절해 본 경험이 있으십니까?
2. 나에게 우호적이지 않은 집단을 품고 일해야 할 때 지혜로운 행동의 기준이 있다면 무엇일까요?

오늘의 기도
하나님 아버지, 내가 사랑하고 섬길 이들로부터 동일한 사랑과 섬김을 기대하지 않게 하시고 아버지의 마음을 주셔서 그들을 품고 사랑하며 인도하게 하소서.

사무엘하 19:16-30

찬송가 463장

오늘 어찌하여 이스라엘 가운데에서 사람을 죽이겠느냐
내가 오늘 이스라엘의 왕이 된 것을 내가 알지 못하리요_삼하 19:22

세상이 바뀌면 사람도 바뀝니다. 최소한 겉모습만이라도 그렇습니다. 유다 지파가 다윗을 다시 왕으로 추대한다는 소식에 정신이 혼미해진 사람들이 있었습니다. 피난길 다윗을 저주했던 시므이가 황급히 다윗을 영접하러 나왔습니다. 베냐민 지파 사람 천 명이 동행하는 대단한 환영 인파입니다. 다윗을 위시한 왕실 가족이 도하할 무렵 시므이가 땅에 머리를 조아립니다. "내 주여 원하건대 내게 죄를 돌리지 마옵소서 내 주 왕께서 예루살렘에서 나오시던 날에 종의 패역한 일을 기억하지 마시오며 왕이 마음에 두지 마옵소서 왕의 종 내가 범죄한 줄 아옵기에 오늘 요셉의 온 족속 중 내가 먼저 내려와서 내 주 왕을 영접하나이다"(19-20절).

우리 사극 같으면 "죽을 죄를 졌습니다, 전하. 죄인을 참하여 주시옵소서"라고 나올 텐데, 과거지사를 기억하지 말고 마음에 두지 말라는 어조가 거슬렸는지 왕을 호위하던 아비새가 으르렁댑니다. 죽여 마땅한 놈이라는 것이지요. 다윗은 아비새를, 정확히는 '스루야의 아들들'을 꾸짖습니다. "스루야의 아들들아 내가 너희와 무슨 상관이 있기에 너희가 오늘 나의 원수가 되느냐 오늘 어찌하여 이스라엘 가운데에서 사람을 죽이겠느냐 내가 오늘 이스라엘의 왕이 된 것을 내가 알지 못하리요"(22절).

이 시점에서 시므이를 품어야 이스라엘의 왕이 될 수 있다는 것을 다윗은 알았습니다. 시므이의 세력을 의식해서가 아니라 다윗을 버렸던 이스라엘이 지금 다윗의 크기를 재보고 있기 때문이며, 더 근본적으로는 다윗이 하나님 앞에서 받은 '네 집'(왕조)의 약속을 믿기에 그들을 용서하고 받아야 한다는 판단을 내렸기 때문입니다. 다윗은 이스라엘의 왕답게 행동했습니다. 시므이의 생명을 보장해 주었습니다(23절). 다윗과 함께 피난 가지 않고 남아 압살롬과 화통했던(삼하 16:1-4) 므비보셋도 죄를 묻지 않고 보냈습니다(24-30절).

스루야의 아들들은 근본이 달랐습니다. 그들은 다윗이라는 주군에 대해 충성은 하지만, 측근으로서의 자신들의 위치만 보장된다면 다윗이 유다지파만의 우두머리가 되든지 이스라엘 모든 지파의 왕이 되든지 개의치 않을 사람들이었습니다. 다윗이 그들을 '나의 원수'라 부른 것은 그들을 미워해서가 아니라 그들의 충성심이 하나님이 다윗에게 주신 비전과 충돌하기에 내린 꾸중이었습니다. 십자가의 길을 말씀하신 예수께 베드로가 그리 하실 수 없다고 가로막자 "사탄아 내 뒤로 물러가라 네가 하나님의 일을 생각하지 아니하고 도리어 사람의 일을 생각하는도다"(막 8:33)라며 꾸짖으셨던 일을 떠올려 봅니다. 하나님 나라의 동역은 비전의 공유에 기초를 두어야 하며, 인간적 호감과 개인적 충성을 넘어서야 합니다.

적용하기
1. 인간적 친분에서 시작한 동역관계가 깊어질 때 어떤 위험/약점이 있을까요? 스스로의 경험이 있다면 나눠 주십시오.
2. 하나님 나라의 대의를 위해 내 자신에게서 없애야 할 것이 있다면 무엇입니까?

오늘의 기도
좋으신 주님, 하나님 나라를 위해 나를 부르셨으니 내 마음도 하나님 나라로 차게 해 주세요.

사무엘하 19:31-43
찬송가 408장

당신의 종은 왕을 모시고 요단을 건너려는 것뿐이거늘 왕께서 어찌하여 이 같은 상으로 내게 갚으려 하시나이까_삼하 19:36

예루살렘을 향해 복귀하는 다윗이 요단을 건너려하는 참에 찾아온 이가 있습니다. 다윗을 위해 충성했던 노신 바르실래입니다. 다윗이 반가이 인사하며 예루살렘으로 동행하자고 권합니다. 다윗이 마하나임에 머물 때 너그럽게 '공궤했던' 이 노인에게 자신을 따라오면 자신이 '공궤하겠다' 약속한 것입니다(33절). 뜻밖에도 평생 왕궁에 머물며 최상류층의 정보와 문화를 소비할 수 있는 이 자리를 바르실래는 마다합니다. 자신은 상을 바라고 한 일이 아니며 자신이 원한 것은 그저 다윗왕을 모셔 요단을 건너는 것이었다는 이야기입니다. "당신의 종은 왕을 모시고 요단을 건너려는 것뿐이거늘 왕께서 어찌하여 이 같은 상으로 내게 갚으려 하시나이까?"(36절)

자기는 나이도 많고 음식 맛도 모르고 귀도 어둡다면서 고향에 머물고 싶으니 대신 자신의 종(집사) 김함을 쓰도록 추천합니다. "청하건대 당신의 종을 돌려보내옵소서 내가 내 고향 부모의 묘 곁에서 죽으려 하나이다 그러나 왕의 종 김함이 여기 있사오니 청하건대 그가 내 주 왕과 함께 건너가게 하시옵고 왕의 처분대로 그에게 베푸소서"(37절). 다윗은 그의 청대로 허락하고 김함을 잘 대할 것을 약속하여 데리고 갑니다. 백성을 모두 도하시키는 책임을 다한 후 다윗은 바르실래에게 정중히 인사하고 복을 빌어줍니다. 피차 주고 받는 일이나 베풀고 사양하는 마음 씀씀이가 넉넉하고 유연한 모습이 아름답습니다. 이런 모습이 성도와 교회 공동체의 모습이기를 바래봅니다.

사랑했던 아들의 반란으로 찢어지고, 오랜 세월 애써 통합을 이루었다 믿었던 이스라엘 지파들의 배신으로 쓰라렸던 다윗의 마음이 위로를 받았습니다. 아쉽게도 강 건너의 상황은 달랐습니다. 다윗이 요단강을 건너 길갈로 오자 수많은 백성들이 동행했습니다. 놀랍게도 다윗의 향후 거취를 놓고 이스라엘 열 지파와 유다 지파 간에 다툼이 생겼습니다. 다윗이 유다 지파인 것을 뻔히 알고 압살롬의 난을 치른 처지에, 유다 지파가 다윗을 챙기는 것을 보고서는 다윗왕을 독점할 참이냐 시비를 걸었으니 참 고약한 사람들입니다.

다윗을 버리고 압살롬에게 '만세 만세' 아부하던 부역자들이 이제는 우리가 왕을 모셔야 한다고 큰소리를 치는 것이지요. "온 이스라엘 사람이 왕께 나아와 왕께 아뢰되 우리 형제 유다 사람들이 어찌 왕을 도둑(질)하여 왕과 왕의 집안과 왕을 따르는 모든 사람을 인도하여 요단을 건너가게 하였나이까"(41절). 자신들의 배신을 덮기 위해서인지 유다와 각을 세우면서 충성심을 과시하는 모양새입니다. 이들의 갈등을 풀어서 다시금 한 나라를 이루는 험난한 과정이 다윗을 기다리고 있습니다.

적용하기
1. 당신의 삶에서 바르실래처럼 너그럽게 대해 준 분은 누구입니까? 그로 인해 당신은 어떤 유익을 얻었습니까?
2. 불화한 관계 속에서 화평을 이루기 위해 기꺼이 손해를 본 적이 있으신지요? 그 결과 어떤 일이 일어났습니까? 비슷한 상황이 닥치면 어떻게 행동하시겠습니까?

오늘의 기도
주님, 내가 평화의 제물이 되기 위한 희생을 두려워하거나 아까워하지 않도록 내면을 성숙시켜 주소서.

사무엘하 20:1-13
찬송가 327장

이에 온 이스라엘 사람들이 다윗 따르기를 그치고 올라가 비그리의 아들 세바를 따르나 유다 사람들은 그들의 왕과 합하여 요단에서 예루살렘까지 따르니라_삼하 20:2

이스라엘 열 지파와 유다 지파 간에 옥신각신 주도권 싸움이 벌어지는 상황에 악재가 하나 더 생겨납니다. 안 그래도 남북 간의 대결구도로 팽팽한 긴장 상태인데, 세바라는 '불량배'가 일을 저지른 것이지요. 불량배는 글자대로 풀면 무가치한 사람을 가리키는데, 사무엘서에는 엘리의 아들 홉니와 비느하스(삼상 2:12), 이유 없이 다윗을 모독했던 나발(삼상 25:17)도 같은 호칭으로 불리웠습니다. 엘리의 아들들은 종교권력자이고 나발은 갑부였으니 이 '불량배'들은 그저 껄렁한 건달이 아니라 가치관이 비뚤어지고 행실이 못된 악한들입니다.

비그리의 아들 세바는 베냐민 족속에 속한 자인데, 나팔을 불며 사람들을 선동해 다윗을 등지게 만들었습니다. "우리는 다윗과 나눌 분깃이 없으며… 이스라엘아 각각 장막으로 돌아가라"(1절)라며 선동합니다. "우리가 남이가"의 이스라엘 버전인 셈이지요. 우리는 자신이 상당히 합리적이라 생각하지만 실은 감정적이고 심리 조작과 선동에 약합니다. 세바의 선동에 유다 지파를 제외한 나머지 지파들이 다윗을 버리고 그를 따랐습니다. 불안하게 유지되던 단일체 이스라엘은 다시 조각나고, 유화책으로 등용했던 아마사마저 요압이 백주에 살해하면서 상황은 악화일로로 치닫고 맙니다(8-10절).

친척 관계인 아마사를 전적으로 사적 감정 때문에 살해한 요압의 악행은 훗날 다윗의 유언 속에서 정죄받습니다. 하지만 그의 충동성과 질투, 그리고 맹목적인 권력욕이 빚어내는 유혈 사태들은 다윗과 이스라엘에 집단 트라우마를 남기게 됩니다. 고통은 거기서 멈추지 않았습니다. 나단을 통해 경고하신 말씀이(삼하 12:11-12) 막연한 '이웃'이 아닌 자기 아들을 통해 이루어진 데 충격을 받은 다윗은 궁에 남겨두었던 후궁들, 아마도 압살롬과 백주에 동침했던 그 여인들을 궁궐에 연금시켜 외출도 접촉도 금지시키고는 평생 그들과 잠자리를 같이 하지 않았습니다(3절).

압살롬에게 안겼던 여인들을 되돌려 받을 수는 없다. 자신의 위엄을 지키자는 생각이었겠지요. 왕권을 탐내 저지른 압살롬의 패륜도 나쁘지만, 자기 명예를 위한답시고 가엾은 여인들에게 숨 막히는 삶을 강요한 다윗의 가혹함도 몹쓸 짓입니다. 이것은 하나님이 다윗에서 허락하신 정당한 왕권의 행사가 아닙니다. 하나님의 사랑을 입었고 존귀한 사명을 감당했지만 여전히 하나님 앞에 더러운 죄인인 다윗의 행동들은 우리가 칭찬하기보다는 반면교사로 삼아 극복해야 할 대상입니다. 욕심의 끝은 죽음입니다. 개인의 욕심은 개인의 죽음을 부르지만, 기름 부어 세운 왕이 욕심의 포로가 되면 공동체의 생명을 빼앗아가는 법입니다. "욕심이 잉태한즉 죄를 낳고 죄가 장성한즉 사망을 낳느니라"(약 1:15).

적용하기
1. '불량배' 같은 이들로 인해 주님의 교회가 휘둘릴 때 어떻게 대처해야 할까요?
2. 내 자존심이나 도덕성의 이름으로 남에게 상처를 준 일은 없습니까? 그것에 대해 어떤 조치를 하셨나요?

오늘의 기도
유일한 주권자, 모든 일의 기준이 되시는 하나님. 우리의 생각과 행동이 세상의 규칙이나 자신의 판단이 아닌, 하나님의 마음에 중심을 두고 움직이게 하소서.

사무엘하 20:14-26
찬송가 440장

어찌하여 당신이 여호와의 기업을 삼키고자 하시나이까
_삼하 20:19

아마사를 죽이고 세바를 추적하는 요압은 기세가 등등했습니다. 이스라엘 지파들을 돌며 사람들을 모아 세바가 들어가 걸어 잠근 아벨 성 공략에 나섭니다. 성읍 주위에 토성을 쌓아올리고 경사면을 통해 보병들이 돌진할 수 있도록 길을 내는 전형적인 공성법이었습니다. 시간이 흐를수록 포위당한 성은 식량이 떨어지고 사망자가 생겨 전염병이 도는 수순으로 서서히 망해갈 수밖에 없는 것을 피차 잘 알고 있습니다. 이때 아벨성에서 한 여인이 포위한 유다 군에게 소리를 질러 요압을 불러 외칩니다. "당신이 이스라엘 가운데 어머니 같은 성을 멸하고자 하시는도다 어찌하여 당신이 여호와의 기업을 삼키고자 하시나이까?"(19절)

요압이 궁색해졌습니다. 여호와의 기업을 삼키려느냐고 묻는데 그렇다고 할 수는 없는 일이니 기선을 제압당한 셈이지요. 요압의 답은 정해져 있습니다. "결단코 그렇지 아니하다 결단코 그렇지 아니하다 삼키거나 멸하거나 하려 함이 아니니"(20절). 여인은 과연 아벨성의 명성답게 지혜로운 사람이었습니다. 이스라엘 내에서는 다른 지파의 땅을 영구히 복속시키는 것조차 금지되어 있는데 성 전체를 적으로 삼아 공성하고 파괴하는 것은 엄연한 범죄행위였기 때문입니다. 이것은 분명 요압의 잘못이었습니다. 세바를 잡기 위해서 추격한 이상 아벨성에서 세바를 유인해 낼 궁리를 먼저 했어야 마땅하니까요. 변명하듯 요압이 이어갑니다. 비그리의 아들 세바가 이스라엘을 선동해 반역 행위를 했으니 그를 성에서 내보내면 병력을 철수시키겠다고 하자 여인이 시원스레 말합니다. "세바의 머리를 성벽에서 던져 드리리이다." 여인이 성으로 들어가고 백성들이 모입니다. 잠시 후 사람의 머리 하나가 호를 그리며 요압 앞에 떨어집니다. 요압이 찾던 세바의 머리였습니다. 피 한 방울 화살촉 하나 낭비하지 않고 문제가 해결되었습니다. 이름만 들어도 떤다는 요압을 상대로 협상에서 우위를 점하고, 온 성읍의 존폐가 달린 상황을 시원스레 해결해 버린 이 여인은 그저 지혜자로 불리고 있습니다.

요압이 물리적 힘의 상징이라면 이 여인은 정신적 힘 곧 지혜를 구현한 사람입니다. 후대에 전도자가 가리켜 말한 지혜의 인물이 바로 이 여인이 아니었을지… "내가 또 해 아래에서 지혜를 보고 내가 크게 여긴 것이 이러하니 작고 인구가 많지 아니한 어떤 성읍에 큰 왕이 와서 그것을 에워싸고 큰 흉벽을 쌓고 치고자 할 때에 그 성읍 가운데에 가난한 지혜자가 있어서 그의 지혜로 그 성읍을 건진 그것이라 그러나 그 가난한 자를 기억하는 사람이 없었도다"(전 9:13-15). 동시대인들은 그 여인을 잊었을지 모르나 하나님의 말씀은 그녀의 지혜와 용기를 이스라엘의 기념물로 보존해 주셨습니다.

적용하기
1. 우리의 작은 힘으로나마 교회와 조국의 어려움을 타개하기 위해 할 수 있는 일은 무엇인가요?
2. 내가 경험한 '아벨성의 지혜자'에 대해 이야기해 봅시다.

오늘의 기도
지극히 작은 역할이라도, 우리가 속한 공동체를 건지는 데 쓰임받기 원합니다. 도와주소서.

사무엘하 21:1-14

찬송가 449장

그 후에야 하나님이 그 땅을 위한 기도를 들으시니라
_삼하 21:14

다윗의 통치 기간 중 3년의 기근이 들었습니다. 식량을 보존할 기술도 여유도 없던 시절 1년의 흉년도 힘든데 3년의 기근은 그야말로 재앙이었습니다. 화급해진 다윗이 하나님께 간곡히 여쭙자 답이 옵니다. "다윗이 여호와 앞에 간구하매 여호와께서 이르시되 이는 사울과 피를 흘린 그의 집으로 말미암음이니 그가 기브온 사람을 죽였음이니라"(1절). 기브온 사람들은 아모리 족속으로 본래 여호수아 세대의 진멸 대상이었지만, 자신들이 아주 먼 곳에서 온 여행객인 양 속이고 여호수아와 화친조약을 맺었던 이들입니다(수 9장). 비록 그들의 말만 믿고 하나님께 여쭙지 않고 경솔하게 맺은 언약이었지만, 마음대로 파기할 수는 없었습니다.

그렇게 그들은 이스라엘 내부에 거하며 일하는 이방 족속으로 살아왔던 터였습니다. 다윗이 처한 문제 즉 기근의 원인은 그들이 사울에게 배신당해 동족의 목숨을 잃은 억울함이 사무친 데 있었습니다. 사울은 나름 이스라엘을 위해 한다 했지만(2절), 당하는 입장에서는 치가 떨리는 일이었습니다. 사정을 들은 다윗이 묻습니다. "내가 너희를 위하여 어떻게 하랴 내가 어떻게 속죄하여야 너희가 여호와의 기업을 위하여 복을 빌겠느냐"(3절). 그들의 대답은 미리 준비한 듯 단호하고 명확했습니다. 한풀이를 위해 이스라엘인 일곱 명을 골라 제물로 달라는 것이었습니다.

다윗은 선뜻 일곱 사람을 내주마 약속했습니다. 선대의 한을 풀어 주기 위해 자손들을 죽이는 것은 전형적인 중동의 복수법으로, 성경이 금하는 일입니다. 그러나 다윗이 사울 자손 일곱을 내준 행동은 근본적으로 잘못된 것입니다. 다윗은 요나단과 더불어 언약을 맺을 때 훗날 요나단의 자손을 돌봐주겠다고 언약한 바가 있습니다. 결국 그 약속을 지키기 위해 다윗은 요나단 직계후손인 므비보셋 계보 대신 사울의 남은 아들 알모니와 므비보셋, 그리고 다윗과 혼인을 맺었던 메랍이 아버지의 강요로 재혼한 뒤 얻은 다섯 아들을 골라 기브온 인들에게 넘겨줍니다. 메랍을 빼앗긴 다윗의 마음에 상처가 깊었던 가봅니다.

다윗이 넘긴 일곱 사람을 목매달아 죽게 함으로써 기브온 사람들에게 맺혔던 한은 풀었습니다. 졸지에 두 아들을 잃은 리스바는 아들들의 시체를 새와 짐승이 달려들지 못하도록 주야로 지키며 풍장을 지냅니다. 이 이야기를 들은 다윗은 가서 그 일곱 사람의 뼈를 거두고 내친 김에 길르앗 야베스 사람들이 보관했던 사울과 요나단의 뼈를 가져옵니다. 제대로 장례도 치르지 못했던 사울 부자의 뼈를 거두어 장례를 치르고 아버지 기스의 묘에 안치해 줍니다. 그렇게 기브온 사람들의 원을 풀어 준 후에야 해갈을 하게 됩니다. "그 후에야 하나님이 그 땅을 위한 기도를 들으시니라"(14절).

적용하기
1. 사람들 간에 쌓인 억울함을 풀고 화해를 이루기 위해 애쓴 경험을 나눠 주십시오.
2. 이념과 계층의 대립으로 인한 갈등구조 안에서 우리 교회들이 감당할 역할은 무엇일까요?

오늘의 기도
화평케 하는 자가 복 있다 하신 주님, 오늘 우리가 있어야 할 자리와 견뎌야 할 고난을 알게 하시고 감당케 하여 주옵소서.

사무엘하 21:15-22

찬송가 330장

이 네 사람 가드의 거인족의 소생이 다윗의 손과 그의 부하들의 손에 다 넘어졌더라_삼하 21:22

블레셋이 다시 침략해 옵니다. 다윗이 다시 군대를 거느리고 출정합니다. 사무엘서에 여러 번 나오는 패턴입니다. 그 다음은 당연히, 다윗이 또 한 번 승리를 거두는 장면이 나올 차례인데, 이번에는 생소한 표현이 눈에 밟힙니다. "다윗이 피곤하매"(15절). 위기입니다. 상대는 거인족으로 자그마치 삼백 세겔 무게의 놋 창과 새 칼로 무장한 이스비브놉입니다(16절). 다윗의 목숨이 위태로운 순간 스루야의 아들 아비새가 다윗을 도와 블레셋 사람들을 쓰러뜨립니다(16-17절). 시간 앞에 장사가 없습니다. 블레셋의 거인 장군 골리앗을 쳐 죽였던 홍안의 미소년 다윗은 이제 전설로 남았고, 백전노장 다윗은 강한 적을 상대하기에는 버거운 처지가 되었습니다.

본문은 골리앗과의 싸움을 떠올리게 하는 네 번의 전투를 기록합니다. 이스비브놉은 아비새가 처치하고, 삽이란 거인은 십브개가 죽였으며, 셋째 전투에서 엘하난은 골리앗의 아우 라흐미를 죽였고, 넷째 전투에서는 손발 가락이 모두 여섯개 씩인 이름 모를 거인을 다윗의 사촌 요나단이 죽입니다. 이 이야기들은 '베틀 채 같은 창자루, 놋 창, 새 칼' 등은 골리앗을 연상시키는 소재들을 동원해 다윗의 기억을 소환하고 있습니다. 골리앗은 가드 사람으로 키가 장신이고 그 창 자루는 베틀 채 같고 허리에는 칼을 찼다고 묘사됩니다(삼상 17:4-7, 51).

거인족을 이긴 사람들… 본문의 평행구절인 역대상 20장 4-8절에서 8절은 "가드의 키 큰 자의 소생이라도 다윗의 손과 그 신하의 손에 다 죽었더라"로 기록합니다. '소생.이.라.도.' 우리 말 번역이 멋집니다. '키 큰 자의 소생을' 해도 그만이지만 거인족 후예들임에도 불구하고 네 용사들이 이겼다는 말씀이지요. 이 구절은 다윗의 등장 장면을 반향(echo)하고 있습니다. 골리앗이라는 불가능한 상대를 꺾으며 이스라엘의 희망으로 떠올랐던 다윗. 영욕과 부침으로 채워진 그의 생애 끝자락은 이렇게 골리앗 격파를 소환하며 4인4색 승전기로 발전되어 마무리됩니다.

다윗 자신은 약해졌지만 다윗의 동역자들은 더 강해진 것입니다. 하나님 나라는 이렇게 전진해야 합니다. 슈퍼 히어로의 전천후 활약이 아닌, 동역자들이 협력해 강한 적을 물리치는 모습 말입니다. 다윗의 목을 겨눴던 이스비브놉의 창을 물리친 뒤 다윗을 호위하던 부하들이 가슴을 쓸며 진언한 말이 가슴에 남습니다. "왕은 다시 우리와 함께 전장에 나가지 마옵소서 이스라엘의 등불이 꺼지지 말게 하옵소서"(17절). 전투에 나가지 않아도 다윗의 등불은 오래가지 않을 듯합니다만, 주군을 아끼고 사랑하는 부하들의 충성심이 귀합니다. 우리 인생의 끝자락에서 누군가가 이런 염려를 해준다면, 그리 잘못 산 인생은 아니겠지요.

적용하기
1. 당신에게는 평생 함께하고 싶은 동역자들이 있으신가요? 그러한 교류를 유지하기 위해 어떤 노력을 하고 계십니까?
2. 오늘 누군가를 강하고 유능하게 성장시키는 일을 하고 있습니까?

오늘의 기도
한 알의 밀알이 되셔서 많은 이를 살게 하신 주님처럼, 나 자신이 강해지기보다 나와 함께하는 동반자들을 성장케 하는 사람이 되게 하소서.

사무엘하 22:1-13
찬송가 10장

내가 찬송 받으실 여호와께 아뢰리니 내 원수들에게서 구원을 받으리로다_삼하 22:4

다윗의 생애와 업적의 기록에 이어지는 본문은 다윗의 승전가입니다 (삼하 22장). 시편 18편으로 동시에 보존된 이 감사시는 어떤 일과 자리보다도 자신의 속마음을 하나님 앞에 드리기를 기뻐했던 시인 다윗의 '인생시'로 손색이 없습니다. 1절은 장중하고 감동적인 이 시의 전모를 짐작하게 해줍니다. "여호와께서 다윗을 모든 원수의 손과 사울의 손에서 구원하신 그날에 다윗이 이 노래의 말씀으로 여호와께 아뢰어 이르되." 위기의 순간에 무엇을 하는가가 그 사람의 본질을 가리키는 만큼, 성취와 승리의 순간을 어떻게 경축하는가도 그 사람이 누구인지를 드러내 보입니다. 다윗은 큰 위험에 빠질 때나 멋진 성공을 대할 때나 하나님 앞에 나아가 기도와 노래를 바치는, '뼛속까지 시인'이 맞습니다.

입을 여니 하나님을 높이는 고백이 쏟아집니다. "여호와는 나의 반석이시요 나의 요새시요 나를 위하여 나를 건지시는 자시요 내가 피할 나의 반석의 하나님이시요 나의 방패시요 나의 구원의 뿔이시요 나의 높은 망대시요 그에게 피할 나의 피난처시요 나의 구원자시라 나를 폭력에서 구원하셨도다"(2-3절). 그 하나님 앞에서는 땅이 진동하고 하늘이 떱니다. 그는 천사들을 타시고 바람 날개로 움직이십니다(8-13절). 하나님을 묘사하는 저 많은 표현들이 단순히 수사적 다양성을 위한 인위적 선택은 아니었을 것입니다.

그는 하나님을 만난 사람, 하나님을 아는 사람입니다. "사망의 물결이 나를 에우고 불의의 창수가 나를 두렵게 하였으며 스올의 줄이 나를 두르고 사망의 올무가 내게 이르렀도다"(5-6절). 일국의 왕을 넘어 메시아의 조상이 되는 계보의 주인공이지만, 다윗은 자신의 인생을 돌아보며 죽음과 저승을 이처럼 자주 언급해야 했습니다. 살면서 고통과 좌절을 다 막아낼 수는 없습니다. 어떤 마음으로 대처할 것인지, 그 일을 통해 어떠한 사람이 될 것인지, 그것만이 우리 손에 주어진 선택권입니다.

순탄한 인생과는 거리가 먼 삶을 살아냈지만, 난관들을 통과할 때마다 다윗의 경험은 깊어지고 그의 시어는 풍부해져 갔습니다. 고난의 시간 동안 그는 혼자가 아니었기 때문입니다. "내가 환난 중에서 여호와께 아뢰며 나의 하나님께 아뢰었더니 그가 그의 성전에서 내 소리를 들으심이여 나의 부르짖음이 그의 귀에 들렸도다"(7절). 다윗을 다윗 되게 한 비결이 바로 여기 있습니다. 인생의 정점에서나 바닥에서나 하나님을 향하고 하나님께 부르짖었던 사람. 모순이 많았지만 중심은 늘 하나님 앞으로 돌아왔던 사람. 가식과 허영 없이 하나님 앞에 엎드릴 줄 알았던 사람. 하나님의 마음에 꼭 들었던 인간다운 인간. 그의 이름은 다비드였습니다.

적용하기
1. 당신이 하나님의 위엄을 실감하는 계기가 있었다면 무엇입니까?
2. 어려움과 고통의 시간들을 통과해 신앙의 열매를 맺기 위해서는 어떤 마음가짐이 필요할까요?

오늘의 기도
스올과 사망을 떠올리는 자리에 갔을 때 나의 주 하나님의 이름을 부를 수 있는 믿음을 주소서.

사무엘하 22:14-28
찬송가 413장

> 주께서 곤고한 백성은 구원하시고 교만한 자를 살피사 낮추시리이다
> _삼하 22:28

다윗은 자신의 고난 중에 하나님을 불렀고, 도움과 구원을 얻었습니다. 이것은 성도에게 보편적인 경험이겠습니다만, 그가 자신의 경험을 노래한 방식은 특별합니다. 시인 다윗은 여호와 하나님을 노래하기 위해 태고의 시간부터 악과 혼돈의 세력을 제압하시는 투사의 모습을 소환하고, 구약성경을 낳은 문화적 요람인 고대근동의 신화와 언어를 자유로이 구사합니다. "여호와께서 하늘에서 우렛소리를 내시며 / 화살을 날려 그들을 흩으시며 번개로 무찌르셨도다 / 여호와의 꾸지람과 콧김으로 말미암아 물밑이 드러나고 세상의 기초가 나타났도다"(14-16절).

감당할 수 없는 위엄을 노래한 것은 자신을 구원하신 은혜의 크기를 노래하기 위해서였습니다. 높고 높은 곳에 계신 하나님께서 손을 내미셔서 깊은 물에 잠긴 다윗을 건져주셨기 때문입니다. "나를 강한 원수와 미워하는 자들에게서 건지셨음이여 그들은 나보다 강했기 때문이로다"(18절). 나보다 강했기 때문이로다…. 이 덤덤한 표현 뒤에 숨은 다윗의 기억과 감정들을 짐작해 봅니다. 맏형 엘리압은 그보다 강했습니다. 그러나 하나님은 다윗을 깔보고 모욕한 엘리압이 아닌 막내 다윗을 들어 사용하셨습니다. 골리앗은 다윗보다 강했습니다. 그러나 골리앗은 소년 다윗의 물맷돌 하나로 땅에 넘어지고 말았습니다. 사울은 다윗보다 강했습니다. 하지만 그가 강산이 변한다는 십 년 세월 동안 다윗을 죽이려 했어도 결국 사울의 장례를 치르고 애가

를 헌정한 것은 다윗이었습니다. 그들이 다윗보다 강했기 때문에, 다윗은 부르짖었고 하나님은 응답하셨습니다. 곤고함이 사람을 구원으로 인도하고 교만함은 패망으로 이끄는 이유가 여기 있습니다. 이것을 알았기에 다윗은 하나님 앞에서 자신을 살폈습니다. 여호와의 도를 지켰고, 악행으로 하나님과 멀어지지 않았으며, 늘 하나님의 가르침을 가까이 해 그분의 도리대로 살았습니다. 그분 앞에 흠 없이 살고 죄를 피했습니다(22-24절). 하나님께서는 그의 의로움을 칭찬하시고 그의 깨끗함을 인정해 상을 베푸셨습니다(21, 25절). 참으로 아름다운 경험, 지속하고 싶은 삶입니다.

그러나 다윗은 알았습니다. 그의 깨끗함이 영원할 수 없다는 것을, 하나님 앞에서 자신이 사악한 자가 될 수 있다는 것을 말입니다. "깨끗한 자에게는 주의 깨끗하심을 보이시며 사악한 자에게는 주의 거스르심을 보이시리이다"(27절). 자신의 깨끗함을 자랑한 것은 교만의 열매였고, 경멸하던 죄인들보다 자신이 더 비열해질 수 있다는 것을 알게 되었습니다. 원수의 압박보다 자신의 죄짐이 더 버거운 것을 실감한 다윗이기에 이어지는 고백은 진실할 수밖에 없었습니다. "주께서 곤고한 백성은 구원하시고 교만한 자를 살피사 낮추시리이다"(28절).

적용하기
1. 주님께서 약한 나를 들어 강한 자를 부끄럽게 하신 기억들이 있습니까?
2. 우리 안에 교만함이 자라나지 않게 하려면 무엇을 주의해야 합니까?

오늘의 기도
주님, 약한 자에서 강한 자로, 지배받는 자에서 지배하는 자로 올라서는 것을 복으로 생각하는 어리석음을 버리게 하시고 어떤 환경에서도 하나님을 바라보고 주의 마음에 합한 자로 살게 하소서

사무엘하 22:29-51

찬송가 208장

내가 주를 의뢰하고 적진으로 달리며 내 하나님을 의뢰하고
성벽을 뛰어넘나이다_삼하 22:30

자신의 어두움과 정면으로 마주한 다윗에게 비로소 하나님이 다시 보였습니다. "여호와여 주는 나의 등불이시니 여호와께서 나의 어둠을 밝히시리이다"(29절). 하나님의 위대함을 인지하는 것은 귀한 일입니다. 그러나 동시에 자신의 비루함을 절감하지 못한다면 하나님에 관한 그 지식은 우리에게 별다른 유익을 주지 못할 것입니다. 다윗처럼 하나님의 위대하심에 감격하고 하나님 앞에서 신실하게 살아본 것은 참으로 훌륭한 종교적 체험입니다. 세상에는 이 둘 중 하나도 경험하지 못한 사람이 너무 많고, 그 무리 가운데 상당수를 세상은 성공한 사람이라 부릅니다. 우리가 직면해야 하는 불편한 진실입니다.

하나님께서는 바른 신학, 바른 윤리만으로는 도달하지 못하는 그 자리까지 우리를 이끌어 가십니다. 다윗의 고백처럼 우리의 어두움을 인정하고 그 어둠을 밝혀 달라 애타할 때야 그 빛이 우리를 채우십니다. 우리는 그 참된 빛을 기다리기 어려워하고, 세상의 철학과 종교, 도덕이 주는 희미한 빛만으로도 충분히 밝다고 말하고 싶어 합니다. 그러나 거기에 머무는 것은 호롱불이 있으니 햇빛이 필요 없다고 주장하는 것처럼 어리석은 일입니다.

예수님께서 당대의 종교지도자들을 향해 이렇게 말씀하실 수밖에 없었던 이유입니다. "내가 심판하러 이 세상에 왔으니 보지 못하는 자들은 보게 하고 보는 자들은 맹인이 되게 하려 함이라 하시니 바리

새인 중에 예수와 함께 있던 자들이 이 말씀을 듣고 이르되 우리도 맹인인가 예수께서 이르시되 너희가 맹인이 되었더라면 죄가 없으려니와 본다고 하니 너희 죄가 그대로 있느니라"(요 9:39-41). 영혼의 어둠에서 주의 빛으로 나아간 다윗에게 새로운 세계가 열렸습니다. "내가 주를 의뢰하고 적진으로 달리며 내 하나님을 의지하고 성벽을 뛰어넘나이다"(30절).

그의 발은 암사슴의 발같이 가볍고 그의 팔은 놋 활을 당길 만치 강해졌습니다(34-35절). 보폭이 넓어지고 미끄러운 곳을 능란히 헤쳐 갑니다(37절). 전투력이 극강으로 치달으니 압도적인 승리가 계속됩니다. 원수들을 뒤쫓아 무찌르고 전멸시킵니다. 다윗의 왕위는 견고하고 이스라엘은 열국 중의 으뜸이 됩니다. 이 모든 승리는 하나님이 주신 것이기에 그의 승전가는 하나님을 높이고 하나님의 신실하심을 노래하며 마무리됩니다(51절). 이방 나라들의 정복과 지배를 하나님의 축복의 증거로 노래하는 이 시편은 구약시대 신정국가의 틀 안에서 본래의 역할을 했습니다. 21세기를 사는 우리들에게 이 본문들을 통해 주시는 하나님의 뜻을 알기 위해, 건전한 성경해석과 역사인식 위에 세워진 실천적 영성, 그리고 진심으로 성경을 '신앙과 행습의 기준으로' 삼는 신앙-해석 공동체의 가치가 더욱 절실해집니다.

적용하기
1. 신앙의 여정에서 내가 성숙하고 있는지를 어떻게 가늠하고 있습니까?
2. 당신의 믿음을 이해하고 격려하는, 당신이 기댈 수 있는 공동체는 누구(어디)입니까?

오늘의 기도
우리를 사랑하시는 아버지, 꽤 좋은 것들에 취해 정말 좋은 것을 놓치지 않도록 우리 영의 눈을 뜨게 해 주세요.

사무엘하 23:1-12
찬송가 430장

여호와의 영이 나를 통하여 말씀하심이여 그의 말씀이 내 혀에 있도다
_삼하 23:2

'다윗의 마지막 말'이라는 표제는 다윗의 유언이기보다는 다윗의 마지막 예언을 의미합니다. 다윗은 하나님을 향해 찬양과 간구를 드린 시인이자 하나님의 메시지를 받아 백성들에게 선포한 예언자였습니다. "여호와의 영이 나를 통하여 말씀하심이여 그의 말씀이 내 혀에 있도다"(2절). 본문의 예언은 이스라엘의 메시아 즉 멀리는 그리스도를 가리키고 있습니다. "사람을 공의로 다스리시는 자, 하나님을 경외함으로 다스리는 자여 / 그는 돋는 해의 아침 빛 같고 구름 없는 아침 같고 비 내린 후의 광선으로 땅에서 움이 돋는 새 풀 같으니라"(3-4절).

인간으로서의 모든 영욕을 뒤로 한 다윗의 마지막 작품이 메시아 그리스도 찬가였음을 보며, 그리스도께서 자신을 '다윗의 자손'으로 칭하셨던 것을 새삼 떠올립니다. 다윗의 예언에 이어 다윗의 용사들이 소개됩니다. 사무엘서를 마무리 짓는 사무엘하 24장은 다윗의 고집으로 시행된 인구 조사가 가져온 비극적 결과와 그 수습 과정을 그린 것으로 책 전체의 구성에 비추면 후기에 가깝습니다. 그와 달리 오늘 다윗의 마지막 예언에 이어 기록된 '다윗의 용사들' 편은 슈퍼맨 초월자 다윗이 아니라 사람을 아끼고 세워 공동체를 일궈낸 지도자 다윗을 조명하면서 몸글을 마무리 짓고 있습니다.

다윗이 사울의 창날을 피해 도주하기 시작한 때부터 그의 주변에는 사람들이 모여들었습니다. 너나 할 것 없이 차별당해 밀려난 주변

인들이었고 억울함과 분노를 품은 거친 사람들이 대부분이었습니다. 다윗은 이들을 품고 아픔을 달래주며 함께 다윗왕국의 꿈을 나눴습니다. 오합지졸에 불과했던 '다윗 패거리'는 사울의 진압군을 피하고 때로 맞서면서 점점 자신들의 체계를 갖춰 갔습니다. 생존을 위해 주변 세력들의 용병 노릇을 자청하고, 그 와중에도 침략당하는 동족들을 도와가면서 그들은 전투력을 키웠습니다. 사울에 의해 강요된 야전생활이 다윗의 무리를 장차 이스라엘의 정규군 엘리트 부대로 빚어내는 훈련장이 되었던 것입니다.

따라서 여기 소개되는 '다윗의 용사들'은 단순한 직업군인을 넘어 다윗의 비전을 공유한 동료들이요 그리스도를 머리로 한 교회공동체의 모형을 이루는 주인공들입니다. 그들이 광야에서 다윗을 보고 모여들 당시, 자신들의 이름이 구약성경 사무엘상 23장에 기록되어 '영원한 기념비'의 비문이 될 줄 짐작한 사람이 있었을까요? 오늘 우리가 주 앞에서 떼는 발걸음들이 하나님 나라를 약진시키는 행보라는 사실을 누가 감히 부정하겠습니까? "주와 같이 길 가는 것 즐거운 일 아닌가 / 우리 주님 걸어가신 발자취를 밟겠네 / 한 걸음 한 걸음 주예수와 함께 / 날마다 날마다 우리 걸어가리"(찬 430장 1절)

적용하기
1. 소소해 보이는 나의 헌신이 하나님 나라를 세우는 데 꼭 필요한 재료임을 기억하고 감사하십시오.
2. 당신 주변에 누가 모여듭니까? 어떤 사람들과 함께 주님의 일을 일구고 계십니까?

오늘의 기도
주님, 나는 약하고 내가 하는 일은 작지만 하나님이 이끌고 이뤄 가시는 영광스런 장래를 소망하며 동행하기 원합니다.

사무엘하 23:13-39

찬송가 313장

> 헷 사람 우리아라 이상 총수가 삼십칠 명이었더라
> _삼하 23:39

다윗의 휘하에서 명성을 떨친 무인들의 명단이 계속됩니다. 그중 아둘람 굴에 있을 당시 다윗에게 베들레헴 샘물을 떠왔던 세 용사의 일화가 소개됩니다. 산성에서 블레셋의 진을 상대하던 다윗이 베들레헴 성문 곁 우물물이 생각난다고 말했습니다. "아, 그 약수터 생수 한 잔 들이켰으면…." 정도의 느낌입니다. 덥고 지치다 보니 무심코 한 그 말에 세 충신은 몸을 던져 적진을 돌파하고 물을 길어옵니다. 다윗이 그 물을 시원하게 마시고 그들에게 상을 내렸더라도 이 사건은 충분히 감동적인 미담이 되었을 것입니다. 그러나 다윗은 그 물을 바닥에 붓습니다! 버린 것이 아니라 하나님께 부어 드리는 관제로 바쳤던 것입니다.

다윗의 울먹이는 목소리가 들리는 듯합니다. "여호와여 내가 나를 위하여 결단코 이런 일을 하지 아니하리이다 이는 목숨을 걸고 갔던 사람들의 피가 아니니이까"(17절). 이렇게 해서 이 일화는 세 용사의 이야기이자 다윗의 이야기가 되었습니다. 이런 충신들에 버금가는 용사들의 일화가 이어집니다. 용맹의 대명사라 할 브나야는 다윗의 경호대장을 맡았던 사람입니다. 그에 연이어 우리에게 자세히 알려지진 않았어도 이스라엘을 통틀어 다윗이 아낀 무인들의 이름이 이어집니다. 이스라엘인과 외국인이 두루 섞인 이 명단은 혼돈의 시대에 레반트를 무대로 활약하던 용병대장 다윗이 이스라엘의 제왕으로 상승한 궤적의 기록이며, 다양한 방법으로 이방인들을 흡수해 확장해 온 하나님 나라의 성장기를 보여 주는 초상이기도 합니다.

그들은 아사헬, 엘하난, 삼훗, 엘리가, 헬레스, 이라, 아비에셀, 므분내, 살몬, 마하래, 헬렙, 잇대, 브나야, 힛대, 아비알본, 아스마웻, 엘리아바, 요나단, 삼마, 아히암, 엘레벨렛, 엘리압, 헤스래, 바아래, 이갈, 바니, 셀렉, 나하래, 이라, 가렙, 그리고… 우리아 입니다! 용사들을 기리는 명예의 전당. 빛나는 명단의 대미를 장식한 이름이 헷사람 우리아 라니요. 다윗이 밧세바를 탐내 벌였던 음모의 희생자로 등장했던 우리아. 불륜의 열매를 감추기 위해 제공한 달콤한 휴가를 거절하고 부하들과 밤을 보내던 우직한 사내 우리아. 그 우리아는 불쌍한 희생자로서가 아니라 이스라엘이 마땅히 기려야 할 용맹한 영웅으로서 이 지면에 기록되었습니다.

그의 육신은 명예로운 장례로 대접받지 못했겠지만 그 이름만큼은 천지는 없어져도 영원히 있을 하나님의 말씀 속 한 페이지에 길이 남았으니 사관의 붓이, 그렇게 쓰도록 명하신 하나님이, 경이롭지 않습니까. "좋은 이름이 좋은 기름보다 낫고 죽는 날이 출생하는 날보다 나으며 초상집에 가는 것이 잔칫집에 가는 것보다 나으니 모든 사람의 끝이 이와 같이 됨이라 산 자는 이것을 그의 마음에 둘지어다"(전 7:1-2).

적용하기
1. 흔쾌히 받기에는 부담스런 호의를 경험해 보셨습니까? 어떻게 대처하셨나요?
2. 온당하지 못한 대우를 받을 때, 하나님께서는 인정하시라는 믿음으로 극복하고 계십니까?

오늘의 기도
만유의 주재이신 하나님, 이 땅에서 받을 대접을 다 받으려는 욕구를 내려놓고, 주님의 인정하심을 기대하고 의지하는 믿음에 근거해 충성하게 하소서.

사무엘하 24:1-14

찬송가 459장

여호와께서는 긍휼이 크시니 우리가 여호와의 손에 빠지고
내가 사람의 손에 빠지지 아니하기를 원하노라_삼하 24:14

다윗이 요압을 불러 명령합니다. "너는 이스라엘 모든 지파 가운데로 다니며 이제 단에서부터 브엘세바까지 인구를 조사하여 백성의 수를 내게 보고하라"(2절). 단에서부터 브엘세바까지. 남북단 영토 한계선이 아니라 이스라엘 공동체 전체를 가리키는 이 표현은 자신의 통치 하에 있는 이스라엘의 세를 가늠해 보려는 다윗의 욕구를 암시합니다. 평생 전쟁터를 누벼 거칠기 그지없는 요압조차도 이 일이 하나님의 노여움을 부를까 두려워했습니다(3절). 성경은 하나님께서 진노하셔서 이스라엘을 벌하기 위해 다윗을 격동시키신 것이라 말씀합니다(1절).

이것은 행위의 원인보다는 총체적 평가를 표현하는 성경의 화법으로, 출애굽 당시 여호와의 경고를 무시한 파라오를 가리켜 하나님께서 그의 마음을 완고하게 하셨다 한 것과 상통합니다(출 11:10). 일이 안 되려면 이상한 고집을 피워 잘못된 선택을 내릴 때가 있습니다. 군인 요압도 눈치 채는 일을 다윗이 모르다니요! 고집스런 그의 재촉에 요압과 장수들이 거의 열 달에 걸쳐 전국을 돌며 인구조사를 마치고 보고서를 올렸습니다. 요압의 인구조사 보고서를 받아든 다윗의 마음에 자책이 일었습니다. 하나님의 백성을 개인 용병인 양 계수하고 뿌듯해 하는 자신의 모습을 보았던 것입니다.

그의 회개는 명확했습니다. "내가 이 일을 행함으로 큰 죄를 범하였나이다 … 내가 심히 미련하게 행하였나이다"(10절). 명확한 회개만큼이나 징벌도 분명했습니다. 다음날 아침, 갓이 다윗에게 하나님의

벌을 제시합니다. "왕의 땅에 칠 년 기근이 있을 것이니이까 혹은 왕이 왕의 원수에게 쫓겨 석 달 동안 그들 앞에서 도망하실 것이니이까 혹은 왕의 땅에 사흘 동안 전염병이 있을 것이니이까 왕은 생각하여 보고 나를 보내신 이에게 무엇을 대답하게 하소서"(13절). 삼지선다, 괴로운 선택입니다. 좋은 일은 없습니다. 나쁜 일과 아마도 더 나쁠 일이 있을 뿐입니다. 이러한 자리에 가지 않도록 최선을 다해야겠지만, 살다 보면 최선과 차선이 아닌 최악과 차악 간의 선택이라는 궁지에 들어갈 때가 있습니다.

다윗이 신음합니다. "내가 고통 중에 있도다"(14절). 그렇습니다. 고통스런 자리입니다. 죄는 고통을 부릅니다. 죄인 자신뿐 아니라 그와 연결된 이들을 함께 끌어당기는 '물귀신' 같은 존재가 죄입니다. 다윗은 이스라엘 백성을 위해 참 많이 애썼습니다. 왕으로서의 책임 때문에 고통도 많이 겪었습니다. 그러나 이제 그의 경솔하고 교만한 행동이 이스라엘 백성에게 고통을 안기게 되었습니다. 자괴와 자책이 다윗을 짓누르고 있습니다. 다윗의 초상이자 우리 모두의 모습인 이 '고통하는 다윗'에게 연민을 느낍니다. 과연 그의 선택은 무엇일까요.

적용하기
1. 내 욕심을 미화하려는 생각과 말의 껍데기들을 분별하고 제거하려면 무엇에 힘써야 할까요?
2. 자신의 삶에 닥친 어려움을 단지 불운이 아닌 하나님의 심판이라 직관한 적이 있습니까? 그 상황을 어떻게 타개할 수 있었습니까?

오늘의 기도
거룩하신 하나님, 주를 경외함이 지식의 근본임을 다시금 고백합니다. 나의 생각과 말과 행동이 주 앞에 펼쳐져 있사오니, 주 뜻대로 살아갈 수 있도록 가르치고 인도하여 주옵소서.

사무엘하 24:15-25
찬송가 273장

그렇지 아니하다 내가 값을 주고 네게서 사리라 값없이는
내 하나님 여호와께 번제를 드리지 아니하리라_삼하 24:24

괴로운 선택을 놓고 다윗은 "사람의 손에 빠지지 아니하기를" 원한다고만 답했습니다(14절). 원수에게 석 달 동안 쫓기는 것은 사울에게 쫓기며 젊은 날을 다 보냈던 다윗으로서는 듣기만 해도 몸서리쳐지는 옵션이었겠지요. 그러나 나머지 둘은 이스라엘 백성의 희생을 요구하는 선택이었습니다. 선지자는 더 이상 추구하지 않았지만, 하나님께서 결정을 내리십니다. 3번, 전염병입니다. 당장 '그 아침부터 정하신 때까지' 이스라엘에 전염병이 돌아 칠만 명이 죽습니다. 다윗의 명령대로 '단에서부터 브엘세바까지' 싸울 수 있는 인구를 헤아렸던 부하들은 이제 '단에서부터 브엘세바까지' 사망자를 계수해야 했습니다(2, 15절).

사망자 카운트가 칠만을 헤아렸을 때 하나님께서 마음을 바꾸시고 재앙을 멈추십니다. "여호와께서 이 재앙 내리심을 뉘우치사 족하다 이제는 네 손을 거두라 하시니"(16절). 하나님의 뉘우치심은 긍휼함의 또 다른 표현입니다. 죄를 미워하시고 심판하시는 가운데도 하나님의 속마음은 아프시다는 뜻이지요. "주께서 인생으로 고생하게 하시며 근심하게 하심은 본심이 아니시로다"(애가 3:33). 하나님께서 '뉘우치신' 후 다윗이 뉘우칩니다. '백성을 치는 천사'를 보았기 때문입니다(17절). 자신이 무고한 백성을 죽음으로 몰아넣은 것을 시인하고 애통하는 고백이 터져 나옵니다. "나는 범죄하였고 악을 행하였거니와 이 양무리는 무엇을 행하였나이까 청하건대 주의 손으로 나와

내 아버지의 집을 치소서 하니라"(17절).

예루살렘에 형 집행을 하려던 사신은 하나님의 중지명령으로 아라우나의 타작마당에 서 있고, 선지자 갓은 애통하는 다윗에게 그리로 가 여호와를 위한 제단을 쌓으라고 진언합니다. 갓의 말은 곧 여호와의 명령이었습니다(18-19절). 다윗은 곧장 아라우나의 집으로 향합니다. 왕이 자신의 집을 찾은 것을 본 아라우나는 황망해 하고, 다윗이 자기 땅을 서서 제단을 쌓겠다 하니 기꺼이 헌납할 뜻을 밝힙니다.

그러나 다윗은 완강했습니다. "그렇지 아니하다 내가 값을 주고 네게서 사리라 값없이는 내 하나님 여호와께 번제를 드리지 아니하리라"(24절). 자신의 범죄로 무고한 사람들이 죽었는데, 회개하느라 또다시 백성에게 손해를 입혀서는 안 된다는 의지입니다. 왕이라는 지위의 무게를 절감한 다윗으로서는 아라우나의 선의도 사양해야 참다운 회개가 되리라 생각한 것이지요. 다윗의 진정성을 하나님께서 받으셨습니다. 마침내 제단이 세워지고 번제와 화목제가 올려졌습니다. 재앙이 멈췄습니다. 여호와께서 들으신 것은 일신을 넘어 선 '그 땅을 위한 기도'였습니다(25절). 회개할 일을 안 만들면 좋겠지만, 해야 한다면 바르게 해야 합니다.

적용하기
1. 내 죄 때문에 아픔과 손해를 입은 이들에게 해야 할 일은 무엇입니까?
2. 나의 삶에 있었던 '나의 아라우나 타작마당'에 대해 나누어 주십시오.

오늘의 기도
우리 죄를 묵인하지 않으시되 회개하면 용서하시는 아버지여, 죄인 된 우리가 여기 엎드립니다. 긍휼을 베푸사 우리 죄를 사하시고 우리가 해를 끼친 이들을 회복시켜 주소서.